贵州财经大学学术专著出版基金资助项目，贵州省教育厅2021年度普通本科高校青年科技人才成长项目"贵州省知识产权密集型产业发展研究"阶段性成果。

长江经济带与
孟印缅经济体产业
联动研究

Research on the Industrial Linkage
among the Yangtze River Economic Belt
and Bangladesh，India，Myanmar Economies

张梅◎著

中国社会科学出版社

图书在版编目（CIP）数据

长江经济带与孟印缅经济体产业联动研究／张梅著．—北京：中国社会科学出版社，2023.4

ISBN 978 - 7 - 5227 - 1781 - 4

Ⅰ.①长…　Ⅱ.①张…　Ⅲ.①长江经济带—区域经济—产业经济—对外经济合作—研究—印度、孟加拉国、缅甸　Ⅳ.①F127.5②F125.533

中国国家版本馆 CIP 数据核字（2023）第 065416 号

出 版 人	赵剑英
责任编辑	周　佳
责任校对	韩天炜
责任印制	王　超

出　　版	中国社会科学出版社
社　　址	北京鼓楼西大街甲 158 号
邮　　编	100720
网　　址	http://www.csspw.cn
发 行 部	010 - 84083685
门 市 部	010 - 84029450
经　　销	新华书店及其他书店

印　　刷	北京明恒达印务有限公司
装　　订	廊坊市广阳区广增装订厂
版　　次	2023 年 4 月第 1 版
印　　次	2023 年 4 月第 1 次印刷

开　　本	710 × 1000　1/16
印　　张	15
插　　页	2
字　　数	246 千字
定　　价	78.00 元

凡购买中国社会科学出版社图书，如有质量问题请与本社营销中心联系调换
电话:010 - 84083683

前　言

长江经济带与共建"一带一路"合作国家是我国构建新发展格局中的重点区域。

长江经济带横跨东中西部地区，覆盖我国 11 个省市，各省市资源禀赋、产业发展等都具有一定的梯度性和互补性。通过发挥长江黄金水道的经济性，推动东部地区产业向中西部地区转移，带动中西部地区经济发展，共同繁荣。"一带一路"倡议依托国际大通道，共同打造新亚欧大陆桥、中蒙俄、中国—中亚—西亚、中国—中南半岛、孟中印缅等国际经济合作走廊，将促进我国东中西区域经济协调发展。长江经济带与"一带一路"倡议贯穿我国东中西部地区，二者地理上的贯通有利于我国对内、对外开放的联动发展，统筹我国沿海、沿边及内陆地区协调发展。习近平总书记在全面推动长江经济带发展座谈会上强调，要推动长江经济带发展和共建"一带一路"的融合，加快长江经济带上的"一带一路"倡议支点建设。① 面对世界百年未有之大变局，推动长江经济带发展与共建"一带一路"的融合，一方面可以推动长江经济带与共建"一带一路"合作国家之间的经济合作和人文交流，构建人类命运共同体；另一方面可以加快形成全方位对外开放新格局，促进国内区域经济协调发展。

面对新形势、新任务，长江经济带沿江各省市要在以国内大循环为主体、国内国际双循环相互促进的新发展格局中找准各自定位，在推动形成宏大顺畅的国内经济循环的基础上，更好地吸引全球资源要素，提升沿边开放水平，完善软硬件条件，推动长江经济带发展和共建"一带

---

① 习近平：《论把握新发展阶段、贯彻新发展理念、构建新发展格局》，中央文献出版社 2021 年版。

一路"的融合，切实发挥长江经济带在构建新发展格局中的重要作用。长江经济带各省市应与共建"一带一路"合作国家加强发展战略层面的对话与协商，进一步推动建立政府协商对话机制，提升国际产能和装备制造合作水平。通过深入开展国际产能和装备制造合作，把长江经济带的优势产能与共建"一带一路"合作国家和地区的巨大需求有机结合起来，实现长江经济带发展和共建"一带一路"的融合。

党的十九大报告明确提出"形成陆海内外联动、东西双向互济"的全面开放新格局，这是中国新时代经济空间转型的重要战略方向。而中国三大区域发展布局中的长江经济带与"一带一路"倡议均呈现了东西向的空间特征，且两者之间经济联系紧密。长江经济带要统筹沿海、沿江、沿边和内陆开放，加强与"一带一路"倡议之间的衔接互动，以提升经济带开放型经济水平；推动沿边、沿江产业走出去，实现长江经济带与共建"一带一路"的融合，促进国内国际空间经济联系。基于此，长江经济带与孟印缅经济体的经济联系更加重要，长江经济带与孟印缅经济体地理毗邻，空间经济联系具有天然优势，并且长江经济带上游地区与孟印缅经济体间的合作基础较好，产业的关联性与互补性较强，这奠定了长江经济带与孟印缅经济体经济联系的现实基础。因此，研究长江经济带与孟印缅经济体的空间经济联系具有重要现实意义。

随着国际区域经济合作的深入，区域间经济联系越来越重要，产业联动日益受到学术界的关注。长江经济带与孟印缅经济体均是目前学术界研究的热点区域，但关于两大区域经济联系的研究成果还较欠缺，尤其是基于产业联动来分析空间经济联系的研究。产业作为区域经济发展的主体，产业联动是有效破解区域分割、构建区域一体化、实现"双赢"区域合作的内在机制，也是空间经济联系的核心。本书基于长江经济带与孟印缅经济体产业联动的研究，旨在构建通过产业联动促进境内经济带与境外经济体有机联系的理论框架，探索消除国内一体化与国际一体化分割的有效机制和途径，助力新时代"陆海内外联动，东西双向互济"全面开放新格局的形成。

因此，为了探讨长江经济带与"一带一路"倡议的融合发展路径，本书从产业联动的角度出发，以长江经济带与孟中印缅经济走廊沿线的孟印缅经济体为研究对象，从自然禀赋、经济发展差异、产业关联性与互补性、基础设施互联互通、制度环境等方面分析长江经济带与孟印缅经济体产业联动的现实条件，通过对空间经济学中的 LS 模型进行拓展，揭示各区域间产业联动的机理，并基于区域投入产出表、区际投入产出表、国际投入产出表，利用复杂网络分析法构建产业联动网络，分析了不同区域间产业联动的结构特征，并进一步通过实证检验揭示影响产业联动的主要因素，最后提出促进长江经济带与孟印缅经济体产业联动的优化路径。本书为促进长江经济带与"一带一路"倡议的融合发展提供了研究视角，同时为实现境内经济带与境外经济体的融合发展提供了思路，也为孟中印缅经济走廊的建设提供了政策启示。由于时间仓促，学术水平有限，对许多问题的认识尚处于探索阶段，望读者批评指正。

目　　录

第 一 章

绪　　论

近年来，随着全球经济一体化的发展，各区域对外开放程度逐渐提高，国际区域经济联系日益紧密，产业联系更加密切，促进各区域产业打破区域、市场等的制约，进行跨区域产业联动，以实现资源优化配置。跨区域产业联动能够充分发挥产业间优势互补与协同发展效应，并优化产业的区域分工与布局，以推动区域经济协调发展。因此，在区域经济发展中，产业联动行为越来越普遍，产业联动也逐渐成为区域经济协调发展路径探索的重点之一。自 Moseley 和 Townroe 等[①]关注产业联动之后，产业联动的研究逐渐引起了学界的重视，目前已成为区域空间经济联系中的研究重点。长江经济带横跨我国东、中、西三大区域，经济发展不平衡，双向开放、东西协调是经济带发展的重点，而孟印缅经济体是长江经济带向西开放的重要合作区域，两大区域之间空间经济联系的地理优势明显，经济合作潜力大。因此，从产业联动视角探索长江经济带如何实现上、中、下游协调发展，扩大并深化与孟印缅经济体的空间经济联系是本研究的价值所在。本部分主要说明两个问题：一是基于产业联动，研究长江经济带与孟印缅经济体空间经济联系的背景，具体要解决的问题及研究的目的和意义；二是明确本研究的内容及目标，阐明研究思路和方法，说明研究的创新与不足。

---

① M. J. Moseley, P. Townroe, "Linkage Adjustment Following Industrial Movement", *Tijdschrift Voor Economische en Sociale Geografie*, Vol. 64, No. 2, Feb. 1973, p. 139; A. G. Hoare, "Industrial Linkages and the Dual Economy: The Case of Northern Ireland", *Regional Studies*, Vol. 12, No. 2, Feb. 1978, p. 168.

第一节　研究背景

关于产业联动的研究很多，但在地理区域上选择长江经济带与孟印缅经济体为研究对象的研究成果并不多见，本书考虑这一地理区域主要是顺应我国经济空间转型的战略方向和构建全面开放新格局的要求，为国家发展战略的深入实施与区域经济协调发展的有效推进，提供决策参考。此外，由于长江经济带与孟印缅经济体之间特殊的经济联系与地理空间关系，以及长期以来两大区域之间产业的关联性与互补性较强，所以研究长江经济带与孟印缅经济体的产业联动，有助于从产业层面揭示不同区域间的空间经济联系，为区域经济一体化的研究提供新视角。

一　问题的提出

（一）"陆海内外联动、东西双向互济"全面开放新格局的形成

党的十九大报告关于我国推动形成全面开放新格局中，明确提出要形成"陆海内外联动、东西双向互济"的开放格局，这是我国新时代经济空间转型的战略方向，也是我国区域发展战略体系的一个新方向。一直以来，东西部地区发展不平衡是我国区域经济发展中的核心问题。[①] 以东西向布局为主的国家宏观战略对于增强我国经济空间发展的协调性意义重大。世界经济重心持续由西向东、向中国移动的全球趋势，离不开东西向布局的国家区域发展战略的引领和支撑。[②] 由于我国实行的全方位对外开放会加大全球市场对中国经济的影响，这种趋势下东部沿海地区和西部沿边地区经济的增长均会加快。[③] 这种情形下，孙

---

① 樊杰等：《中国经济与人口重心的耦合态势及其对区域发展的影响》，《地理科学进展》2010 年第 1 期。

② D. Quah, "The Global Economy's Shifting Centre of Gravity", *Global Policy*, Vol. 2, No. 1, January 2011, p. 6.

③ 张玉新等：《国际区域经济一体化背景下中国沿边城市经济空间分布与影响因素》，《管理世界》2014 年第 10 期。

铁山等①指出，我国区域发展战略升级的重要趋势是推进区域经济空间结构的转型和全国经济空间格局的重塑。赵璐与赵作权指出，自 2010 年以来，我国经济发展呈现向内陆移动、东西向扩张、南北向收缩的空间特征，以及东西向空间布局的态势，而长江经济带、丝绸之路经济带、海上丝绸之路均呈现东西向的空间发展态势。② 长江经济带作为连接"一带一路"倡议的重要区域，在此背景下，应强化对外联系、促进区域全面开放，以适应新时代我国"双向开放"的发展趋势。我国"陆海内外联动、东西双向互济"全面开放新格局形成的关键是如何实现"联动"与"互济"。③ 所以，在全球经济重心转移及我国空间经济转型新趋势下，长江经济带与孟印缅经济体的经济联系将会日渐紧密，而经济联系又更多地体现在产业发展上，促使长江经济带与孟印缅经济体的产业联动成为必然。

（二）国家战略发展要求加强长江经济带与"一带一路"倡议的衔接互动

2014 年，在我国推出的京津冀协同发展、长江经济带等发展战略中，长江经济带东向连接"21 世纪海上丝绸之路"，西向连接"丝绸之路经济带"，同时与京津冀形成南北呼应之势，其战略地位十分重要。④ 在当前经济发展新常态下，国家空间发展战略形成了新趋势：走出去，以"一带一路"倡议为核心；引进来，以长江经济带为核心。国家整体经济发展正从沿海经济转向流域经济。京津冀协同区、长江经济带和共建"一带一路"合作国家是新常态下中国的重点发展区域，不同区域间的互

---

① 孙铁山等：《中国经济空间格局演化与区域产业变迁——基于 1952～2010 年省区经济份额变动的实证分析》，《地理科学》2015 年第 1 期；孙久文：《重塑中国经济地理的方向与途径研究》，《南京社会科学》2016 年第 6 期；陈明星等：《经济地理学视角下中国经济新常态的格局与类型划分》，《地理科学》2016 年第 7 期；倪金星等：《基于 DMSP/OLS 夜间灯光数据的中国经济空间格局》，《华中师范大学学报》（自然科学版）2016 年第 6 期；范恒山：《国家区域发展战略的实践与走向》，《区域经济评论》2017 年第 1 期。

② 赵璐、赵作权：《中国经济空间转型与新时代全国经济东西向布局》，《城市发展研究》2018 年第 7 期。

③ 张幼文：《新时代中国国际地位新特点和世界共同发展新动力》，《世界经济研究》2017 年第 12 期。

④ 胡艳：《长江经济带联动发展与绿色开发研究》，经济管理出版社 2016 年版，第 3 页。

联互通有助于区域经济的协调发展。由于功能定位明确、发展水平存在差异、资源禀赋不同、重叠区域增多等因素，几大区域之间存在互联互通的可行性。以经济结构的相似性和互补性为原则，商贸流通、资源技术、低碳节能、电子商务、交通设施等是几大区域可以广泛开展合作的主要领域，应完善经济合作环境，构建跨境、跨区域产业链，推动区域经济协调发展。① 长江经济带的发展要统筹沿海、沿江、沿边和内陆开放，加强与"一带一路"沿线孟印缅经济体的衔接互动，提升长江经济带的向西开放水平，要把推进长江经济带发展与落实"一带一路"倡议紧密结合起来，引导和支持企业参与"一带一路"建设，构建沿江地区对外开放新优势。长江经济带与"一带一路"倡议的衔接互动，有利于提升我国国际竞争力，完善全方位开放格局，促进我国区域均衡发展，并构建区域发展新格局，而产业联动是两大经济区实现互联互通的支撑。② 对比国内的两条经济带，丝绸之路经济带的经济规模和发展潜力较小、产业基础薄弱、产业结构不完善、与发达地区产业实现联动发展的难度大，但是长江经济带人口规模较大、整体发展水平高、经济增长潜力大、产业结构相对完善、与其他区域的产业关联性较强，具有较大的带动作用。长江经济带与共建"一带一路"合作国家间经济发展梯度明显，产业关联性与互补性较强，这奠定了两者实现互联互通的经济基础。因此，应加强长江经济带与共建"一带一路"合作国家的经济联系，加强基础设施的互联互通，形成长江经济带陆海双向开放的新局面，提高长江经济带（特别是中上游内陆地区）全方位的对外开放水平。③ 由此可见，长江经济带与"一带一路"倡议并不是相互独立的，两者之间具有重要的空间经济联系，主要体现在基础设施、市场、产业、要素等方面的全面对接与互动。从东西向的空间发展格局看，孟印缅经济体是共建"一带一路"的重要合作国家，也是长江经济带向西开放的重要合作伙伴，所以应加强长江经济带与孟印缅经济体的空间经济联系。

---

① 王娟娟：《京津冀协同区、长江经济带和一带一路互联互通研究》，《中国流通经济》2015 年第 10 期。

② 高新才：《丝绸之路经济带与长江经济带的互联互通》，《中国流通经济》2015 年第 9 期。

③ 胡艳：《长江经济带联动发展与绿色开发研究》，经济管理出版社 2016 年版，第 3 页。

（三）长江经济带与孟印缅经济体地理毗邻，具有天然空间经济联系优势

长江经济带横跨我国东、中、西三个经济区域，覆盖了上海、江苏、浙江、安徽等 11 个省市，连通了长江流域的发达地区与欠发达地区，经济发展潜力大，也是我国东部、中部、西部地区经济协调发展的重要示范区及核心区域。长江经济带建设是新时代我国区域经济协调发展和对内对外开放相结合的重要战略举措。云南省是长江经济带最上游省份，也是经济带向西开放的最前沿。新经济地理学认为，当两个经济系统地理位置相近或者经济特征相似时，空间经济联系尤为突出。① 在地理上，长江经济带与孟印缅经济体的毗邻区域是云南省；在战略发展上，孟印缅经济体是长江经济带向西开放的重点区域，长江经济带是孟印缅经济体向国内延伸的重要经济通道。地理区域连通与融合发展战略是长江经济带与孟印缅经济体经济联系日渐紧密的坚实基础。

第一，长江经济带各省市与孟印缅三国的经济联系强度逐渐增大。孟加拉国、印度与缅甸虽然不是长江经济带各省市对外经济联系中占据主导地位的国家，但是最近几年来长江经济带各省市与孟印缅三国的经济联系强度逐渐增大。分析结果显示，2012—2016 年长江经济带各省市与印度的经济联系强度呈现明显上升趋势，四川、江苏两省与印度的经济联系强度较大，远高于其余省市与印度的经济联系强度，由于地理区位与经济发展水平的影响，四川省与印度的经济联系明显强于其余省市与印度的经济联系，而江苏省可能是由于经济发展上较强的互补性，使其与印度具有较强的经济联系。长江经济带各省市与孟加拉国的经济联系强度也呈现明显的上升趋势，并且四川、云南两省与孟加拉国的经济联系强度远高于其余省市与孟加拉国的经济联系强度，这可能得益于地理区位邻近，而其余省市与孟加拉国的经济联系强度差异不大。同样，长江经济带各省市与缅甸的经济联系强度也呈现明显的增长趋势，且云南、四川两省与缅甸的经济联系强度远高于其余省市与缅甸的经济联系强度。由于经济发展水平的差异，长江经济带各省市与印度的经济联系

---

① 吴玉鸣：《空间计量经济模型在省域研发与创新中的应用研究》，《数量经济技术经济研究》2006 年第 5 期。

强度明显高于与孟加拉国、缅甸的经济联系强度。印度可作为长江经济带与孟印缅经济体经济联系中的典型代表。

表1-1　　长江经济带各省市与孟印缅三国的经济联系强度

国家	省（市）	2012 年	2013 年	2014 年	2015 年	2016 年
印度	上海	7.02	7.69	8.40	9.00	10.01
	江苏	20.02	22.19	24.53	27.08	30.10
	浙江	12.38	13.60	14.83	16.28	18.14
	安徽	9.09	10.21	11.35	12.50	14.04
	江西	7.23	8.09	9.00	9.93	11.12
	湖北	12.61	14.04	15.66	17.35	19.37
	湖南	13.28	14.87	16.62	18.44	20.59
	贵州	6.82	7.91	9.14	10.52	12.00
	四川	26.33	29.40	32.62	35.89	40.10
	重庆	10.20	11.45	12.86	14.42	16.35
	云南	12.74	14.50	16.11	17.87	19.93
孟加拉国	上海	1.18	1.29	1.41	1.51	1.69
	江苏	3.45	3.84	4.24	4.68	5.22
	浙江	2.16	2.38	2.60	2.85	3.18
	安徽	1.61	1.82	2.02	2.22	2.50
	江西	1.41	1.58	1.76	1.94	2.18
	湖北	2.43	2.72	3.03	3.35	3.76
	湖南	2.81	3.16	3.53	3.90	4.38
	贵州	1.91	2.23	2.57	2.95	3.38
	四川	6.90	7.73	8.58	9.41	10.57
	重庆	2.52	2.85	3.20	3.58	4.07
	云南	4.88	5.58	6.20	6.85	7.68
缅甸	上海	0.60	0.66	0.72	0.77	0.85
	江苏	1.72	1.93	2.14	2.35	2.60
	浙江	1.12	1.24	1.36	1.48	1.64
	安徽	0.81	0.92	1.03	1.13	1.26
	江西	0.78	0.88	0.98	1.08	1.20
	湖北	1.26	1.42	1.59	1.75	1.94

国家	省（市）	2012 年	2013 年	2014 年	2015 年	2016 年
缅甸	湖南	1.61	1.82	2.04	2.26	2.51
	贵州	1.25	1.46	1.69	1.94	2.20
	四川	3.31	3.74	4.16	4.56	5.07
	重庆	1.39	1.58	1.78	1.99	2.24
	云南	3.95	4.54	5.06	5.59	6.20

注：借鉴经济联系强度模型测算长江经济带各省市与孟印缅三国的空间经济联系强度，其计算方法为：$R_{ij} = [\sqrt{P_i G_i} \cdot \sqrt{P_j G_j}] / D_{ij}$，其中 R_{ij} 为两区域间的经济联系强度，P_i 为 i 区域的非农人口，G_i 为区域 i 的国内生产总值，其中 P_j 为 j 区域的非农人口，G_j 为区域 j 的国内生产总值，D_{ij} 为两区域间的地理距离。由于本书只需要判断一个经济联系强度的变化趋势，所以计算中对 D_{ij} 取了平方项以降低经济联系强度的相对数值，计算过程中数据单位已经换算统一。

第二，长江经济带与孟印缅经济体的政策支持力度不断加大，双方文化环境相容性强。长江经济带是我国经济发展新动力培育的重点区域，所以当前国家出台了许多针对性较强的政策，以促进长江经济带的发展。2014 年国务院印发的《关于依托黄金水道推动长江经济带发展的指导意见》对长江经济带的发展有明确的战略部署和定位，旨在将长江经济带建设成为东、中、西部地区互动合作的协调发展带与沿海、沿江、沿边全面推进的对内、对外开放带。这一战略部署为长江经济带的联动发展提供了政策依据。2016 年印发的《长江经济带发展规划纲要》确立了下游地区的上海、中游地区的武汉和上游地区的重庆的核心地位，通过各区域的核心城市辐射带动其余区域的发展。这一纲要为长江经济带的产业联动提供了政策支持。目前长江经济带的政策实施已取得了一定成就，如《长江流域环境联防联治合作框架协议》和《口岸一体化发展备忘录》一系列共建长江经济带的合作协议的签订，使得跨区域合作机制逐渐规范化。

孟加拉国、中国、印度、缅甸四国在政策沟通上取得重大突破，其中通关便利化、运输便利化、人员进出便利化等相关政策已逐步落地实施。四国正大力建设互联互通的软环境，重点加强相关部门间的协调，推进通关便利化，并参照大湄公河次区域（GMS）经济走廊建设的相关经验，积极推动制定和实施区域客货过境运输便利化协议。中国分别与印度、缅甸、孟加拉国在贸易、投资、交通运输等方面签署了双边协议，孟加拉国、印度、缅甸三国间也有一些双边协议。目前孟加拉国、中国、印度、缅甸四国之间关于政策沟通、道路联通、贸易畅通、货币流通、民心相通的相关制度安排逐渐完善和落实，为四国合作发展提供动力和支持。孟加拉国、中国、印度、缅甸四国正在努力建立四国政府间的合作机制，签订四国政府协议，落实合作论坛的建议，加强论坛和联合工作组之间的协调互动，为政府决策和企业投资提供咨询，四国政府、商界、学界共同努力推进孟中印缅经济走廊的建设。

长江经济带与孟印缅经济体地理毗邻，具有部分共同的文化环境，所以长江经济带与孟印缅经济体的非正式制度环境的相容性强。孟中印缅区域"山同脉，水同源"，习俗相近，人文相亲，便于沟通。随着经济全球化、区域经济一体化进程不断加快，中国与孟加拉国、印度、缅甸的人文交流合作也不断加强。目前四国间已经签订许多文化合作、科技合作、旅游合作等文化交流与合作的相关协议，这为四国之间人文领域的合作提供了保障。孟中印缅地区经济合作论坛为四国间人文领域的合作搭建了重要平台。随着孟中印缅地区的经贸合作日趋加深，人员交往也日益密切，不仅政府官员、民间商会、公司团体等相互间的访问与交流日趋频繁，而且教育、文化、学术界等领域的合作与交流也不断增加，这增强了长江经济带与孟印缅经济体的文化相容性，无形中促进两大区域的经济联系。

（四）产业是长江经济带与孟印缅经济体空间经济联系的重要落脚点

20世纪90年代之后，生产要素以更快的速度在全球范围内流动，追求资源在世界范围内的最优配置。随着商品、服务、资本和技术在世界性生产、消费和投资领域中的扩散，世界经济形成了一个以世界市场为纽带，以生产要素流动为媒介，以商品和劳务销售为中心的相互依存的体系。在此体系中，各国产业生产紧密相连，彼此影响，相互制约。因此，长江经济带的发展以"一带一路"倡议为契机，推动沿边、沿江产业"走出去"，实现产业发展大融合。促进长江经济带与"一带一路"倡议融合发展，既是区域经济发展的需要，也是地区产业发展的需要。长江经济带应紧抓"一带一路"机遇，推动沿江中上游的产业突围。对于长江中上游地区而言，应紧抓国际、国内产业转移的良好机遇，承接产业转移，促使国内产业与国外产业的联动发展，通过产业联动促进本地产业实力和核心竞争力的提升，并推动区域经济协调发展。增长极理论认为，应集中力量发展区域的优势主导产业，并借助外部经济和产业间的关联乘数效应来带动其他产业的发展。① 该理论揭示了区域发展的不平衡性，间接阐释了产业在区域经济协调发展中的重要地位。已有研究指出，在区域经济一体化下，从产业视角研究区域经济联系和区域经济发展的不均衡性具有必然性。② 长江经济带、孟印缅经济体间的经济发展差异大，经济发展不平衡问题突出，区域经济协调发展势在必行，而双向开放、东西互济是增进区域经济联系及实现区域经济协调发展的关键。同时，长江经济带与孟印缅经济体相互之间产业的关联性与互补性较强，双方经济合作基础好，产业具有联动发展的现实性，进而促进长江经济带与孟印缅经济体间的经济联系。

因此，基于"陆海内外联动、东西双向互济"全面开放新格局的构建背景及长江经济带与孟印缅经济体间良好的联动发展基础，本书以产业联动为切入点，分析长江经济带与孟印缅经济体的空间经济联系，试图构建产业联动促进境内经济带与境外经济体有机联系的理论框架，拟解决以下几个关键问题：一是从理论上，长江经济带与孟印缅经济体如何实现产业联动？二是目前长江经济带与孟印缅经济体产业联动呈现怎样的现实特征？三是影响长江经济带与孟印缅经济体产业联动的主要因素有哪些？四是如何促进长江经济带与孟印缅经济体的产业联动？根据以上研究，最终提出推进长江经济带与孟印缅经济体产业联动的优化路径与促进其空间经济联系的对策建议。

二 研究界定

(一) 跨境产业联动

随着产业联动越来越多的应用于经济学领域，关于产业联动含义的研究也越来越多。通常认为，区域之间要素、产业的转移和整合会促进区域产业联动，进而实现区域产业优势互补、相互促进、共同发展。现

---

① 佩鲁：《增长极概念》，《经济学译丛》1988 年第 9 期。

② 陈喜强等：《区域经济合作与发展中的相关前沿问题研究》，《经济研究》2008 年第 8 期。

有关于产业联动的定义主要从产业层面进行界定。产业联动以产业间经济技术上的数量比例关系为基础，并呈现出相互影响、相互制约的经济联系。吕涛和聂锐等①指出，产业联动的基础是产业关联，表现为产业之间相互促进、相互协调、联合发展的产业协作活动，目的是实现互利共赢，过程是双向互动的良性发展。而沈正平等②认为产业联动是不同地区通过产业结构转换，克服要素关联互动的阻碍，产业之间实现优势互补、协同发展的过程。显然，产业联动是优化产业结构、增强产业竞争力、提升产业能级的有效途径。从不同层面看，产业联动分为区域内产业联动与跨区域产业联动。③ 更进一步的，有研究指出产业联动是各种要素、多领域、多形式的对接互补，并且区际产业联动的实质是产业链的空间布局，联动的路径是由点到线再到面的过程。④ 无论是区域产业联动还是跨区域产业联动，都是一种双向或多向的互利行为，如煤炭行业和电力行业的产业联动，一方面促进双方形成固定的销售渠道和供煤渠道，另一方面还能提高经济效益、促进行业健康发展。从中观层面看，产业联动的主体是产业，但在微观层面上，产业联动的主体是企业。现有研究已对产业联动的内涵进行了深入探索，为后续研究奠定了基础。

综上，现有研究认为产业联动是指一个区域内不同产业间或区域间不同产业产生的联系与合作行为，是区域产业活动参与主体为实现最大的经济效益而采取的经济技术联系和相互合作行为，为谋求区域产业长远发展的竞争优势，在同一产业内或不同产业间以产业或企业为整合对象，跨地域、跨行业进行生产要素的重新配置，形成产业集群或优势主导产业和相应产业结构的过程。此外，产业联动是以产业关联为前提的双向互动模式，其目的是在扩大双方产业合作规模的基础上，优化产业结构，实现互利共赢。

---

① 吕涛、聂锐：《产业联动的内涵理论依据及表现形式》，《工业技术经济》2007 年第 5 期；刘宁宁等：《区域产业联动的主要机制研究》，《商业时代》2008 年第 31 期。

② 沈正平等：《产业地域联动的测度方法及其应用探讨》，《经济地理》2007 年第 6 期；姜霞：《论武汉城市圈的产业联动》，《开放导报》2012 年第 6 期。

③ 袁象、孙玉美：《基于产业联动理论的长三角海洋产业发展研究》，《现代管理科学》2016 年第 4 期。

④ 高伟：《区际产业联动的内涵、模式与调控》，《高校理论战线》2012 年第 7 期。

劳动力、资源、资金、技术、信息等要素在区域间的流动，会引起区域产业联动。产业联动对优化区域产业分工与布局，促进产业结构优化具有重要意义。产业联动能避免产业趋同引起的恶性竞争，促进区域资源共享和优势互补，并在某一区域内，培育跨地区的主导产业和支柱产业，形成合理布局、协作配套的区域产业发展体系。① 在产业联动中，产业的变化相互影响，而产业的变化主要表现在产业规模的扩大和产业效率的提升，其中可通过生产要素总量的变化影响产业规模，而通过技术创新与变革影响产业效率。因此，区域间的要素流动和技术溢出引起产业的变化，进而影响产业联动。现有许多概念与产业联动相似，如产业关联、产业链、产业联盟、产业一体化等，其中产业关联是产业联动的基础，而产业链、产业联盟、产业一体化是产业联动的不同表现形式。

由于本书中长江经济带与孟印缅经济体的产业联动，涉及的区域不是某一国的某一区域，而是境内经济带与境外经济体的产业联动，这与先前的研究存在明显差异，因此本书重点对境内产业联动与跨境产业联动进行界定。本书认为，境内产业联动主要是指一国内部不同区域之间资本、信息、技术等生产要素的流动，使得不同区域产业间形成投入产出关系或产品贸易联系，进而促进不同区域间产业相互作用、联动发展的过程。而跨境产业联动是不同国境内区域间资本、信息、技术等生产要素的跨境流动，使生产要素在境内外区域间进行重新配置，并形成跨境产业间的投入产出关系或产业贸易联系，最终促进跨境区域间产业相互联系、相互作用、共同发展的过程。

（二）长江经济带

长江经济带由中国生产力经济学会在1984—1985年提出的"长江产业密集带"衍生而来。长江经济带横跨我国东部、中部、西部地区，共覆盖我国11个省市，具体指上海、江苏、浙江、安徽、江西、湖北、湖南、重庆、四川、贵州、云南11个省市组成的区域。从地理区位上将长江经济带划分为三大区域，上海、江苏、浙江3省市是经济带的下游地区，安徽、江西、湖北、湖南4省是经济带的中游地区，重庆、四川、

---

① 曹华：《西部大开发中西南区域内经济联动发展战略研究》，民族出版社2010年版，第86页。

贵州、云南 4 省市是经济带的上游地区。长江经济带连通了我国发达地区与欠发达地区，经济发展梯度明显，是我国典型的空间异质区及区域经济协调发展的核心地带，也是我国对外开放与对内开放相结合的重点区域。

（三）孟印缅经济体

孟印缅经济体是指孟加拉国、印度、缅甸三国，三国作为"一带一路"六大经济走廊中孟中印缅经济走廊上的重要沿线国家，地理空间上与我国长江经济带最上游地区的云南省接壤，两者之间的空间经济联系具有天然的地理优势。本书将孟印缅经济体看作一个境外区域进行分析。

三　研究目的及意义

（一）研究目的

目前，在区域经济发展中关于区域经济联系的研究越来越多，已经有研究逐步将焦点集中于产业，且多数研究仅局限于分析区域内部不同产业的相互作用关系，对区际或是跨境产业联系的研究较少，尤其是对长江经济带与孟印缅经济体这一区域的研究还比较欠缺。对产业的研究已经不再局限于某一类产业或某一区域内的产业，而是开始分析不用区域间产业的联动发展。多数现有研究并没有界定在区域内、区域间产业联动中的核心产业，使得国家在制定促进区域产业联动的政策上缺乏理论指导和依据，导致区域间的产业联动研究进程缓慢且成效甚微。由于政治体制改革和历史变迁过程复杂，我国存在地方产业保护和政策性产业布局现象，阻碍了区域间产业协作。因此，产业联动的研究对于我国区域经济空间联系具有重要意义。长江经济带是我国经济发展中的重点区域，孟加拉国、印度、缅甸是我国重要的周边国家，本书基于产业联动研究长江经济带与孟印缅经济体空间经济联系的主要目的：一是为"陆海内外联动、东西双向互济"的研究奠定理论基础；二是构建境内经济带与境外经济体空间经济联系的理论框架，并探索境内经济带与境外经济体如何实现对接合作的新思路；三是对区域经济联系的研究进行补充与拓展，并提供新的研究思路；四是从产业层面揭示长江经济带与孟印缅经济体空间经济联系的现状，为促进两区域深化经济联系的相关对策建议提供依据。

（二）理论意义

从理论上看，空间经济联系的研究是区域经济研究的重要补充。区域经济活动的专业化分工导致各区域经济活动主体之间在发展上的相互依存性,从而促进他们之间的经济联系。而区域产业联动理论正是强调区域间互补、合作和相互作用的关系。区域产业联动在于充分利用区域要素禀赋差异性及产业结构互补性。区域间生产要素和产业的转移,能有效发挥差异性生产要素的聚集效应,促进区域内各产业间的优势互补,实现区域内经济效益最大化。随着经济全球化进程的加快,任何一个国家或地区,无论制度怎样、发展处于何种阶段,都不可能生存于孤立的空间,都需要通过区域间的联动发展来实现其经济增长目标。因此,本研究的理论意义主要体现在如下三方面:一是基于产业联动系统研究长江经济带与孟印缅经济体空间经济联系的实现机理、联动网络特征以及相应的影响因素,提出促进长江经济带与孟印缅经济体产业联动的对策建议,为其他区域间空间经济联系的研究提供理论参考;二是构建区域间相互促进、优势互补的产业联动机制,丰富了区域经济联系研究的理论基础;三是本书应用复杂网络分析法建立长江经济带与孟印缅经济体的产业联动网络,并对其结构测度的度量指标进行实证检验,弥补了现有产业联动研究中实证检验缺失的不足,扩展了产业联动研究的思路,揭示了通过产业联动分析空间经济联系的可行性。

(三) 现实意义

长江经济带与"一带一路"倡议之间的经济联系具有重要的现实意义。近年来,我国经济已基本实现转型,但区域经济发展差距依然存在,区域经济协调发展仍是我国经济发展中的主旋律。就长江经济带发展而言,上游地区经济发展落后于中下游地区,经济带要获得长足发展,缩小发展差距势在必行。以目前的现实条件来看,经济带上游地区仅靠自身力量很难弥补这一差距。上游地区经济的快速发展离不开中下游地区的带动,中下游地区的发展离不开上游地区的支撑,而上游地区的发展与孟印缅经济体紧密相关。从地理、历史的渊源来看,长江经济带与孟印缅经济体有相似的自然环境、资源禀赋和民族文化,相近的地理位置,较容易建立起平等发展的经济合作关系,形成某些资源开发、产品加工及运输的相邻区域分工合作关系。

因此,基于产业联动分析探讨长江经济带与孟印缅经济体空间经济联系的现实意义在于:一是顺应了行政区域经济发展向区域经济发展转变的趋势。目前，区域经济联系日渐紧密，行政区域经济发展正逐渐向区域经济发展过渡。通过区域产业联动，能够整合区域间相同而又分散的资源和产业，可以避免资源浪费、产业趋同引起的产品同质化竞争，形成具有较强竞争力的区域经济合作体，进而能够改变长江经济带上、中、下游地区区域分割、行政壁垒等引起的经济发展不协调的区域利益格局。二是对长江经济带与孟印缅经济体空间经济联系的研究是区域经济协调发展研究的重要组成部分。区域经济协调发展的研究较多，但已有的研究多倾向于对区域经济协调发展的理论内涵的分析，并且宏观层面的研究较多，目前中观和微观层面的研究也越来越多，基于产业联动分析区域经济联系就是区域经济协调发展研究中对中观层面分析的重要组成部分。三是顺应了形成"陆海内外联动、东西双向互济"的开放格局的新时代中国经济空间转型的战略方向，也顺应了新时代我国区域经济发展体系构建的新方向。新时代中国经济空间转型强调内外联动，东西双向互济开放，而长江经济带横跨中国的东、中、西三大地带，向西与孟印缅经济体相衔接，所以分析长江经济带与孟印缅经济体的空间经济联系，顺应了新时代中国经济空间转型的新方向和中国经济空间转型中东西向布局的态势，也是在我国构建全方位开放新格局中，利用东西向的空间布局促进区域贯通、联动和融合的区域一体化发展模式的内在要求。

第二节　研究目标与内容

一　研究目标

一是分析长江经济带与孟印缅经济体通过产业联动实现空间经济联系的现实基础。分别从长江经济带与孟印缅经济体的自然资源禀赋、经济发展水平差异、产业关联性与互补性、基础设施互联互通建设、制度环境保障等方面加以分析，以揭示长江经济带与孟印缅经济体之间可以通过产业联动来增进其空间经济联系。

二是构建境内经济带与境外经济体产业联动的理论模型并分析其实现机理，揭示基于产业联动的空间经济联系理论机制。基于空间经济学的本地溢出效应模型，对其进行相应的扩展，围绕要素流动或产品贸易，引起区域间产业布局的变化，进而形成促进产业联动的逻辑主线，分别对境内不同区域间与跨境区域间的产业联动机理进行分析。

三是揭示长江经济带与孟印缅经济体产业联动的网络特征，并据此反映长江经济带与孟印缅经济体空间经济联系的现状。主要从三方面实现这一目标：首先，基于复杂网络分析法构建长江经济带各省市间产业联动网络，并测度其结构特征；其次，结合复杂网络分析法与孟印缅三国相互间的产品贸易情况，进一步分析孟印缅经济体间产业联动的现状；最后，利用复杂网络分析法构建长江经济带与孟印缅经济体的产业联动网络，并结合经济带各省市与孟印缅三国的产业贸易，揭示长江经济带与孟印缅经济体的产业联动特征。

四是探讨长江经济带与孟印缅经济体不同层面（区际、跨境）产业联动的影响因素。这一目标的实现主要是基于长江经济带与孟印缅经济体产业联动网络的现实特征，构建计量模型，对不同区域层面产业联动的影响因素进行实证检验。

五是提出长江经济带与孟印缅经济体产业联动的优化路径。从区际层面和跨境层面来分析促进产业联动的主要路径。区际层面主要以促进长江经济带上、中、下游之间的产业联动为出发点，跨境层面主要以促进长江经济带与孟印缅经济体之间的产业联动为出发点，进而促进长江经济带与孟印缅经济体的空间经济联系。

二 研究内容

一是产业联动的文献基础，主要包括两方面：第一，对跨境产业联动概念进行界定，明确产业联动的实质及与类似概念的关系；第二，对相关研究文献进行梳理与总结，主要包括以二重开放、国际区域经济合作、长江经济带与"一带一路"、孟印缅经济体、空间经济学中的要素流动与产业集聚、空间经济联系、产业联动等为主题的国内外文献，通过以上两方面的分析奠定本书的研究基础。

二是长江经济带与孟印缅经济体产业联动的现实条件分析。从长江经济带与孟印缅经济体的自然资源禀赋、经济发展水平与消费需求差异、产业的关联性与互补性、基础设施互联互通建设、制度环境等方面分析长江经济带与孟印缅经济体产业联动的现实基础，突出长江经济带与孟印缅经济体产业联动发展的必然性。

三是长江经济带与孟印缅经济体产业联动的实现机理分析。结合空间经济学的本地溢出效应（LS）模型并进行拓展，围绕要素流动、产品贸易促进产业联动的主线，将长江经济带与孟印缅经济体在地理上划分为三个区域，分别是长江经济带中下游地区、上游地区和境外的孟印缅经济体，旨在理论分析中探索区域间产业联动的机理。考虑两种情形：第一，国内两区域（长江经济带中下游与上游地区）的产业联动机理；第二，境内经济带（长江经济带）与境外经济体（孟印缅经济体）的产业联动机理。

四是长江经济带与孟印缅经济体产业联动网络构建与特征分析。基于复杂网络分析法从不同层面构建产业联动网络，分析各层面产业联动呈现的关系结构，并探讨相应结构下产业联动所反映的特征事实。首先，构建区际（长江经济带上、中、下游各省市间）的产业联动网络，并测度其结构，以揭示长江经济带产业联动的网络特征；其次，构建孟印缅经济体间的产业联动网络，并结合孟印缅三国的产品贸易情况，分析孟印缅经济体间的产业联动事实；最后，运用复杂网络分析法构建长江经济带与孟印缅经济体间的产业联动网络，结合长江经济带各省市与孟印缅三国间产业贸易的情况，揭示长江经济带与孟印缅经济体的产业联动特征。

五是长江经济带与孟印缅经济体产业联动的影响因素分析。在已构建的产业联动网络特征及产业联动现实的基础上，分析产业联动的影响因素。首先，从区域间的差异出发，分析长江经济带上、中、下游各省市间产业联动的影响因素；其次，从产业贸易的视角，对跨境产业联动的主要影响因素进行实证检验；最后，根据不同层面上产业联动影响因素的检验结果，探讨长江经济带与孟印缅经济体产业联动的优化路径。

第三节 研究思路与方法

一 研究思路

本书遵循如下研究思路：第一，从产业联动的基础研究出发，对产业联动概念、产业联动与空间经济联系的关系、研究现状等进行阐述，奠定本书的研究基础；第二，从自然资源禀赋、经济发展与消费需求差异、产业关联性与互补性、基础设施互联互通建设、制度环境等方面分析长江经济带与孟印缅经济体产业联动的现实基础；第三，结合空间经济学的理论模型，以生产要素流动或产品贸易促进产业联动为主线，分别分析不同情形下，产业联动的理论机制；第四，利用复杂网络分析法分析长江经济带与孟印缅经济体的产业联动网络，测度其结构特征，并结合产品贸易或产业贸易进一步分析产业联动情况，揭示区域间、跨境产业联动的特征事实；第五，基于已构建的产业联动网络呈现出的特征及不同区域层面产业联动的特点，利用实证检验揭示长江经济带与孟印缅经济体产业联动的影响因素，并根据分析结果提出区域间及跨境产业联动的优化路径。具体的研究路线如图 1 - 1 所示。

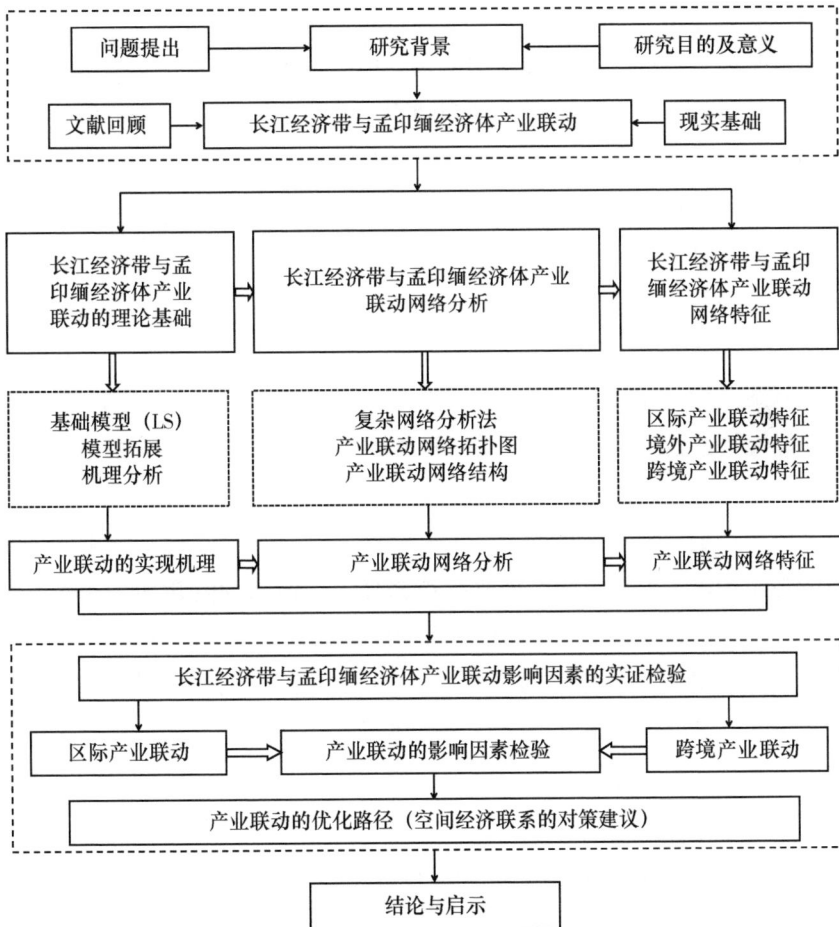

图 1 - 1 研究框架

二　研究方法

（一）文献研究法与演绎归纳法

运用文献研究法、演绎归纳法对二重开放、国际区域经济合作、长江经济带与"一带一路"倡议的互动合作、空间经济学理论、孟中印缅经济走廊建设、空间经济联系、产业联动等研究成果进行梳理，奠定本书的研究基础。

（二）复杂网络分析法

运用复杂网络分析法构建产业联动网络，并对其进行结构测度。本书基于复杂网络分析法构建了长江经济带的产业联动网络，并利用计算机模拟生成可视化的产业联动网络拓扑图，测度出产业联动网络的结构特征。对于产业联动的研究，常用的方法是投入产出法，但就投入产出表的形式和功能来说，并不能用来分析区域间产业的链接、衍生和结网等微观行为的中观表现，原因在于部门间投入产出的数量关系与区域之间具体产业链关系是完全不同的两码事。因此，在分析区域间产业联动时，复杂网络分析法比投入产出法更有解释力。

1. 复杂网络的特征

复杂网络（Complex Network）是 21 世纪发展较快的一门交叉学科，能很好地描述各个领域相互关联的复杂模型。[①] 迄今为止，在网络科学的研究中，复杂网络没有统一的定义，目前看来复杂网络包含两层含义：一是大量真实系统的拓扑抽象，二是它的统计特征介于规则网络和随机网络之间。钱学森对复杂网络进行严格界定，他认为复杂网络是具有自组织、自相似、吸引子、小世界、无标度中部分或全部性质的网络。[②] 节点和节点之间的边是复杂网络的基本要素，其中节点主要是人、企业、产业、城市等行为主体，边由行为主体间的相互作用关系构成，这种相互作用关系可以是要素流动、资源交换与传递、知识信息交流、基础设施互联、资金流动、投入产出关系等。本书的网络节点是产业，边是产业之间的投入产出关系。复杂网络的数据是关系数据，是由各行为主体

---

①　孙玺菁等：《复杂网络算法与应用》，国防工业出版社 2015 年版，第 3 页。

②　雷敏等：《复杂网络的度分布及其仿真算法》，同济大学出版社 2016 年版，第 16 页。

之间的关系构成的邻接矩阵，构建网络中需要将邻接矩阵进行相应的转化，通常会对其进行二值化和对称化。复杂网络可分为有向网络和无向网络，其中有向网络邻接矩阵的所有数据信息均反映行为主体间的有向联系，而无向网络中的邻接矩阵仅是矩阵的下半部分反映行为主体间的关系。本书的复杂网络是有向复杂网络。

2. 复杂网络的统计指标

复杂网络的统计指标包括个体网指标与整体网指标。

（1）个体网。个体网是整体复杂网络的子网络，是由每个行为主体及与之存在直接联系的点组成的子网络。主要的统计指标包括点度数、中心度等，具体指标含义如下。

①点度数，与某点直接关联的邻点数，记为 $d(n_i)$，也称关联度。点度数的测量只考虑与该点直接关联的点数，而忽略与之间接关联的其他点。在拓扑图中，一个点度数就是与之直接相连的线条数。在复杂网络中，若某点拥有较高的点度数，说明这个点在网络中比较重要；若一个点的度数为 0，则该点为网络孤立点。在有向复杂网络中，考虑线的方向，将点度数分为点入度（In-degree）和点出度（Out-degree）。点入度是以该点为终点的边数，而点出度是以该点为起点的边数。在产业复杂网络中，从产业的供给和需求看，点入度反映产业的需求情况，点出度反映产业的供给情况；从产业的聚集力与辐射力来看，点入度反映产业的聚集力，点出度反映产业的辐射力。

②中心度，中心度衡量节点在复杂网络中的网络权力，中心度越高，则节点在网络中具有较高的网络权力；反之，则具有较弱的网络权力。中心度包括度数中心度、中间中心度和接近中心度。

度数中心度。在无向网络中，度数中心度就是点度数；在有向网络中，度数中心度是点入度与点出度。中心度又分为绝对中心度与相对中心度，其中相对中心度是绝对中心度的标准化形式。绝对中心度用 C_{AD} 表示，相对中心度用 C_{RD} 表示。在复杂网络中，节点度数的比较仅限于同一网络或规模相同的网络，若网络规模 N 不同，节点的度数 $d(n_i)$ 则不可比较。在有向网络中，点 i 的相对中心度的表达式为：$C_{RDi} = [d^{in}(n_i) + d^{out}(n_i)] / [2(N-1)]$，若 $C_{RDi} = 0$，则点 i 就是一个孤立点；若

$C_{RDi} = 1$，则点 i 就是网络核心点。

中间中心度。若一个节点处于其他节点联系的路径上，则该节点居于重要地位，因为它具有控制其他节点联系的能力。当一个节点处于多个节点之间时，该节点会起到重要的中介作用。中间中心度可以衡量节点对整个网络资源的控制程度。若一个节点处于多对节点对的捷径上，则该点具有较高的中间中心度，并且是许多节点对的枢纽。中间中心度也包括绝对中间中心度和相对中间中心度。绝对中间中心度为经过某点连接网络图中任意其他节点对之间的捷径数目占节点对之间捷径总数的比值，假如以 g_{jk} 表示点对 j 和 k 之间存在的捷径总数；以 g_{jk} (i) 表示经过节点 i 连接点对 j 和 k 的捷径数目；以 b_{jk} (i) 表示点 i 能够控制的点对 j 和 k 的交往能力，或者点 i 处于点对 j 和 k 之间捷径上的概率。由此，b_{jk} $(i) = g_{jk}$ (i) $/g_{jk}$。计算点 i 的绝对中间中心度（记为 C_{ABi}），仅需要把网络中经过点 i 的所有点对的中间中心度加在一起，即：$C_{ABi} = \sum_{j}^{N} \sum_{k}^{N} b_{ij}$ (i)，$j \neq k \neq i$，$j < k$，相对中间中心度是指现实中点 i 的绝对中间中心度与点 i 最大可能的中间中心度的比值（记为 C_{RBi}），即：$C_{RBi} = C_{ABi}/\max C_{ABi}$。弗里曼（L. C. Freeman）证明，在星形网络中，点 i 的中间中心度达到最大值 $\max C_{ABi} = (N^2 - 3N + 2)$，因此，相对中间中心度为 $C_{RBi} = C_{ABi}/ (N^2 - 3N + 2)$，处于复杂网络边缘的点，对网络中的其他行为主体不具有控制力，其中间中心度为 0；反之，处于网络核心的点，其中间中心度为 1，该点在网络中具有绝对控制能力。[①]

接近中心度。网络中连接节点 i 和 j 的所有路径中经过边数最少的路径被称为节点 i 和 j 之间的距离或捷径，记为 $d_{ij} = \min \{ size(i \leftrightarrow j) \}$。网络中的节点 i 与其他节点的捷径距离之和就是接近中心度，它反映了网络中节点 i 与其他节点的接近程度。若节点 i 与网络中所有其他节点的距离都很短，说明该点只需要经过较少的中间节点就可以与网络中各点发生联系，这意味着该节点在网络中发挥作用时较少受到网络中其他节点的控制，此时点 i 具有较高的接近中心度。以 C_{APi} 表示点 i 的接近中心度，则

---

① L. C. Freeman, "A Set of Measures of Centrality Based on Betweenness", Sociometry, 1977, pp. 35 – 41.

$C_{APi} = 1/\sum_{j=1}^{N} d_{ij}$，在星形网络中，$C_{APi}$ 达到最大值 $1/(N-1)$，由此计算出点 i 的接近中心度与理论上最大可能值之比，即相对接近中心度（记为 C_{RPi}），表达为 $C_{RPi} = C_{APi}/(N-1)$。接近中心度主要是测量一个行为主体独立于其他行为主体控制的一个指标，接近中心度的值越大，说明该点越是网络的中心点。

以上三个中心度的含义不同，首先度数中心度衡量的是一个节点与其余节点的直接联系能力，而接近中心度和中间中心度是衡量一个节点控制其余节点联系的能力，与行为主体之间的关系有关，而不仅是相邻节点之间的直接关系。一般来讲，中间中心度的测度结果比接近中心度更准确。但总的说来，三种中心度的测度结果相差不大，选择哪个指标，依赖于研究背景及问题，本书研究产业联动问题，所以优先选择度数中心度与中间中心度指标。

（2）整体网。整体网特征包括小世界结构特性、平均最短距离、聚类系数、网络密度、网络关联度、中心势等，根据分析的需要，本部分仅选取小世界结构特性、平均最短距离、聚类系数、网络密度、中心势进行说明。

①小世界结构特性。小世界结构特性的典型特征是聚类系数较大但平均最短距离较短，该特性是复杂网络分析的前提。

②平均最短距离。无向网络中的平均最短距离 L 被定义为任意两个节点之间捷径的平均值，其表达式为 $L = 2\sum_{i \geqslant j} d_{ij}/N(N+1)$，$N$ 为复杂网络节点总数，d_{ij} 为点 i 和 j 之间的距离。

③聚类系数。整体网的聚类系数是个体网络密度的均值，它反映整体复杂网络中个体网之间的重叠程度，用 C 表示整体网络的聚类系数：$C = \sum_{i=1}^{N} C(i)/N$，其中 $C(i)$ 为点 i 的个体网密度，具有较高的聚类系数是复杂网络小世界特征之一。

④网络密度。整体网络密度用来衡量各个节点之间的总体关联程度，各节点的总体关联程度越强，则整体网络密度越大。在无向网络中，网络密度表达式为 $D_N = 2M/N(N-1)$，其中 M 代表复杂网络中线的总数，N 代表节点数。而在有向网络中，关联系数的产业矩阵不对称，$(i \leftrightarrow j)$ 与 $(j \leftrightarrow i)$ 的关联系数不等。因此，有向网络中的网络密度为 $D_N = M/N$

$(N-1)$。在任一个复杂网络中，网络密度的取值范围均在 0 与 1 之间。

⑤中心势，中心势主要衡量网络的整体中心性，其表达式为 $C_{AD} = \sum_{i=1}^{N} (C_{ADmax} - C_{ADi})/\max[\sum_{i=1}^{N} (C_{ADmax} - C_{ADi})]$，$C_{AD}$ 为整体网的中心势，C_{ADmax} 是度数中心度最大值，C_{ADi} 为点 i 的度数中心度，$\max[\sum_{i=1}^{N} (C_{ADmax} - C_{ADi})]$ 为各节点度数中心度与最大度数中心度的"差值"和最大可能值。由于 $\max[\sum_{i=1}^{N} (C_{ADmax} - C_{ADi})]$ 在星形网络中达到最大值，其值为 $(N^2 - 3N + 2)$，因此上述公式可表示为 $C_{AD} = \sum_{i=1}^{N} (C_{ADmax} - C_{ADi})/(N^2 - 3N + 2)$，网络整体中心势数值越大，表明网络集中趋势越明显。

3. 复杂网络的应用领域

在 Watts 和 Strogatz[1] 提出小世界网络与 Barabási 和 Albert[2] 提出无标度网络模型后，复杂网络理论与方法的应用逐渐成熟。复杂网络的基本原理是将行为主体看作网络"节点"，行为主体之间的关系看作网络的"边"，由行为主体和它们的关系就可以构建一张行为主体的网络。目前，复杂网络的理论与方法主要用于分析网络个体间的关联关系，在表达网络结构的整体特征的同时，也能反映个体在整体中的位置以及整体对个体的影响程度。[3] 复杂网络分析法在各个学科领域都有所涉及，其中在地理学、政治学和经济学领域，均已有一定的研究案例。[4] 许多学者在分析区域经济结构、[5] 城市群人口迁移演化、[6] 市政基础设施、[7] 历史文化保护、[8] 公

---

[1] D. J. Watts, S. H. Strogatz, "Collective Dynamics of 'Small-world' Networks", *Nature*, Vol. 393, No. 6684, 1998, p. 440.

[2] A. L. Barabási, R. Albert, "Emergence of Scaling in Random Networks", *Science*, Vol. 286, No. 5439, 1999, p. 510.

[3] 毛子骏等：《关联基础设施网络模型研究综述》，《计算机科学》2009 年第 3 期。

[4] 刘军：《整体网分析讲义：UCINET 软件实用指南》，格致出版社 2009 年版，第 26 页。

[5] 侯赟慧：《长三角区域经济一体化进程的社会网络分析》，《中国软科学》2009 年第 12 期。

[6] 王珏等：《基于社会网络分析的长三角地区人口迁移及演化》，《地理研究》2014 年第 2 期。

[7] 黄勇等：《基于社会网络分析法的城镇基础设施健康评价研究——以重庆万州城区电力基础设施为例》，《中国科学：技术科学》2015 年第 1 期。

[8] 石亚灵等：《历史文化名镇的社会网络保护量化研究初探——以重庆宁厂镇为例》，《西部人居环境学刊》2016 年第 6 期。

共空间研究①等方面也应用了复杂网络分析法。复杂网络方法也逐渐被应用于分析国际经济关系，如贸易的竞争性与互补性关系。② 近几年，复杂网络在经济学领域的应用研究逐渐增多，真正将复杂网络分析法运用到区域、产业领域的研究成果目前还比较有限，且多为 2005 年之后的研究成果，如张许杰等利用复杂网络分析法揭示了英国产业结构具备小世界网络的特征。③ 复杂网络分析法逐渐被广泛应用于各个学科领域，尤其是近几年在经济学领域中关于产业联动的分析多应用此方法。

（三）数理模型分析

采用数理建模方法构建国内外区域间产业联动的理论模型，分析不同情形下产业联动的实现机理，并利用 Matlab 软件进行数值模拟。主要的建模思想是，分析不同情形下要素流动引起区域要素禀赋与产业分布的变化，区域间产业分布的变化相互影响，进而促进区域间的产业联动，并探讨贸易成本与要素流动成本对这种传导机制的影响。

（四）实证分析

运用实证分析法检验区域间、跨境产业联动的影响因素。根据复杂网络分析法所构建的产业联动网络的结构特征和度量性质，从区域发展差异和产业发展差异出发构建区域间产业联动影响因素检验的计量模型；根据跨境双方产业联动特征构建跨境产业联动影响因素检验的计量模型，最后根据实证检验结果提出不同区域层面产业联动的优化路径。

第四节　创新与不足

一　主要创新点

本书的创新点主要体现在：一是结合空间经济学理论模型，建立了境内经济带与境外经济体产业联动的理论框架，揭示产业联动的内在机

---

① 黄勇等：《城镇商业街道空间网络模型构建及方法研究——以重庆磁器口为例》，《城市规划》2016 年第 6 期。

② 李敬等：《"一带一路"沿线国家货物贸易的竞争互补关系及动态变化冰——基于网络分析方法》，《管理世界》2017 年第 4 期。

③ 张许杰、刘刚：《基于复杂网络的英国产业结构网络分析》，《商场现代化》2008 年第 10 期。

理，为后续产业联动的研究奠定理论基础，并拓展了研究思路；二是已有关于产业联动的研究中，复杂网络分析法也比较常用，但是许多研究仅用此方法建立区域内的产业联动网络，对区际产业联动网络分析较少，本书构建了区域间及跨境产业联动网络，并对其进行具体分析；三是已有研究中仅对产业联动网络的结构特征和性质进行描述，进行实证检验的研究较少，本书利用产业联动网络的度量特征，选取复杂网络分析法测度的数据，进一步做了实证检验，揭示了产业联动网络内在特征存在差异的原因，这是对复杂网络分析法应用的重要补充。

二 研究不足

本书的不足有以下几点。一是在产业联动的理论模型构建中，本书仅考虑资本的流动，并且分析中的资本仅指知识资本，而资本通常被宽泛地定义为包括物质资本（机器设备）、人力资本（技能）和知识资本（技术），因此没有考虑人力资本与物质资本的流动是本书的一个不足。此外，在空间经济理论中，要素包括劳动力、资本、土地等，所以分析资本流动仅是其中的一个方面，这也是未来进一步研究的关键所在。二是在跨境产业联动中，通过产品贸易与产业贸易分析跨境产业联动情况，但由于各产业之间缺失相互关联的数据，现有的资料与数据无法将跨境产业联动呈现成完整的网络形式。三是没有建立产业联动水平的测度体系，也是本书的不足。对于产业联动水平的测度没有统一的标准，并且对于区际产业联动水平测度的研究较少。由于本书利用复杂网络分析法构建产业联动网络，涉及区域间的产业联动网络，统一测度产业联动水平也是不可能的。为此，本书将从产业联动网络的度量性质寻找可以衡量产业联动水平的统计指标，产业联动网络中节点的度是最基本且重要的统计变量，其理论含义在一定程度上也反映了各产业节点在网络中的连通度。由于区际产业网络中产业的区际联系明显弱于区域内的联系，所以区际产业网络中选取产业节点的中间中心度反映各产业的区际联动水平。本书虽找到替代指标衡量产业联动水平，但没有建立测度标准。在不能构建产业联动网络的情形下，就很难评价产业联动水平。以上研究不足是产业联动研究的难点与重点，也是后续进一步研究中要解决的关键问题。

第 二 章

文献综述

结合国际经济学、空间经济学、区域经济学等相关研究，虽然没有直接将产业联动引入，但是都离不开产业发展与空间演进对区域经济联系的影响这一主线。本部分文献梳理的整体逻辑如下：通过梳理全面开放新格局下区际开放与国际开放对国内、国外经济联系的影响，引出国际区域经济一体化的重要性。在国际区域经济联系中，分别梳理了区域经济一体化与跨境经济合作的相关研究。在此大背景下，进一步考虑现实的国家发展战略，对长江经济带与"一带一路"倡议、长江经济带与孟中印缅经济走廊等的互动合作关系进行梳理。一方面强调长江经济带与"一带一路"的互促互进关系，另一方面突出产业联动是两者互动合作的聚焦点，并结合空间经济学理论对要素流动、产业集聚与一体化的关系进行梳理，进一步对空间经济联系的相关研究进行分析，突出产业是空间经济联系的重要载体，强调产业联动是空间经济联系的重要实现形式。将研究主线从宏观层面逐渐转入中观或微观层面，再对产业联动的相关研究进行细致梳理，为本书的研究奠定了从宏观到中观、从整体到局部的理论基础。现有大量研究表明，产业联动不仅促进区域内、区域间的经济发展，也可以促进境内、境外经济互动，所以产业联动的研究既是区域问题，也是国际问题。因此，本书基于产业联动探索国际空间经济联系问题。

第一节　二重开放

二重开放理论强调，一国经济具有两个层次的开放，一是单纯的国际开放，二是国内各区域的经济开放，而国内各区域经济开放具有"二重"性质，一方面是对其他国家的开放，另一方面是对国内其他区域的开放，前一重可认为是区域经济国际化，而后一重是区域经济区际化。① 而新经济地理学的理论框架既可以用于解释国际经济格局，也可用来解释区际经济结构。② 显然，一国内部各区域的国际开放或区际开放，促进内部区际市场或全国性市场的形成，区域层面的二重开放，既有助于一国融入全球化经济，也有助于实现经济市场化，最终促进国内国外经济合作。

一　对外开放与对内开放

对外开放对产业集聚的促进作用存在三个机制，分别是制度转型机制、技术溢出机制和基础设施机制，并且研究证实目前制度转型机制和基础设施机制对制造业区域集聚的促进作用已经显现，但是对外开放的技术溢出机制尚未显现出对制造业集聚的促进作用。③ 对国内市场一体化与制造业产业集聚变化趋势之间关系的研究表明，在优先对外开放时，分割的国内市场会向高度一体化国内市场转变，进而强化对外开放对制造业产业集聚的促进作用，而随着国内市场一体化加深，这一模式逐渐被打破。当前我国国内市场一体化具有显著的制造业区域集聚效应，迄今尚未产生理论模型推断的倒"U"形效应。而我国"二重开放"程度的提高不会引起制造业集聚的再分散，反而会促进制造业集聚度上升。陶永亮等首次在二重开放背景下构建新经济地理学动态框架，分析不同的开放政策对产业集聚、经济增长和国内外居民福利的影响，研究认为对内开放有利于产业向本国集聚、促进经济增长并缩小区域差距，并使外国居民受益，而对外开放对经济增长与社会福利的影响还取决于母国规模和境内外经济合作程度。④ 研究进一步指出，对外开放有利于国内外

---

①　赵伟：《区域开放：中国的独特模式及其未来发展趋势》，《浙江学刊》2001 年第 2 期。

②　赵伟、徐朝晖：《测度中国省域经济"二重"开放》，《中国软科学》2005 年第 8 期。

③　赵伟、张萃：《市场一体化与中国制造业区域集聚变化趋势研究》，《数量经济技术经济研究》2009 年第 2 期。

④　陶永亮、赵婷：《大国开放路径及影响研究——兼论"一带一路"和长江经济带战略对空间经济绩效的影响》，《经济问题探索》2018 年第 8 期。

居民福利的共同提升，但若本国对内开放没有相应提升，继续推进对外开放则有可能使国内外居民都蒙受损失。因此，可以看出对内开放与对外开放需要相互协调。我国区域发展实践应依托长江经济带，加快国内市场整合打造新的增长极，增强与以"一带一路"倡议为统领的对外开放格局的联系与协调。

二　对外开放与内部地理

梁双陆通过构建空间经济模型分析中国与周边国家区域经济一体化对中国边疆经济发展的影响，将次区域国际经济一体化划分为"边境区—边境区"型和"边境区—境外国家"型两种，并分别构建三地区模型和四地区模型分析了影响次区域国际经济一体化进程的边界效应、基础设施、协议成本等因素。[①] 宣昌勇等从空间经济学视角对东亚地区的产业集聚、产业转移、跨国投资对东道国企业的影响以及区域共同发展的可能性进行了分析，提出东亚经济一体化进程的路径选择建议。[②] 我国边境线长，周边国家众多，沿边开放对国内经济地理同样具有重要影响。

改革开放后，在我国中西部经济向东部地区集聚过程中，经济开放对国内劳动力流动的作用体现在促进区域经济集聚、提高实际工资和增加就业三方面。实证检验表明经济开放对劳动力流动有直接的促进作用，但不太显著，对外贸易的促进作用大于 FDI 的作用；经济开放通过影响集聚程度、实际工资差距和就业差距来促进劳动力流动的间接影响效果明显，且经济开放通过影响就业差距而对劳动力流动产生的促进作用最大，通过影响实际工资差距的机制次之，通过影响集聚程度的渠道最小。[③] 黄玖立等通过构建一个两国三地区的一般均衡模型来测算中国对外贸易的开放度，并研究对外贸易对中国劳动力迁移、空间产业布局和地

---

① 梁双陆：《边疆经济学：国际区域经济一体化与中国边疆经济发展》，人民出版社 2009 年版，第 3 页。

② 宣昌勇、晏维龙：《FTA 背景下市场规模、产品差异与关税保护——基于空间经济学模型的解析》，《国际贸易问题》2012 年第 8 期。

③ 易苗、周申：《经济开放对国内劳动力流动影响的新经济地理学解析》，《现代财经：天津财经学院学报》2011 年第 3 期。

区经济增长差异的影响。① 对外开放对内部地理的影响是空间经济学对国际经济学的重要贡献，目前只形成了基本原理。赵伟等的研究以及相关拓展迈出了空间经济学中国化的重要步伐，中国内外发展失衡除了开放时序下历史因素的作用外，自然禀赋、分权等多种因素的影响也十分重要，而"内外失衡→内外均衡"的机制与推进路径，仍然没有足够的研究和探索。在二重开放的背景下，国内区域经济合作与国际区域经济合作的重要性日渐凸显。

第二节　国际区域经济一体化

一国内部不同区域或是不同国家之间经济发展差异明显存在，因此对于一国境内经济合作或跨境经济合作的研究一直都是区域经济协调发展的重点。但是关于统筹境内外经济发展，促进境内经济合作与境外经济合作融合发展的研究成果还较少。现有研究表明，区域经济空间一体化的基础是区域经济发展差异和分工，而物质载体是共同的区域空间，动力是共同的利益趋向。② 因此，境内经济合作与境外经济合作要能实现对接，需要彼此接壤的地理空间，而长江经济带与孟印缅经济体地理区位上相互连通，区域经济发展差异与分工明显，也具有共同的利益趋向，所以这两大区域可以实现区域经济空间一体化。由此可见，本书分析长江经济带与孟印缅经济体产业联动的实质是在探索促进境内区域经济与境外区域经济的空间联系、实现境内外融合发展的路径。境内经济发展与境外经济发展的联系在边境地区尤其重要，我国沿边地区的城市经济同时受国际国内环境的影响，为了获得境外地区与内地经济的支持与辐射，充分发挥边境地区的整体区位优势，需要在边境城市与内地中心城市、边境城市与境外中心城市之间建立起有效的联动机制。这说明我国沿边地区既要提升对外开放水平，又要加强与内陆地区的经济联系，发挥境内经济合作与境外经济合作中对接与联动的枢纽作用。无论是在国内一体化还是国际一体化中，区域经济合作发挥着重要作用，产业都是

---

① 黄玖立、冼国明：《人力资本与中国省区的产业增长》，《世界经济》2009 年第 5 期。

② 范恒山等：《中国区域协调发展研究》，商务印书馆 2012 年版，第 12 页。

重要的参与主体，国内与国外的产业联动可成为推动境内区域经济合作与境外区域经济合作有效对接的一种重要途径。

一 区域经济一体化

目前，关于某一区域经济一体化的研究较多，比较典型的是 Poncet 关于中国国内区域经济一体化的研究，Poncet 认为中国的国内市场非一体化（市场分割）和国际市场一体化并存。[①] 在此基础上，Poncet 进一步对比研究了 1992—1997 年中国各省市国际、国内市场一体化的程度。[②] 与 Young[③] 的结论一样，Poncet 发现中国的省际边界在国内市场分割中的作用正在加强，中国国内市场分割的程度有所加剧。此后，Parsley 和 Wei 等[④]分别通过"经济周期法""数据包络法"等方法来测度中国市场一体化程度，研究认为中国国内市场一体化程度有所降低，并且发现欧盟内部国家之间的"边界效应"居然小于中国国内省份之间的。国内区域经济一体化面临着经济全球化与区域经济统筹发展的双重约束，均衡与非均衡的冲突、政府主导与企业主体失衡等诸多矛盾。[⑤] 国内经济一体化程度的高低反映了一国配置其经济资源的效率水平及参与国际竞争组织能力的高低，因此国内区域经济一体化也是一种至关重要的国家竞争力。[⑥] 刘志彪指出国内区域经济一体化是推动经济增长的重要方式，也是加速融入国际一体化的手段。[⑦] 区域经济一体化旨在降低区域分割，深化合

---

① Sandra Poncet，"'évolution de l'intégration Interne et Internationale des Provinces Chinoises"，*Revue économique*，Vol. 53，No. 3，March 2002，p. 500.

② Sandra Poncet，"Measuring Chinese Domestic and International Integration"，*China Economic Review*，Vol. 14，No. 1，January 2003，p. 10；Sandra Poncet，"A Fragmented China：Measure and Determinants of Chinese Domestic Market Disintegration"，*Review of International Economics*，Vol. 14，No. 1，March 2005，p. 410.

③ A. Young，"The Razor's Edge：Distortions and Incremental Reform in the People's Republic of China"，*The Quarterly Journal of Economics*，Vol. 115，No. 4，April 2000，p. 1130.

④ D. Parsley，S. J. Wei，"Explaining the Border Effect：The Role of Exchange Rate Variability，Shipping Costs，and Geography"，*Journal of International Economics*，Vol. 55，No. 1，January 2001，p. 90.

⑤ 金志云：《国内区域经济一体化进程中的矛盾与路径选择》，《理论探讨》2007 年第 6 期。

⑥ 贾根良：《国内经济一体化：扩大内需战略的必由之路》，《社会科学战线》2012 年第 2 期。

⑦ 刘志彪：《产业经济学》，南京大学出版社 1996 年版，第 3 页。

作，共同发展，这种宏观经济联系的深化，往往通过区域产业或是企业间互动合作的加深来实现。

二 跨境经济合作

随着贸易和投资便利化程度的提高，跨境经济联系日益深化，并且逐渐由贸易、投资合作上升为产业合作，打造跨境产业链，进而促进跨境区域经济互利共赢，深化跨境双方的经济合作。Capello 等①指出贸易往来是经济互动、促进区域经济协调发展的典型方式。谢宜章等指出，区域协调发展战略可重点考虑板块与轴带结合，推动跨板块的对口合作和经济带建设。②"一带一路"倡议与长江经济带的本质是轴带引领，两大区域之间通过国际经济大通道实行国际区域的多层次合作，将我国东、中、西部地区与沿海地区连接起来，促进"陆海统筹、双向开放"全方位开放体系的形成。③ 跨境区域经济合作已经逐渐将重点聚焦于，依托跨境河流或是经济带开展国际区域经济合作。袁树人等已经提出依托图们江开展多国经济合作和建立自由贸易区。④ 为了统筹国内经济与对外经济发展，必须在体制、投资与贸易等领域推进改革。⑤ 现有研究表明，各种跨境河流、经济轴带、交通通道等都是跨境经济合作的重要依托，所以跨境经济合作的重点是优先促进跨境经济轴带间的良好对接与发展。

第三节 长江经济带与"一带一路"倡议的关系

京津冀协同发展、"一带一路"倡议、长江经济带建设等，一方面可以推进区域经济协调发展、重塑中国经济地理，另一方面也拓展了中国

---

① R. Capello, "Spatial Spillovers and Regional Growth: A Cognitive Approach", *European Planning Studies*, Vol. 17, No. 5, 2009, p. 640；张勋、乔坤元：《中国区域间经济互动的来源：知识溢出还是技术扩散?》，《经济学》（季刊）2016 年第 3 期。

② 谢宜章等：《经济梯度、俱乐部合作与区域协调新机制》，《经济地理》2018 年第 7 期。

③ 钟业喜、冯兴华：《长江经济带区域空间结构演化研究》，经济管理出版社 2018 年版，第 193 页。

④ 袁树人等：《世界政治经济与国际关系》，吉林人民出版社 1990 年版，第 3 页。

⑤ 杨先明等：《中国开放进程中的统筹发展问题》，《思想战线》2004 年第 6 期。

经济发展新空间的重点。① 其中"一带一路"倡议在深度、广度上具有全局性和战略性，处于我国发展的核心地位。② "一带一路"倡议、京津冀协同发展、长江经济带建设是我国区域经济发展的重要推动力。③ 梁经伟等指出区域间的投资与贸易会促进国家间的经济联系，而较好的政治环境是经济联动的基础，资本份额、产业结构、劳动力、基础设施等因素都能够增加国家之间的经济联动性。④ 我国产业链的延伸与整合，是国内价值链演化的基础，有利于促进"一带一路"互联互通建设。⑤ 产业发展与基础设施建设是"一带一路"倡议实施的重点，如皎漂港及相关产业园区建设、瑞丽—曼德勒铁路建设等是具有重大战略意义的项目。⑥ "一带一路"建设中应加快形成区域产业协同融合、资源互补共享，加强产业对接合作。袁新涛通过对我国西部地区的发展研究，指出西部地区应抓住全球产业布局的机遇，充分利用自身的区位优势，推进国内产业与国外产业对接合作。⑦ 长江经济带建设与"一带一路"倡议具有较强的经济联动性，若两大区域之间能实现互促互进、共同发展，将对我国经济发展水平的提升与国际区域经济合作的推进具有举足轻重的意义。

一　长江经济带与"一带一路"倡议

长江经济带是"一带一路"倡议在内陆的重要延伸与发展依托，而"一带一路"倡议是长江经济带对外开放的重要发展区域。长江经济带与"一带一路"倡议具有互联互通的可行性，主要表现在功能定位、发展差异、资源禀赋差异等方面。段巍等指出长江经济带与"一带一路"倡议

①　胡鞍钢等：《重塑中国经济地理：从 1.0 版到 4.0 版》，《经济地理》2015 年第 12 期。

②　郑志来：《"一带一路"战略实施背景、路径与对策研究》，《湖湘论坛》2016 年第 1 期。

③　李钢等：《"一带一路"倡议与中国全域发展》，《中国软科学》2016 年第 7 期。

④　梁经伟等：《"一带一路"倡议下中国与周边国家经济联动关系研究》，《地域研究与开发》2016 年第 3 期。

⑤　张益丰等：《"一带一路"与"中心—外围"产业格局的重构——兼论山东省的产业发展定位》，《烟台大学学报》（哲学社会科学版）2016 年第 4 期。

⑥　卢伟、李大伟：《"一带一路"背景下大国崛起的差异化发展策略》，《中国软科学》2016 年第 10 期。

⑦　袁新涛：《"一带一路"建设的国家战略分析》，《理论月刊》2014 年第 11 期。

的衔接互动，促进我国构建东西双向开放的新格局，深化我国的对外开放，促进国内、国际经济一体化。① 长江经济带与"一带一路"倡议的互联互通是我国连接南北、对接国内外发展的必然趋势，并且地理区域上长江经济带的最上游与孟印缅经济体毗邻，地理毗邻在一定程度上增进了两者的空间经济联系。胡鞍钢等指出长江经济带与"一带一路"倡议在缩小区域经济发展差距的基础上，也在重塑国内、国际经济地理，创新国际国内的发展模式。安虎森等指出"一带一路"倡议表现在重塑国内经济地理与重塑亚欧"世界岛"经济地理两个大局的统筹，重塑国内经济地理就是要实现东部与中西部的一体化发展，而重塑亚欧"世界岛"经济地理就是要构建产业分工、产业转移的新模式，促进中国企业"走出去"，实现与沿线国家经济发展的无缝对接。② 这进一步说明共建"一带一路"倡议需要兼顾国内和国际两个大局，国内大局主要是加快中西部地区的发展，因为中西部地区在经济的质和经济的量上都远落后于东部地区；葛剑雄等认为国际大局就是要与周边邻国和共建"一带一路"合作国家扩大合作的体量，提升合作的速度。③ "一带一路"倡议的提出，旨在提升东部地区开放型经济发展水平的同时，推动中西部地区和沿边地区对外开放发展，形成东西互济、全面开放的新格局。④ 此外，"一带一路"倡议在重塑我国国内经济地理的同时，也在重塑沿线国家的经济地理，甚至是世界经济地理。而我国围绕"一带一路"倡议的一系列区域经济发展新战略的实施，也在推动国内经济地理的重塑。我国一系列区域发展战略要以构建我国全面开放新格局、重塑我国经济地理为目标，统筹对外开放与对内开放，并且应优先对内开放，抓住全球产业布局的新机遇，充分利用本地市场与国外的高级生产要素，尤其是借助国际创新要素发展国内的创新经济。因此，长江经济带与"一带一路"倡议的

① 段巍、吴福象：《开放格局、区域一体化与重塑经济地理——基于"一带一路"、长江经济带的新经济地理学分析》，《国际贸易问题》2018 年第 5 期。

② 安虎森、郑文光：《亚欧"世界岛"和重塑国内外经济地理》，《甘肃社会科学》2015 年第 6 期。

③ 葛剑雄等：《改变世界经济地理的"一带一路"》，上海交通大学出版社 2015 年版，第 24 页。

④ 安树伟：《"一带一路"对我国区域经济发展的影响及格局重塑》，《经济问题》2015 年第 4 期。

互动合作关系，在促进我国对内开放与对外开放相统一的同时，也在重塑国内和国际经济地理。"一带一路"倡议与长江经济带关系密切，两者之间互相补充，无论是从全局的经济发展还是具体的产业合作，二者都不可能割裂开来。长江经济带与"一带一路"倡议的发展协同，不仅能促进我国东中西部地区统筹发展、内陆与沿海的全面开放，还有助于实现我国对内开放、对外开放的新发展与新突破。

二 长江经济带与孟中印缅经济走廊

云南省处于长江经济带与孟中印缅经济走廊开放合作的重叠区，在"一带一路"倡议和长江经济带区域发展战略的推动下，云南省在促进内外联动、探索陆路开放、流域均衡发展等方面的战略地位凸显。① 刘慧等指出孟中印缅经济走廊建设将改变西南地区对外开放的格局，扩大西南地区对外开放的同时也促进西南地区的内部联系。② 因此，长江经济带与孟中印缅经济走廊的战略合作具有明显的必然性和可行性。

自孟中印缅经济走廊提出以来，许多研究已经突出了产业合作对于经济走廊建设的重要性。陈利君指出孟中印缅经济走廊建设的现实条件是四国间产业互补性高、产业合作潜力大。③ 区域间产业的关联性及互补性是产业国际分工与布局的基础和条件，而共建产业园区、促进中小企业集聚是产业国际分工形成的核心内容。梁双陆等认为产业的互补性与关联性是生产要素的集聚与分散、资源空间重组的内在动力，可以促进要素规模经济效益的实现，突破资源约束的障碍，形成新的市场需求。④ 孟中印缅经济走廊沿线立足于自身的产业优势、产业配套能力及产业功能定位，已建立发达地区与落后地区的产业垂直分工关系，并且该区域

---

① 袁伟平等：《跨区域合作下云南沟通"廊""带"的区域战略研究》，《经济问题探索》2018 年第 2 期。

② 刘慧等：《"一带一路"战略对中国国土开发空间格局的影响》，《地理科学进展》2015 年第 5 期。

③ 陈利君：《建设孟中印缅经济走廊的前景与对策》，《云南社会科学》2014 年第 1 期。

④ 梁双陆、梁巧玲：《"一带一路"新常态下如何加快孟中印缅经济走廊建设——基于产业国际分工与布局的研究》，《天府新论》2015 年第 5 期。

的国际分工模式主要以中小企业集聚为主。① 孟中印缅经济走廊建设的本
质是开展次区域经济合作，经济合作的核心是产业联动。卢光盛等认为
产业联动是经济走廊的重要支撑，同时也是经济走廊建设的重要内容。②
任佳指出孟中印缅经济走廊是产业合作走廊，在全球产业重新布局的趋
势下，该区域应该立足四国间的产业基础，形成产业联动。③ 陈利君认为
孟中印缅经济走廊建设要加大各国间的产业合作力度，主要是加强产业
合作机制建设，基于各国的产业优势、产业合作基础，在经济走廊沿线
建立产业园区，促进沿线的产业联动。④ 可见，在孟中印缅经济走廊的建
设中，产业联动的重要性已经引起了学界的重视。

我国西南地区与孟中印缅经济走廊间具有较大的产业合作潜力，西
南地区的优势产业就是孟中印缅经济走廊的需求重点。⑤ 孟中印缅经济走
廊建设正成为扩大中国西部地区"内陆沿边开放"战略实施最为重要的
路径选择，也是打通新南方丝绸之路的核心内容和关键举措，四国在贸
易结构、产业格局和互联互通上的互补性大于竞争性，具备开展跨境次
区域经济合作的现实基础。⑥ 云南参与孟中印缅经济走廊农业合作，有利
于实现农业联动发展。在孟中印缅经济走廊的建设中，发展产业是基础，
而农业是产业发展的基础。孙喜勤指出孟印缅三国都是农业国，农业可
作为各国产业联动的基础。⑦ 孟中印缅经济走廊自提出以来，已有相当
的研究成果，现有研究已经直接或间接地阐述了经济走廊发展中产业联
动的重要性，这为研究长江经济带与孟印缅经济体的产业联动奠定了
基础。

---

① 王正毅、张岩贵：《国际政治经济学：理论范式与现实经验研究》，商务印书馆 2003 年
版，第 10 页。

② 卢光盛等：《GMS 经济走廊建设的经验教训及其对孟中印缅经济走廊的启示》，《东南亚
研究》2016 年第 3 期。

③ 任佳：《孟中印缅地区经济合作与经济走廊建设构想》，《东南亚南亚研究》2014 年第
1 期。

④ 陈利君：《孟中印缅经济走廊与"一带一路"建设》，《东南亚南亚研究》2015 年第
4 期。

⑤ 张世均：《新常态下西南民族地区参与孟中印缅经济走廊建设的路径与对策研究》，《西
南民族大学学报》（人文社会科学版）2016 年第 2 期。

⑥ 杨文武等：《中印缅孟经济走廊建设研究》，《南亚研究季刊》2016 年第 4 期。

⑦ 孙喜勤：《论云南省与孟印缅的农业合作》，《东南亚南亚研究》2014 年第 4 期。

第四节 要素流动与产业联动

空间经济学以要素流动为基本分析对象，演绎经济活动的动力机制和运动过程，遵循的基本逻辑是要素流动影响厂商区位选择，厂商选择决定产业的空间聚集与扩散，产业聚集与扩散决定空间的经济规模，其中的要素流动与厂商区位选择是核心。聚集并非空间经济学的全部，空间经济学的区域模型在揭示要素流动与产业聚集动力机制和过程的同时，也相应地反映了产业扩散过程，聚集力与扩散力是同一个力在两个相对空间的表达，如果"区域平衡→区域失衡"表现为"对称均衡→'中心—外围'"的过程，则"区域失衡→区域协调"的过程同样表现为"'中心—外围'→对称均衡"的演化路径。只是两种路径的演化并不只是冰山运输成本下降时的要素和厂商的逆向流动，要素流动成本、劳动力流动黏性可逆和其他制度因素都决定了"区域失衡→区域协调"的动态机制过程要更为复杂，这是空间经济学在分析区域经济合作中需要解决的首要问题。

一 要素流动与一体化

世界银行在《2009年世界发展报告：重塑世界经济地理》中指出密度、距离和分割是经济地理的三个特征，而经济地理变迁的动力是聚集、迁移、专业化和贸易等市场力量。区域间要素流动会改变经济地理的这三个特征，进而重塑区域的经济地理。其内在机理是要素流动促进产业集聚，而由于市场拥挤效应，产业集聚到一定程度时，产业又会发生扩散，在实现对称均衡时，区域之间会逐渐趋向于一体化发展。陈建军在研究长三角区域经济一体化内在动力时指出，区域间商品和要素流动密度增加会增强区域整体化趋势，而产品和要素的跨区域流动是推进区域经济一体化的内在动力。① 范剑勇指出区域经济一体化的发展又对产业空间分布产生影响，一体化会促使制造业空间转移，并增强地区结构的差

① 陈建军：《中国现阶段产业区域转移的实证研究——结合浙江105家企业的问卷调查报告的分析》，《管理世界》2002年第6期。

异性。[1] 但是梁琦等认为地方专业化会呈现相反的作用，地方专业化会引致产业升级，促进区域经济一体化。[2] 对于要素流动的影响因素，研究指出产业集聚、产业转移、产业分工以及空间距离、要素流动网络和制度成本等因素会影响区域间要素的流动，并与要素流动形成互动。[3] 显然，要素流动会影响区域经济一体化，而产业转移、产业分工等在与要素流动形成互动时，也会影响一体化的进程。

要素流动会促进某一区域的产业集聚，进而扩大区域发展差异。Fujita 和 Hu 的研究以中国的地区发展差距为例，说明在中国实施不均衡经济发展政策时，区域间要素流动并没有缩小区域发展差距，反而拉大了区域发展差距。[4] 国内学者安虎森等的研究也得出了一致的观点。[5] 区域间要素的流动促进产业集聚，进而影响区域经济发展差异。陈良文等指出生产要素的流动对集聚具有内在推动作用，而集聚经济效应一定程度上会促使区域发展差异扩大。[6] 从产业层面看，产业集聚会拉大我国地区收入差距，因此我国区域经济协调发展应重点关注微观机制和产业集聚路径问题。[7] 从企业层面看，区域间企业生产水平的不同决定了企业、劳动力等要素的转移方向，并且固定成本越高，企业的生产技术水平越高。此外，存在经济发展差异的地区，其经济发展与对外开放是相互依赖的。[8] 在空间经济学中，要素流动引起区域间要素份额的变化，而要素份额的变化会影响产业份额，进而对区域经济发展产生影响，并且现有研

① 范剑勇：《市场一体化、地区专业化与产业集聚趋势——兼谈对地区差距的影响》，《中国社会科学》2004 年第 6 期。

② 梁琦、詹亦军：《地方专业化、技术进步和产业升级：来自长三角的证据》，《经济理论与经济管理》2006 年第 1 期。

③ 陈建军：《长三角地区的产业分工和产业转移——兼论泛长三角经济区的形成》，安徽大学出版社 2009 年版，第 110 页。

④ M. Fujita, D. Hu, "Regional Disparity in China 1985 - 1994: The Effects of Globalization and Economic Liberalization", *The Annals of Regional Science*, Vol. 35, No. 1, 2001, p. 30.

⑤ 安虎森、颜银根：《贸易自由化、工业化与企业区位——新经济地理视角中国 FDI 流入的研究》，《世界经济研究》2011 年第 2 期。

⑥ 陈良文、杨开忠：《集聚与分散：新经济地理学模型与城市内部空间结构、外部规模经济效应的整合研究》，《经济学季刊》2007 年第 1 期。

⑦ 范剑勇：《产业集聚与区域经济协调发展》，人民出版社 2013 年版，第 3 页。

⑧ 何雄浪、杨继瑞：《企业异质、产业集聚与区域发展差异——新新经济地理学的理论解释与拓展》，《学术月刊》2012 年第 7 期。

究多数表明要素流动扩大了区域发展差异。因此，本书试图探索一种要素流动促进产业之间形成良好互动的机制，在此机制下，区域之间的产业份额会变化，但产业份额的变化并不会加剧区域发展差异，而是通过发达区域带动落后区域共同发展。

二　区域经济联系与产业联动

产业作为区域经济发展的主体，逐渐成为区域经济空间联系研究的落脚点。随着大量产业联动行为的出现，从产业联动的角度去探索区域经济联系及区域经济协调发展路径已成为学界研究的重点。近年来，在区域经济协调发展的研究中，产业联动越来越引起学界的关注。产业联动能够避免产业趋同引发的恶性竞争，对资源进行优化配置，提高产业发展效率。世界各国的区域发展实践强调，区域之间的良性互动是区域经济发展的核心，而产业联动是促进区域产业结构优化升级和提升区域竞争力的重要途径，其在区域经济发展中的重要性日渐凸显。伴随着区域经济高速增长和区域经济一体化进程的加快，在有限发展空间和资源限制下，区域之间的竞争越来越激烈，区域不协调已经严重制约着区域优势的发挥和竞争力的提升。在此背景下，区域联动发展将成为一种全球经济发展的必然趋势。有研究指出区域联动的基础是地理上毗邻，彼此间具有关联性，目标是资源优化配置和区域经济协调发展，手段是市场力主导、行政力推动，方式是人流、物流、资金流、信息流等经济要素的相互关联，基础设施互联互通是支撑，最终形成交互联合、功能分工、协同发展的区域经济系统和发展模式。[①] 有研究提出了区域经济联动发展包括产业联动、空间联动、市场联动、生态联动和行政联动，其中产业联动是区域联动的核心内容。曹华等认为经济联动发展的动力机制是区域间经济联动发展的组织和制度保证，并且自然地理的联系性和关联性、共同的资源基础与相互联系的空间分布、互为补充的经济活动空间连接与网络是经济联动发展的优势。[②] 在研究长江

---

① 徐子青：《区域联动发展指标体系与评价方法探讨》，《福建师范大学学报》（哲学社会科学版）2009 年第 2 期。

② 曹华、刘瑞：《我国西南区域内经济联动发展的动力机制研究》，《云南民族大学学报》（哲学社会科学版）2008 年第 6 期；曹华、刘瑞：《区域联动发展的经济政策创新研究——以我国西南六省区市经济联动发展的政策创新为例》，《经济问题探索》2010 年第 2 期。

三角洲区域联动发展的战略时，殷为华指出长江三角洲地区实现联动发展的动力机制是国内外经济竞争压力、企业跨地区发展、政府间经济合作、区域基础设施一体化等。[①] 葛立成等指出跨行政区域联动发展的主体基本上是企业、政府、商会和行业协会等非政府组织。[②] 区域之间的经济联系主要表现在产业联动上，所以区域经济协调发展最主要的是区域产业之间的协调发展。有关区域联动发展的研究已明确产业联动的重要性，产业联动是区域联动的核心。

现有关于区域经济联系的界定，普遍采用地理学词典中的定义，即指区域之间及区域内部在原材料及工农业产品方面的交换活动和技术经济上的相互联系。[③] 这一定义已经暗含了产业联系在经济联系中的重要地位。一直以来，区域经济联系都是经济地理学、区域经济学的重要研究课题。[④] 国外对经济联系的研究较早且研究主题较广，Zipf 首次利用万有引力定律分析城市体系的空间相互作用，奠定了城市体系空间联系的理论基础。[⑤] 随后，Reilly 在对美国城市的调查研究中，基于"万有引力定律"提出了"零售引力法则"，并用来测度城市的吸引力。[⑥] 目前国外学术界对空间经济联系的研究已经逐步从简单的静态、[⑦] 定性描述[⑧]转化为注重联系过程的动态分解，[⑨] 并强调了定量模型的应用。[⑩] 总结可知，目前国外学者对区域经

① 殷为华：《新时期长江三角洲区域联动发展的战略性思考》，《地理与地理信息科学》2004 年第 5 期。

② 葛立成等：《长三角地区联动发展新思路研究》，《浙江学刊》2004 年第 3 期。

③ 《地理学词典》编辑委员会：《地理学词典》，上海辞书出版社 1983 年版，第 10 页。

④ 孟德友、陆玉麒：《基于引力模型的江苏区域经济联系强度与方向》，《地理科学进展》2009 年第 5 期。

⑤ G. K. Zipf, "The PIP2 /D Hypothesis: On the Intercity Movement of Persons", *American Sociological Review*, Vol. 1, No. 12, 1946, p. 680.

⑥ W. J. Reilly, *Methods for the Study of Retail Relationships*, Texas: Bureau of Business Research, 1959, p. 200.

⑦ P. Huggett, *Locational Analysis in Human Geography*, London: Edward Arnold, 1965, p. 106.

⑧ D. R. Meyer, "A Dynamic Model of the Integration of Frontier Urban Places into the United States System of Cities", *Economic Geography*, Vol. 56. No. 2, 1980, p. 68.

⑨ H. Matsumoto, "International Urban Systems and Air Passenger and Cargo Flows some Calculations", *Journal of Air Transport Management*, Vol. 35, No. 10, 2004, p. 246.

⑩ L. Edward, "Glaeser Learning in Cities", *Journal of Urban Economics*, Vol. 46, No. 2, 1999, p. 260.

济空间联系的研究主要集中于两方面：一是基于空间相互作用、空间扩散等理论的研究；二是利用CA模型、① 引力模型、② MRIO模型③等的实证研究。

国内对区域经济联系的关注较晚，并以周一星提出的"主要经济联系方向"为理论基础逐步展开。④ 首先，牛慧恩等⑤集中于利用引力模型对区域经济联系进行量化分析；其次，韩会然等⑥集中于利用社会网络分析法对城市空间经济联系进行分析；再次，部分研究基于区域间投入产出表分析空间经济联系的动态变化特征；⑦ 从次，这些区域主要集中于上海与苏锡常地区、⑧ 深圳与珠江三角洲地区、⑨ 山东半岛城市群、长三角地区、⑩

① D. A. Smith, "Interaction within a Fragmented State: The Example of Hawaii", *Economic Geography*, Vol. 39, No. 3, 1963, p. 38.

② M. G. Russon, F. Vakil, "Population, Convenience and Distance Decay in a Short-haul Model of United States air Transportation", *Journal of Transpot Geography*, Vol. 3, No. 3, 1995, p. 180.

③ A. Reggiani, D. Fabbri, *Network Development in Economic Spatial Systems: New Perspectives*, Aldershot: Ashgate, 1990, p. 16.

④ 周一星：《城市地理学》，商务印书馆1995年版，第23页。

⑤ 牛恩慧、孟庆民：《甘肃与毗邻省区区域经济联系研究》，《经济地理》1998年第3期；郑国、赵群毅：《山东半岛城市群主要经济联系方向研究》，《地域研究与开发》2004年第5期；苗长虹、王海江：《河南省城市的经济联系方向与强度——兼论中原城市群的形成与对外联系》，《地理研究》2006年第2期；孟德友、陆玉麒：《基于引力模型的江苏区域经济联系强度与方向》，《地理科学进展》2009年第5期；赵纯凤等：《湖南区域经济的空间联系和空间组织》，《经济地理》2015年第8期；赵东霞：《东北地区城市经济联系的空间格局及其演化》，《地理科学》2016年第6期。

⑥ 韩会然等：《皖江城市带空间经济联系的网络特征及优化方向研究》，《人文地理》2011年第2期；余菜花、崔维军：《安徽省城市空间经济联系的网络特征分析》，《华东经济管理》2012年第9期；许露元、李红：《城市空间经济联系变化的网络特征及机理——以珠三角及北部湾地区为例》，《城市问题》2015年第5期；方俊智、文淑惠：《大湄公河次区域城市群空间经济联系分析》，《地域研究与开发》2017年第6期。

⑦ 张润君等：《中国区域经济的空间联系：1997—2007》，《统计研究》2011年第10期。

⑧ 王德忠、庄仁兴：《区域经济联系定量分析初探：以上海与苏锡常地区经济联系为例》，《地理科学》1996年第1期。

⑨ 李国平、王立明：《深圳与珠江三角洲区域经济联系的测度及分析》，《经济地理》2001年第1期；梅志雄等：《近20年珠三角城市群城市空间相互作用时空演变》，《地理科学》2012年第6期。

⑩ 向云波等：《上海与长江经济带经济联系研究》，《长江流域资源与环境》2009年第6期；钟业喜、陆玉麒：《基于空间联系的城市腹地范围划分——以江苏省为例》，《地理科学》2012年第5期；蒋天颖等：《基于引力模型的区域创新产出空间联系研究——以浙江省为例》，《地理科学》2014年第11期。

环渤海区域、[1] 淮海经济区、[2] 中原经济区[3]等；最后，空间经济联系的研究内容主要包括经济联系方向、[4] 区际联系理论、[5] 经济联系的测度[6]等，具体路径探讨上，孟德友等指出高速铁路通过缩短地区间的时空距离、提高交通可达性来促进区域间的空间经济联系。[7] 基于以上文献的梳理可知，目前关于空间经济联系的研究主要集中于以下三方面：一是研究内容多以区际联系、城市空间经济联系为主，对跨境经济联系的分析较少；二是研究方法主要以引力模型、社会网络分析法、投入产出分析法为主；三是研究区域主要以发达区域为主，对欠发达区域的研究较少。

区域空间相互作用离不开资本、技术、信息、商品等要素在区域间的相互流动，不同区域间要素的相互流动增进了要素的相互联系，也加速了区域间的产业联系，从而形成区域间紧密的经济联系。区域间产业链、产业联盟、产业园区等是区域经济联系的重要表现形式。现有研究已经指出产业联系是空间经济联动的重要方向，方俊智等研究 GMS 城市群空间经济联系，指出强化产业支撑是未来空间经济联系的发展方向。孙东琪等探讨了长三角地区与京津冀城市群产业空间经济联系，研究认为城市群内部产业联系强度越高，城市群整体经济发展水平就越高，中心城市与外围区域产业联系强度的弱化是"大都市阴影区"形成的重要原因。[8] 换句话说，区域产业空间经济联系的强弱直接影响区域经济发展水平的高低。陈喜强等认为从产业方面研究区域经济联系及区域经济发展的不平衡，是区域经济发展的必然要求。因此，从产业层面研究区域

---

① 姜博等：《"十五"时期环渤海城市群经济联系分析》，《地理科学》2009 年第 3 期。

② 周婷等：《淮海经济区产业联系空间特征分析》，《地理科学》2010 年第 6 期。

③ 刘静玉等：《中原经济区城市间相互作用时空格局演变研究》，《地理科学》2014 年第 9 期。

④ 周一星：《主要经济联系方向论》，《城市规划》1998 年第 2 期。

⑤ 李春芬：《区际联系——区域地理学的近期前沿》，《地理学报》1995 年第 6 期。

⑥ 李国平等：《深圳与珠江三角洲区域经济联系的测度及分析》，《经济地理》2001 年第 1 期。

⑦ 孟德友、陆玉麒：《高速铁路对河南沿线城市可达性及经济联系的影响》，《地理科学》2011 年第 5 期。

⑧ 孙东琪等：《基于产业空间联系的"大都市阴影区"形成机制解析——长三角城市群与京津冀城市群的比较研究》，《地理科学》2013 年第 9 期。

经济联系具有必然性与可行性。根据现有的研究，区域间产业相互作用、共同发展的过程就是区域间的产业联动，而产业联动是区域联动的核心，所以产业联动也是空间经济联系的主要表现形式。关于产业联动的研究较多，梳理相关文献，为本书的研究奠定基础。

（一）产业联动的基础及机制

区域间的经济联系是区域发展的重要研究领域。关于跨区域企业的地理区位与控制能力关系的研究表明，控制效果与被控企业的空间区位存在明显关系，企业的地理区位会影响其控制地位，以及企业结构、产品生产特征的动态变化。① 区域经济发展的不平衡，促使跨区域产业联动成为必然。区域经济发展不平衡除了受自然因素的影响，还受生产能力、政策差异，以及由此造成的劳动力、资源等要素流动的影响。② 因此，基于区域之间的产业联动与投资关系，形成合理的区域分工是促进区域经济均衡发展的重要途径。③ 在分析区域产业联动机制时，通常从产业联动的基础条件、驱动力和实现形式等方面来探讨。高伟等认为跨区域产业协同创新是实现跨区域产业联动的重要途径之一。④ 从产业转移的视角，分析中部地区与粤港澳的产业联动，研究表明各地区需要考虑承接产业转移的梯度系数才能有效承接产业转移。⑤ 产业联动的理论基础主要是区域经济理论，其中包括区域分工、产业转移、区域经济一体化等理论，聚焦于区域间通过产业联动而促进区域联动发展，并且产业联动的基础是基于比较优势的分工，要素的自由流动和技术进步促进比较优势发生动态变化，进而实现产业转移、产业联动和区域经济一体化。⑥ 从生命周期理论出发分析产业联动网络的演化路径，研究认为区位差异促进产业联

---

① D. Peter, "The Multiplant Business Enterprise and Geographical Space: Some Issues in the Study of External Controland Regional Development", *Regional Studies*, No. 10, 1976, p. 410.

② M. Doreen, "In What Sense A Regional Problem?", *Regional Studies*, No. 13, 1979, p. 240.

③ M. Doreen, *Spatial Divisions of Labour: Social Structures and the Geography of Production*, London: Macmillan, 1984, p. 36.

④ 高伟等：《基于区际产业联动的协同创新过程研究》，《科学学研究》2012 年第 2 期。

⑤ 黄昱然：《粤港澳与中部地区产业联动发展的实证研究——基于湘南承接产业转移视角》，《湖南社会科学》2013 年第 4 期。

⑥ 邹丽萍：《城市群空间演进与产业联动——以广西北部湾城市群为例》，《经济问题探索》2013 年第 3 期。

动网络形成，而区域之间的分工与协作使得产业联动网络得以成熟，产业联动网络的可持续性依赖技术创新。区域产业联动的基础是建立一体化市场，以保障各市场要素正常流通，促成区域统一市场的形成。吴意云等的研究基于空间经济学理论的角度，指出区域经济的深度一体化会促进区域内部的投资联系，进而促进区域产业联动的实现。① 在对海陆产业联动的研究上，隋鹏飞等提出要以海岸带为纽带优化海陆产业联动布局，加强海陆产业内部的产业链对接，分阶段、有重点地推进海陆产业联动。② 关于如何实现产业联动的研究，角度趋于多元化。段志霞等认为产业联动模式包括产业链延伸模式、生产要素流动模式、产业集群模式、政府间合作模式和科技拉动模式。研究指出，要素流动、产业转移和产业联盟是产业联动发生的主要表现方式；产业联动模式可以分为基于产业链、基于市场和基于技术创新三种模式；基于生产要素流动方向和内容的差异，将产业联动演替过程分为三个阶段，分别是要素绝对集聚、传统要素扩散和区域互动发展。③ 已有研究表明，要素流动是产业联动的驱动力。

（二）产业联动的影响因素

关于产业联动影响因素的探讨，多数研究还主要在理论层面描述展开，真正用实证检验的相对较少。产业联动的影响因素分析主要从区域、产业、基础设施、政策制度等层面展开，其中董晓菲等④指出经济发展、产业关系、基础设施建设、社会文化环境、制度与政策环境等因素均会影响产业联动程度与效果。制度与政策环境是区域产业联动的重要隐形条件。若外部环境较好，但没有相应的制度支持，则产业联动发生的概率也较小，并且制度政策在很大程度上决定着产业联动的规模与效果。已有研究从技术、人员、生产、市场、资源、政策、效益等方面建立产业联动分析与评价的指标，并以此反映产业选择与产业联动情况。车冰

---

① 吴意云、朱希伟：《中国为何过早进入再分散：产业政策与经济地理》，《世界经济》2015 年第 2 期。

② 隋鹏飞、任建兰：《山东省海陆产业联动发展探讨》，《地域研究与开发》2015 年第 3 期。

③ 叶森：《区域产业联动的理论与实践》，经济科学出版社 2012 年版，第 1 页。

④ 董晓菲等：《东北地区沿海经济带与腹地海陆产业联动发展》，《经济地理》2009 年第 1 期；江小国等：《皖江城市带和长三角地区产业联动性研究——基于空间引力模型》，《经济与管理评论》2017 年第 1 期。

清等指出产业结构也是跨区域产业联动的重要影响因素，并且区际产业联动程度与地区产业结构的差异呈正相关关系，即地区产业结构差异越大，区际产业联动越密切，但若地区产业结构越相似，区域竞争越激烈，不利于区际产业联动。[①] 张利华等认为公共决策、利益分配和对话沟通机制是区域产业联动的制度化基础和前提。[②] 刘钊指出区位因素、联动因素、技术创新、地理因素及制度因素都影响着产业联动。[③] 在具体的实践研究中，有学者以江苏区际产业联动为例，指出区域间共建工业园、产业发展水平的提高、区域基础设施的完善和核心企业的引入均对区际产业联动具有明显影响。此外，区域的地位差异会影响区域间的经济联动，如城市间的经济联动程度与城市的地位有关，中心城市与其余城市间一般具有较强的联动性。区域的经济发展水平会影响产业联动的模式，在经济发展水平相似的区域，多以水平型产业联动为主，而经济发展水平差异大的区域间多以垂直型产业联动模式为主，如产业链等形式。[④] 董千里认为跨境基础设施网络是跨境产业联动的基础，决定着跨境产业联动的效率和成本。[⑤] 刘新争认为区域产业同构、地区政府激烈竞争、对外部技术的依附等因素制约了产业联动效应的发挥。[⑥] 综上可知，经济发展水平差异、产业发展水平、基础设施、政策环境等是产业联动的主要影响因素。

（三）产业联动效应

目前产业联动效应的研究逐渐引起学界的重视，但还没有形成相对一致的研究结论，有研究认为产业联动具有正效应，也有学者认为产业

[①] 车冰清等：《基于产业联动的区域经济合作潜力研究——以淮海经济区为例》，《地域研究与开发》2009 年第 4 期。

[②] 张利华、徐晓新：《区域一体化协调机制比较研究》，《中国软科学》2010 年第 5 期。

[③] 刘钊：《区域产业联动网络测度研究——以环渤海区域为例》，《安徽大学学报》（哲学社会科学版）2011 年第 2 期。

[④] 石碧华：《长三角城市群产业联动协同转型的机制与对策》，《南京社会科学》2014 年第 11 期。

[⑤] 董千里：《基于"一带一路"跨境物流网络构建的产业联动发展——集成场理论的顶层设计思路》，《中国流通经济》2015 年第 10 期。

[⑥] 刘新争：《区域产业联动与产业转移——基于内生比较优势的视角》，《江汉论坛》2016 年第 12 期。

联动效应具有不确定性。在目前的研究中，大多认为产业联动具有正效应。郭明杉等[1]认为产业联动对联动双方都会产生正效应。有研究指出，通过产业联动可以带动前向关联和后向关联的产业共同发展，促进产业结构升级，因此也可以通过关联效应的大小识别产业发展中的关键性部门。[2] Rostow 指出产业的关联扩散效应是主导产业选择的一种依据，并且通常选择对经济规模具有扩散效应的产业作为主导产业。[3] 区域产业联动的正效应还体现为促进区域产业链升级，有效应对全球竞争压力。[4] 也有部分研究指出，产业联动对欠发达地区的长期发展不利。目前对于产业联动效应的研究并没有形成统一结论，这是因为不同区域产业联动的效果存在差异，所以对产业联动的效应无法一概而论。

（四）产业联动的实证研究

对产业联动的实证研究主要包括两方面：一是对某个具体产业领域的联动研究，二是对某个具体区域的调查研究。对产业联动的实证研究，主要是检验产业联动的影响因素。对长三角区域物流产业联动的研究指出，区域分割、物流基础设施水平、装备技术水平、产业结构、信息化程度、物流专业化等是物流产业联动的主要影响因素。此外，市场对产业联动的影响也较明显，研究认为市场可以提高资金配置效率、促进金融产业联动发展。研究显示，由于空间区位和产业空间集聚度不同，区域间产业集群的联动效应也不一样，说明地理区位和空间集聚度对产业联动效应具有影响。[5] 有研究基于主成分分析法对制造业产业集聚进行具

---

① 郭明杉、张陆洋：《高新技术产业集群的区域经济一体化效应分析》，《哈尔滨工业大学学报》（社会科学版）2007 年第 1 期；林兰等：《长江三角洲区域产业联动发展研究》，《经济地理》2010 年第 1 期。

② A. O. Hirschtman, *The Strategy of Economic Development*, New Haven: Yale University Press, 1958, p. 34.

③ W. W. Rostow, *Concept and Controversy: Sixty Years of Taking Ideas to Market*, University of Texas Press, 2003, p. 18.

④ H. Schmitz, "Global Competition and Local Cooperation: Success and Failure in the Sinos Valley, Brazil", *World Development*, Vol. 27, No. 9, 1999, p. 1648.

⑤ Edward M. Bergman, Edward J. Feser, *Industrial and Regional Clusters: Concepts and Comparative Applications*, Regional Research Institute, West Virginia University, 1999, p. 4.

体分析时指出，产业联动也发生于不同的产业集群之间。[①] 显然，产业联动的实证研究还存在较大的拓展空间，目前对跨区域产业联动的实证研究还比较欠缺。

（五）产业联动的研究方法

目前产业联动的研究方法主要有三类：一是产业结构差异的联动度分析法，利用该方法大多数情况只能分析产业联动的潜力，无法测度产业的联动水平，且通常是寻求替代变量，比如，区域间经济联系强度可用经济联系量来替代。[②] 沈正平等建立产业结构度模型，通过测度区域间的产业结构差异来测度产业联动的潜力。[③] 灰色关联度方法也常用来分析不同区域间的产业关联度。测度产业联动潜力比较全面的是，综合运用三次产业相似系数、区位熵灰色关联和产业合作潜力模型来测度区域间产业联动的潜力。以上这些研究，实质都是对区域间产业联动潜力的间接测度，并非对区域间产业联动程度的直接测量。

二是投入产出表的产业关联分析法。目前我国对产业联动的研究，多数是以投入产出表为基础。中国投入产出学会课题组在测度我国产业联动现状和特点时，也是以我国投入产出表为基础进行测算的。[④] 检验我国区域经济互动关系的相关实证研究，也主要是基于区域间的投入产出表进行分析。[⑤] 也有研究基于投入产出表，利用网络分析法来分析产业网络的演进和变化过程。[⑥] 王德利等指出投入产出表分析法主要用来分析地区产业之间的关联特征。[⑦] 但在分析区际产业联动时，投入产出表具有一定的局限性。

---

① R. G. Funderburg, M. G. Boarnet, "Agglomeration Potential: The Spatial Scale of Industry Linkages in the Southern California Economy", *Growth and Change*, Vol. 39, No. 1, 2008, p. 48.

② 李国平、王立明：《深圳与珠江三角洲区域经济联系的测度及分析》，《经济地理》2001年第1期。

③ 沈正平等：《产业地域联动的测度方法及其应用探讨》，《经济地理》2007年第6期。

④ 中国投入产出学会课题组等：《我国目前产业关联度分析——2002年投入产出表系列分析报告之一》，《统计研究》2006年第11期。

⑤ 陈安平：《我国区域经济的溢出效应研究》，《经济科学》2007年第2期。

⑥ 吴晓波、姜雁斌：《经济转型：基于网络分析的产业部门角色演化》，《科学学研究》2010年第2期。

⑦ 王德利、方创琳：《中国跨区域产业分工与联动特征》，《地理研究》2010年第8期。

　　三是复杂网络分析方法。复杂网络分析法可以分析任何由相互作用的部分组成的系统内部交互关系。[1] 复杂网络分析法还与其余方法（如博弈论、两难选择和联盟等）结合起来，为分析交互关系的研究提供了新的视角。[2] 复杂网络的应用也逐渐得到扩展，有研究将网络的结构变量用来分析其对效率、资源配置、分散系统的稳健性等方面的影响。[3] 复杂网络分析法还用来建立国际贸易中进出口产品间的网络关系。[4] 实际研究中，复杂网络分析法的研究对相关的统计特征和现象具有较好的可视化效果。[5] Nakano 和 White 认为复杂网络分析法给研究大规模的城市网络与产业网络提供了新思路。[6] 目前，国内学者对复杂网络分析法的应用也逐渐增多，如胡鲜等的研究。[7] 综上可知，复杂网络分析法是构建区际产业联动网络的核心工具。

研究评述

　　现有研究可总结为以下几点：一是产业发展在区域经济、国际经济、空间经济等中发挥着重要作用，境内外经济合作、二重开放、境内境外协调发展在一定程度上都可以通过产业联动实现，说明产业联动是

---

[1]　L. A. N. Amaral, B. Uzzi, "Complex Systems: A New Paradigm for the Integrative Study of Management, Physical, and Technological Systems", *Management Science*, Vol. 53, No. 7, 2007, p. 1033.

[2]　N. Hanaki et al., "Cooperation in Evolving Social Networks", *Management Science*, Vol. 53, No. 7, 2007, p. 1036.

[3]　W. Oh, S. Jeon, "Membership Herding and Network Stability in the Open Source Community: The Ising Perspective", *Management Science*, Vol. 53, No. 7, 2007, p. 1088.

[4]　A. Cesar et al., "A Network View of Economic Development", *Development Alternatives*, Vol. 12, No. 1, 2008, p. 8.

[5]　Y. Fujiwara, H. Aoyama, "Large-scale Structure of a Nation-wide Production Network", *The European Physical Journal B*, Vol. 77, No. 4, 2010, p. 577.

[6]　T. Nakano, D. R. White, "The Large-scale Network of a Tokyo Industrial District: Small-world, Scale-free, or Depth Hierarchy?", *International Affairs*, 2006, p. 3355.

[7]　胡鲜等：《企业竞争关系演变的复杂网络分析——以广东省软件产业为例》，《软科学》2008 年第 6 期；聂锐、高伟：《区际生产要素流动的网络模型研究》，《财经研究》2008 年第 7 期；高伟、聂锐：《基于嵌入关系的企业网络链接模型研究》，《科技进步与对策》2010 年第 10 期。

实现对内合作与对外开放相统一的内在动力。二是"一带一路"倡议与长江经济带发展相互补充、相互支撑，二者发展应该结合起来，具体到与长江经济带对接的孟印缅经济体的经济发展上，产业之间的关联性与互补性为产业联动创造了条件，并且无论是孟印缅经济体还是长江经济带的发展，产业都是其重要的落脚点。因此，可从产业的角度研究长江经济带与"一带一路"倡议如何实现衔接，促进境内区域与境外区域的产业联动，这为本书研究孟印缅经济体与长江经济带的空间经济联系奠定了基础。三是在区域联动或区域经济联系中，产业联动是核心，说明可从产业联动的视角来探讨区域经济联系。四是目前关于产业联动的研究较多，对产业联动基础与机制、产业联动的影响因素、实证研究及相关的研究方法都已经有相应的参考文献，这是本书的重要基础，并且在区域内、区际及国际经济联系中，产业联动都是研究的重点。

基于以上的研究，本书试图做如下补充：一是在国家层面，虽对"一带一路"倡议与长江经济带的关系做了论述，但是并没有落实到具体的研究上，所以本书从产业的角度具体分析孟印缅经济体与长江经济带的产业联动，以探索如何促进长江经济带与孟印缅经济体的空间经济联系；二是在区域联动、区域空间经济联系及区域经济协调发展中，产业联动意义重大，但对产业联动理论机理的分析还比较欠缺，本书试图结合空间经济理论，建立产业联动的理论模型，为空间经济联系的研究提供理论支撑；三是对产业联动的研究，目前多数是定性研究，定量研究较少，且目前对产业联动水平的测度还比较欠缺，没有统一的方法。本书采用复杂网络分析法构建产业联动网络，并对产业联动网络结构进行测度，利用产业联动网络的相关统计指标衡量产业联动水平，并进一步进行实证研究，以检验影响各区域层面产业联动的主要因素，并探索促进不同区域层面产业联动的相关路径，为从产业层面提出促进区域经济联系的相关对策提供依据。

第三章

长江经济带与孟印缅经济体
产业联动的现实基础

区域产业联动发展受区域自然禀赋、经济发展水平、产业结构、基础设施及制度环境等因素的影响。其中，区域自然因素是影响产业联动最基本的因素，区域本身的属性（如地理区位、资源、环境状况）直接决定了区域产业联动的方向；区域间经济发展水平的差异决定了区域产业联动的强度和模式选择，而区域间产业结构的相似性、产业之间的关联性和互补性是产业联动的内在动因；基础设施的互联互通是区域间产业联动发展的重要基础，区域间产业联动发展离不开基础设施的支撑；相关政策和人文环境是影响产业联动的核心要素，政策导向、文化相容在很大程度上决定着产业联动的程度，一般而言，产业联动程度越深，人文政策环境的影响就越大。在产业联动发展的成熟阶段，区域内各种文化要素活跃，政策透明度高，区域产业联动的制度环境如区域协调组织、规章制度等相对完善，私人关系得到广泛关注，产业跨地区和跨文化的联动发展得到加强和重视。

第一节 自然禀赋

区域间的联动发展需要具备一定的条件，自然地理区位和资源禀赋是必不可少的影响因素。只有在地理上毗邻，资源禀赋各异，且存在互补性，区域之间才有联动发展的可能性，也才能充分发挥联动发展的优势。

一　区位条件优越

长江经济带是世界上具有"黄金水道""黄金海岸"双优区位的地区之一。长江横贯我国腹心地区，处于亚太黄金海岸和我国沿海开放带的双重中心位置，承东启西、通江达海，将我国东、中、西三大自然经济带和南北、东西纵横交流的结合部，形成以上海为龙头、陆海一体的"龙"形经济区域，其内陆腹地和发展空间广阔，区位优势明显，战略地位十分重要。长江水域横跨东西，干支流纵横，港口众多，水运潜力巨大，水运具有低成本、大运量、低能耗的优势。同时，长江黄金水道与沿江铁路、沪汉蓉高速公路形成东西向的交通干线，并与京广、京沪、京九等南北交通干线交会，这利于发挥长江黄金水道的独特优势，形成更加完善的综合交通运输体系。得天独厚的区位条件和相对完善的水陆空综合运输体系，使得长江经济带具有强大的经济辐射力和空间影响力。这既有利于促进生产要素在区域间的自由流动和产业转移，形成我国以东带西、东中西协调发展的格局，也有利于我国进一步扩大对外开放，特别是内陆地区参与国际经济合作的程度。

长江经济带上游地区与东南亚国家地理位置临近，文化、习俗相近，交通往来方便，在农业、旅游、装备制造、原料供应、工业品销售、服务业等方面有巨大的合作前景。长江上游4省市应当与东盟建立更紧密的经贸合作关系，共建海上丝绸之路经济带，在东盟"10＋1"框架内发挥更突出的作用。此外，中国云南、印度、缅甸和孟加拉国均位于亚洲南部，邻近孟加拉湾。四国毗邻地区山川地缘相通，构成一个背靠喜马拉雅山和横断山脉，面向印度洋的弧形地带。孟中印缅毗邻地区地理上连成一片，山水相连，并且地处"三亚两洋"的结合部，北部、东北部和中国连接，东部通过中南半岛连接太平洋沿岸国家，西部与南亚、西亚连接，南部濒临印度洋，可沟通东亚、东南亚、南亚三大市场，区位条件优越。其中，缅甸是沟通东南亚、印度与中国的重要通道，也是沟通中国与印度洋的桥梁和纽带。四国毗邻地区是连接亚洲各次区域的重要枢纽，而云南在这一"重要枢纽"地区中具有明显的区位优势。

二 自然资源丰富

长江经济带地属亚热带季风气候区，有利于粮、棉、果、桑、林和菜、渔、蓄综合农业的发展。长江经济带内的三大平原（成都平原、江汉平原和长江三角洲平原）和四大湖区（洞庭湖区、鄱阳湖区、太湖地区和巢湖地区）历来是我国最重要的粮油和农副产品基地，长江流域内河湖众多，为发展水产养殖提供了十分便利的条件。长江经济带水资源和水能资源丰富，占全国的50%以上，开发潜力极大。经济带内矿产资源丰富，并主要集中在中上游地区，矿产资源具有品种多、储量大、品位高、共生矿多、易开采的特点。此外，长江经济带内还有极为丰富的旅游资源和丰富的农业生物资源，开发潜力巨大。

孟加拉国、印度、缅甸、中国云南有丰富的生物资源、水资源、矿产资源、天然气资源、森林资源和海洋资源等。四国幅员辽阔、人口众多，物产丰富，资源能源富集，资源禀赋各异，经济互补性强，合作潜力巨大。这些资源优势决定了其产业发展。

从地理区位看，中国云南是孟中印缅经济走廊的重要支点，也是长江经济带通过上游地区对外开放的重要桥头堡，这成了长江经济带与孟中印缅经济走廊联动发展的先天优势。因此，云南就是长江经济带与孟中印缅经济走廊的连接的重要节点和纽带，二者的联动发展需要充分发挥云南的地缘优势。从资源禀赋看，长江经济带与孟中印缅区域资源丰富，且资源具有明显的互补性，这为二者的联动发展提供了基础条件。长江经济带与孟中印缅经济走廊的自然资源禀赋为二者联动发展创造了客观条件和自然优势。

第二节　经济发展差异

区域产业合作、联动和协调发展根本上是源于区域发展差异。不同国家间、同一国家内部的不同区域间经济发展差异是社会劳动地域分工长期发展的产物，也是决定产业联动能否发生及发生效果的重要影响因素。

一 长江经济带发展差异明显

长江经济带，东起上海，西至云南，涉及上海、江苏、浙江、安徽、湖北、江西、湖南、重庆、四川、云南、贵州 11 个省市，2016 年经济带人口数量、生产总值、第一产业生产值、第二产业生产值、第三产业生产值均占全国生产总值的 40% 以上，具有独特优势和巨大发展潜力。长江经济带的经济体量大，但内部发展不均衡。长江上、中、下游地区的资源禀赋各异，发展阶段不同，经济结构也不同，长江流域经济发展水平存在下游发达、中游欠发达、上游不发达的地带性差异，并且中游和上游地区的经济发展水平相对下游地区较低。以长江水运为依托，促进长江沿岸地区的经济要素流动，实现上、中、下游地区的协调发展，是建设长江经济带的主要任务之一。

从发展差距来看，长江经济带东、中、西区间经济发展差距较大，综合经济实力不平衡，经济较发达地区在下游东部地区，经济欠发达地区在西部地区，经济梯度呈现出从东向西明显下降的阶梯性趋势，这种差距的存在会严重制约区域经济的协调发展。此外，除了经济带上、中、下游地区经济发展差异明显外，经济带内各省市之间的经济发展也存在明显差异。下游地区经济发展水平最高，其中江苏省的经济发展水平远高于上海市和浙江省；中游地区的经济发展水平次之，其中湖北省与湖南省的经济发展水平较高；上游地区的经济发展水平最低，且上游地区中四川省的经济发展水平高于其他省市。

表 3 - 1　　　　1996—2016 年长江经济带生产总值的变化情况

（单位：万亿元）

	下游地区			中游地区				上游地区			
	上海	江苏	浙江	安徽	江西	湖北	湖南	贵州	四川	重庆	云南
1996 年	0.296	0.600	0.419	0.209	0.141	0.250	0.254	0.072	0.287	0.132	0.152
1997 年	0.344	0.668	0.469	0.235	0.161	0.286	0.285	0.081	0.324	0.151	0.168
1998 年	0.380	0.720	0.505	0.254	0.172	0.311	0.303	0.086	0.347	0.160	0.183
1999 年	0.419	0.770	0.544	0.271	0.185	0.323	0.321	0.094	0.365	0.166	0.190
2000 年	0.477	0.855	0.614	0.290	0.200	0.355	0.355	0.103	0.393	0.179	0.201
2001 年	0.521	0.946	0.690	0.325	0.218	0.388	0.383	0.113	0.429	0.198	0.214
2002 年	0.574	0.106	0.800	0.352	0.245	0.421	0.415	0.124	0.473	0.223	0.231
2003 年	0.669	1.244	0.971	0.392	0.281	0.476	0.466	0.143	0.533	0.256	0.256

续表

	下游地区			中游地区				上游地区			
	上海	江苏	浙江	安徽	江西	湖北	湖南	贵州	四川	重庆	云南
2004 年	0.807	1.500	1.165	0.476	0.346	0.563	0.564	0.168	0.638	0.303	0.308
2005 年	0.925	1.860	1.342	0.535	0.406	0.659	0.660	0.200	0.739	0.347	0.346
2006 年	1.057	2.174	1.572	0.611	0.482	0.762	0.769	0.234	0.869	0.391	0.399
2007 年	1.249	2.602	1.875	0.736	0.580	0.933	0.944	0.288	1.056	0.468	0.477
2008 年	1.407	3.098	2.146	0.885	0.697	1.133	1.156	0.356	1.260	0.579	0.569
2009 年	1.505	3.446	2.299	1.006	0.766	1.296	1.306	0.391	1.415	0.653	0.617
2010 年	1.717	4.143	2.772	1.236	0.945	1.597	1.604	0.460	1.719	0.793	0.722
2011 年	1.920	4.911	3.232	1.530	1.170	1.963	1.967	0.570	2.103	1.001	0.889
2012 年	2.018	5.406	3.467	1.721	1.295	2.225	2.215	0.685	2.387	1.141	1.309
2013 年	2.182	5.975	3.776	1.923	1.441	2.479	2.462	0.809	2.639	1.278	1.183
2014 年	2.357	6.509	4.017	2.085	1.571	2.738	2.704	0.927	2.854	1.426	1.281
2015 年	2.512	7.012	4.289	2.201	1.672	2.955	2.890	1.050	3.005	1.572	1.362
2016 年	2.818	7.739	4.725	2.441	1.850	3.267	3.155	1.178	3.293	1.774	1.479

资料来源：国家统计局网站、《中国统计年鉴》。

　　长江经济带区域发展差异从东至西呈阶梯状分布，下游地区的人均 GDP 远高于中上游地区的人均 GDP，中游与上游地区各省市的人均 GDP 差异不大。上海市、浙江省和江苏省等得益于成为长江经济带发展的"领头羊"。各区域梯队间的人均 GDP 差异过大，2016 年处于长江下游地区的上海、江苏和浙江 3 省市人均 GDP 分别为 11.66 万元、9.69 万元和 8.49 万元，而处于上游的云南省、贵州省 2016 年人均 GDP 分别为 3.11 万元、3.32 万元，梯队之间存在着巨大落差，长江经济带各省市经济发展不均衡。2016 年长江经济带人均 GDP 为 5.848 万元，其中仅有上海、江苏、浙江、重庆 4 省市的人均 GDP 高于经济带的平均水平，其余省份的人均 GDP 均低于经济带的平均水平。从长江经济带地方一般公共预算收入、地方一般公共预算支出、全社会固定资产投资额、房地产开发投资额、社会消费品零售总额、货物进出口总额各项经济指标占全国的比重来看，其占比均高于 40%，可见长江经济带具有巨大的经济发展潜力。但是经济带内存在明显的经济势差，只有经济带上、中、下游的联动发展，才能实现长江经济带的协调发展。长江经济带的发展在全国占有重要地位，但内部发展差异较明显，经济带内存在明显的发展梯度。从经济发展水平来看，中下游地区属于较发达地区，而上游地区属于欠发达地区，这就将经济带分为两个不同的区域，在分析产业联动发展中，需要具体分析经济带内两区域之间实现产业联动发展的路径。

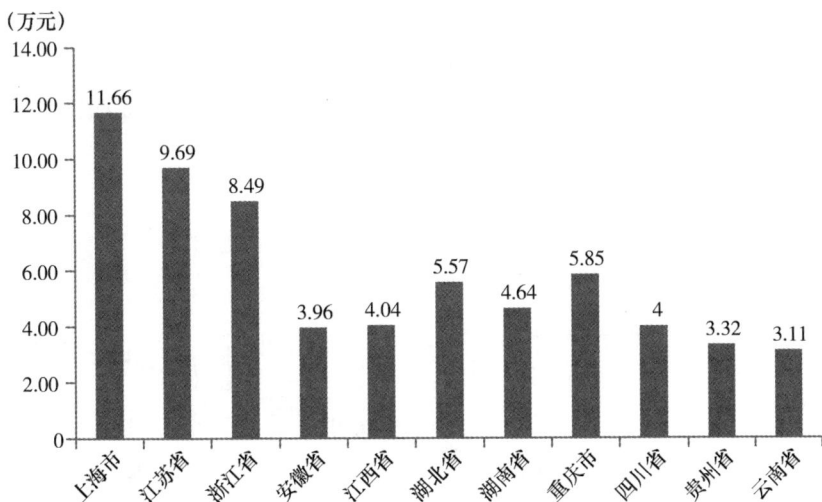

图 3 - 1　2016 年长江经济带各省市人均 GDP

资料来源：国家统计局。

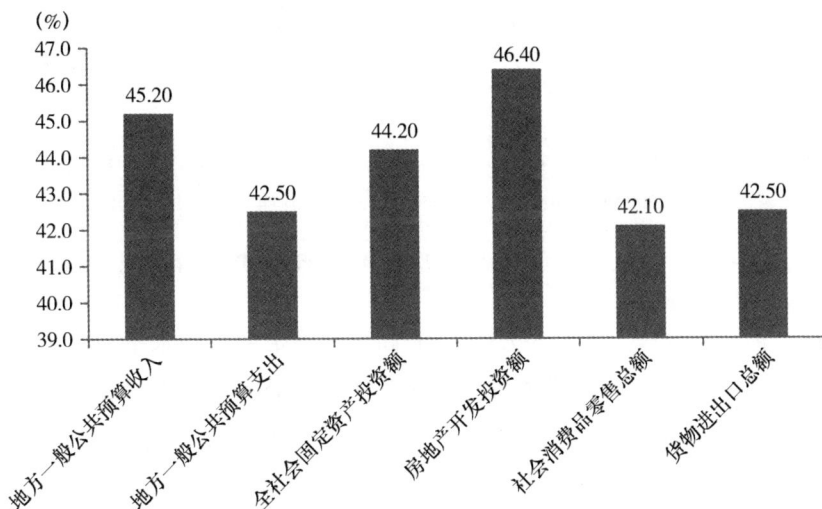

图 3 - 2　2016 年长江经济带主要经济指标占全国的比重

资料来源：国家统计局。

二 孟中印缅四国经济互补性

孟加拉国、中国、印度、缅甸四国毗邻地区是世界上交往最早、合作历史最久的地区之一，开展区域经济合作的区位和经济互补优势明显。孟、中、印、缅四国经济发展水平差异明显。根据购买力平价下 2011 年的美元不变价折算的人均 GDP 来看，2008—2016 年，四国的人均 GDP 存在较大的差距，其中中国的人均 GDP 远高于孟、印、缅三国，相对来看，印度、缅甸与孟加拉国之间的人均 GDP 差距不大，其中人均 GDP 水平最低的是孟加拉国。

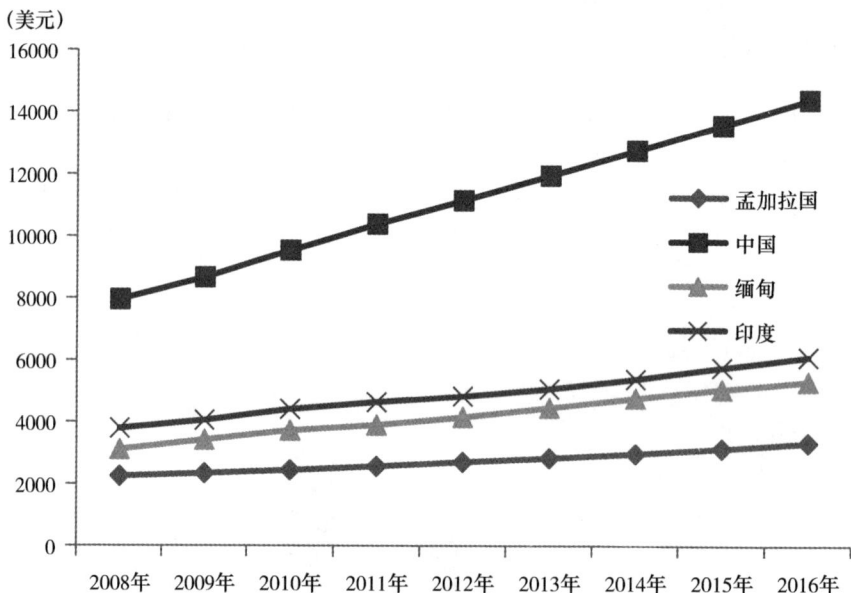

图 3 - 3 孟、中、印、缅四国的人均 GDP（PPP，2011 年的美元不变价）
资料来源：世界银行。

孟、中、印、缅四国之间经济互补性强、资源禀赋各异，四国在资源、市场、产业、产品、技术等方面形成了较强的互补性，有巨大的合作与互补空间。

从产业结构看，目前中国已进入工业化中期阶段，而印度、孟加拉国、缅甸工业化仍然处于起步阶段。孟、中、印、缅四国在产业合作方面有较强的互补性，合作空间广阔。印度有着强大的科学和工程能力，软件开发服务业行业发展迅猛，以服务外包和 IT 产业为主的现代服务业发展已经形成比较优势，被称为"世界办公室"。印度正不断加大对制造业的投入，制定了国家制造业发展战略，力争到 2022 年将制造业产值在国内生产总值中所占的比重，从 2014 年的 16% 提升到 25%。而中国制造业发达，被称为"世界工厂"，在制造业方面具备先进技术并积累了宝贵经验，能够帮助包括印度在内的周边国家提升制造业水平。另外，印度、缅甸、孟加拉国的矿产、海产品、木材、黄麻等资源丰富，工业化水平低，人口众多，制造业对 GDP 的贡献率不高，经济发展潜力大。这些国家劳动力资源丰富，价格低廉，具有较强的竞争力，是潜在劳动密集型制造业基地，可以为我国产业结构调整提供适宜转移的市场。

从贸易结构看，中国与印度之间的贸易往来主要是商品贸易，中国出口印度的商品以增加值较高的工业制成品居多，而印度的对华出口则以矿产品等初级产品和原料、资源性产品为主，这就形成了一种商品的互补结构。缅甸与孟加拉国由于经济发展落后，一些工业制成品和生活日用品需要从中国、印度或者周边国家进口。因此，孟中印缅经济走廊的建设将加大四国贸易往来，充分发挥各自的比较优势，形成合理的国际分工，带动产业结构调整，增强各自的经济实力。

从资源方面看，中国和印度同为发展中大国，对能源的需求巨大，而缅甸拥有丰富的石油、天然气资源以及尚待开发的水力资源，孟加拉国也拥有大量的天然气资源，这些先天条件无疑成为推动中印两国加强四方合作关系的重要动力之一。

从经济技术合作方面看，缅甸和孟加拉国的经济发展正在提速，有大量的公路、铁路、港口等基础设施需要建设，都急于吸引国际投资以协助其实现工业化。而中国在基础设施建设和对外承包工程方面具有优势，随着中国经济实力的增强，对外投资能力也大大提高。未来中国与孟加拉国、缅甸在电力、通信、交通等基础设施领域存在较多的投资与合作机会。中国与印度、缅甸、孟加拉国都签署了投资保护协定，这使得孟、中、印、缅四国之间的经济、贸易、投资合作有很大的潜力可挖。同时，孟加拉国是"南亚经济合作联盟"的成员国，享有"南亚优惠贸易安排"，我国企业还可以通过在孟加拉国的投资，进入巴基斯坦等南亚市场。另外，孟加拉国和缅甸属于最不发达国家，其出口产品在欧、美、日、加、澳等国家和地区享受免税、免赔额等优惠贸易待遇。因此，我国在孟加拉国、缅甸投资企业生产的产品，可绕过有关国家贸易壁垒进入其市场。对于孟中印缅经济走廊建设，四国不仅可以开展互利合作，而且有利于实现优势互补、共同发展。

经济发展水平影响区域产业联动的效果。现有关于产业联动的实证研究案例，多选取发达国家或地区的城市群、都市圈（如北美五大湖区域、美国波士华都市带、日本东京都市圈等），以及发展中国家较发达的区域（如中国的长三角、环渤海、珠三角地区等）进行研究。区域间经济发展水平差异，决定了产业联动的模式。经济发展水平相近的区域，更可能发生水平型的产业联动，并逐步呈现基于创新的联动模式；经济发展差异太大，则可能发生垂直型的、基于产业链的联动模式。

第三节　产业的关联性与互补性

区域产业之间的关联性与互补性是产业联动的基础。产业间产品、技术、价格和投资联系，为产业联动创造了可能，产业联动又深化了产业间产品、技术、价格和投资联系，进一步推动关联产业的发展。最后，联动不只发生在同一产业的不同部门间，只要产业间存在各种要素流动，联动就自然发生。

一　长江经济带的产业结构

长江经济带农业基础良好，具有以现代工业为主导的产业体系，集中了国内现代工业的精华，是我国重要的冶金、建材、汽车、石化工业基地和高新技术产业基地，目前沿江流域已经形成一条产业门类齐全、产业分布密集的产业带，但经济带沿线产业趋同明显，产品的同质化竞争严重。从宏观的三次产业分类来看，长江经济带上游、中游、下游地区的产业结构也存在明显差异。整体来看，上游和下游地区各省市的产业结构呈现"三二一"的格局，但下游地区三次产业产值比重差距较大，下游地区第三产业产值比重均在50%以上，而第一产业产值比重低于6%，说明经济带下游地区第三产业优势较大。上游地区产业结构虽呈现

"三二一"的格局，但第二产业产值比重与第三产业产值比重差异不大，占比均在40%—50%，说明经济带上游地区第三产业优势并不明显。中游地区除湖南省以外，产业结构大致呈现"二三一"的产业格局，中游地区第二产业略有优势，但与第三产业的差异也不大，在产业结构方面，中游地区的产业结构比例差距较小，具有较大的趋同性，其中安徽省（10.52：48.43：41.05）、江西省（10.30：47.73：41.97）、湖北省（11.20：44.86：43.94）与湖南省（11.34：42.28：46.37）产业结构的比重基本一致。从三次产业结构上看，经济带产业结构趋同比较明显，产业之间的关联性较强。这一方面促进经济带产业的联动发展，另一方面也避免了因产业趋同引起恶性竞争造成的资源浪费问题。

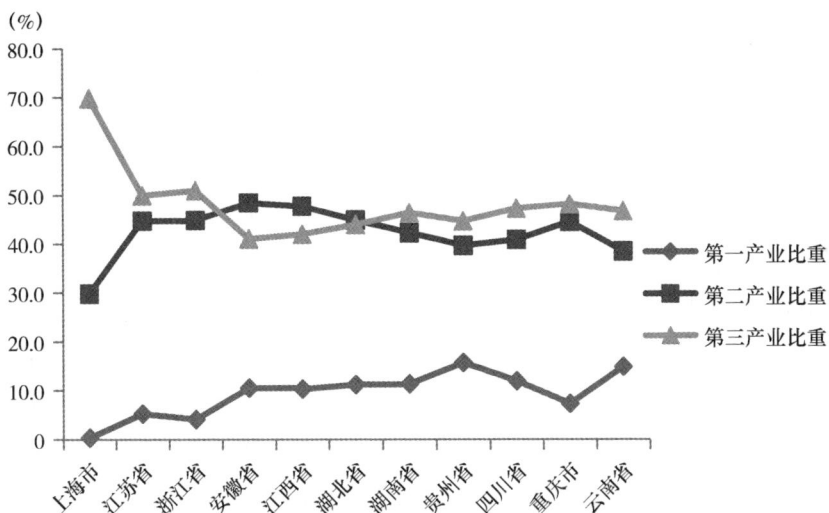

图3-4　2016年长江经济带各省市GDP的三次产业结构

资料来源：国家统计局。

二　孟印缅三国的产业结构

孟、中、印、缅四国的产业结构存在差异，各国优势产业有相似性也有互补性，且四国产业存在较大的互补性，产业互补性为四国的产业联动发展奠定了基础。

（一）孟加拉国的产业结构

孟加拉国尚处于由农业社会向工业社会演进的进程之中，目前产业仍以农业为主。农业对于孟加拉国就业、减贫和粮食安全、国民经济增长等都有重要影响。孟加拉国工业落后、产业结构不合理，工业以原材料工业为主，包括纺织服装业、化肥业、水泥业、黄麻及黄麻制品业、皮革及皮革制品业、食品加工业、糖业、天然气开采、加工业及茶业等。重工业所占比重非常小，制造业欠发达，以技术密集为特征的产业结构尚未形成。服务业在孟加拉国国民经济中占有重要地位，主要包括批发零售业、交通运输业、通信业、金融保险业、公共管理业和国防服务业等。

孟加拉国的特色产业主要是农业、纺织业、旅游业等。孟加拉国是个农业国，主要农作物有水稻、小麦、豆类等，主要经济作物是黄麻、茶叶、甘蔗、油料等。孟加拉国的纺织服装业发展最为迅速，目前已是孟加拉国最主要的工业和主要出口产业（约占总出口的78%）。孟加拉国纺织业的投资还在增加，且发展前景良好。旅游业在孟加拉国的国民经济中发挥着重要的作用，并制定针对性的旅游发展攻略，成立国家旅游委员会，通过各种优惠措施吸引国内外投资者和旅游者，孟加拉国的旅游业规模也越来越大。

从孟加拉国进出口的商品结构也可以间接反映其产业结构。将已统计的23种产品分为原材料、农产品和制成品三类。从趋势上看，2008—2013年，孟加拉国进口产品的结构大概一致，每年产品的进口份额没有较明显的波动，这也说明统计的这些产品是孟加拉国每年必须进口的。各产品进口份额统计数据显示，孟加拉国进口最多的是制成品，其进口份额高于60%，其次是纺织和服装、纺织品等，这间接反映孟加拉国工业发展滞后，许多工业制品（如机械设备、纺织品等）进口较多，食物、蔬菜、原材料等进口也较多，木材、矿石和金属、兽皮、鞋类、活动物等进口份额较小。各产品出口份额显示，孟加拉国出口份额最大的是制成品、纺织品、纺织和服装，其出口份额高达90%，根据 Krugman[①] 提出

---

① P. Krugman, "Scale Economies, Product Differentiation, and the Pattern of Trade", *The American Economic Review*, Vol. 70, No. 5, 1980, p. 956.

的本地市场效应,① 这并不说明孟加拉国的制造业发达，反而说明该国对制成品、纺织品等需求较大。此外，农产品和原材料的出口也占有一定份额，但份额较小，均低于 10%，其余产品的出口份额更小。将孟加拉国进口产品份额与出口产品份额结合来看，该国对制成品的需求较大，而其农产品和原材料相对富足，说明其工业发展滞后，农业发展基础较好。

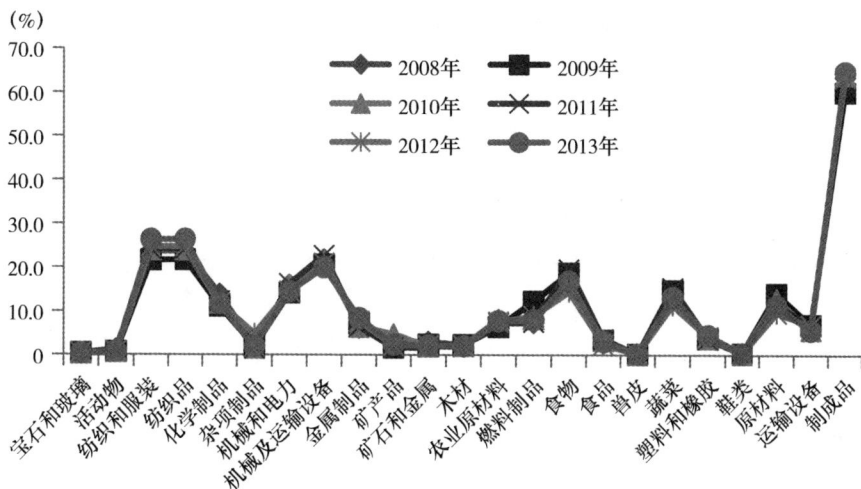

图 3 - 5　2008—2013 年孟加拉国进口产品份额
资料来源：世界银行提供的 World Integrated Trade Solution，WITS 数据库。

　　若将进出口产品分为中间产品、消费品和资本品②三大类，则可以更好地反映孟加拉国的产品需求情况。从进口份额看，孟加拉国进口中间产品的份额最大，消费品和资本品的进口份额相差不大，说明该国的中间产品主要靠进口，而资本品和消费品进口相对较少；从出口份额看，孟加拉国主要出口消费品，中间产品的出口份额较小，资本品的出口份

---

　　①　在规模报酬递增和贸易成本共同作用下，本国会成为国内需求比较大的差异性产品的净出口国。
　　②　中间产品是指从初级产品到最终消费品之间，需要经过系列加工过程的产品总称；消费品是指由最终消费者购买用于个人消费的产品；资本品是指企业用于生产的机械设备，即固定资本。下同。

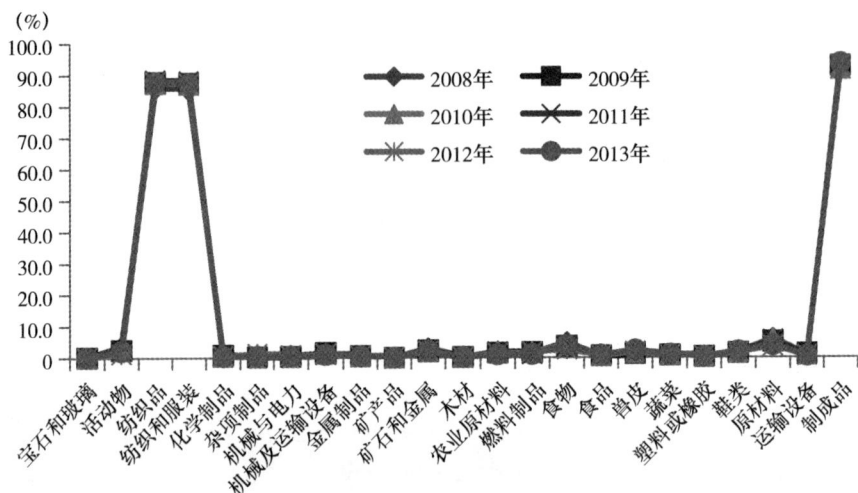

图 3 - 6　2008—2013 年孟加拉国出口产品份额

资料来源：世界银行提供的 World Integrated Trade Solution，WITS 数据库。

额最小，几乎可以忽略。基于这三类产品的进出口份额可知，孟加拉国在制造业发展上相对落后，而农业发展占据主导地位。

表 3 - 2　　　　2008—2013 年孟加拉国各类产品进出口份额　　　　（单位：%）

	进口份额			出口份额		
	中间产品	消费品	资本品	中间产品	消费品	资本品
2008 年	52. 24	18. 51	17. 28	5. 71	87. 45	0. 92
2009 年	48. 25	21. 35	16. 28	4. 58	89. 39	1. 00
2010 年	49. 95	18. 35	18. 88	4. 57	88. 78	0. 74
2011 年	50. 07	19. 58	18. 84	4. 02	89. 79	0. 68
2012 年	49. 70	20. 58	17. 21	4. 09	90. 48	0. 91
2013 年	52. 09	18. 88	17. 72	4. 60	90. 88	0. 60

资料来源：世界银行提供的 World Integrated Trade Solution，WITS 数据库。

（二）印度的产业结构

从三次产业来分析印度的产业结构，随着印度经济发展水平的不断提高，印度的第一产业比重下降，第二产业、第三产业比重依次上升，这主要是由于印度产品贸易结构的转变促进了产业结构升级，服务行业的发展推动了第三产业在经济结构中的比重。印度的第三产业一直以来保持高速度增长态势，特别是旅游、餐饮、金融、软件产业等发展迅速，且在印度经济发展的每一时期，制造业和服务业的增长率都比同时期农业的增长率高出 2—3 个百分点，印度的第三产业比重已经超过了 50%，逐步实现了以服务业为主导的产业结构转变。

印度的优势产业主要是金融业、旅游业、软件业、钢铁产业、纺织产业、医药产业、农业等。印度拥有完善的金融体制，私营公司的融资渠道比较通畅，市场秩序较好，资源配置以市场为主，银行体系历史悠久，有良好的金融体系基础。印度旅游部门凭借各届政府的政策支持，突出古老文明与现代科技共存的特点，利用丰富的自然景观和人文景观优势，因地制宜，推出具有当地特色的旅游线路。近年来，印度的 IT 产业正在迅速升级，从低成本的 IT 业服务商，转变成具有高附加值的全方位解决方案供应商，不断提升产品的技术含量，进入高端领域。IT 业的迅速发展推动了经济发展，成为印度经济的支柱产业，是增加就业的重要部门。印度目前是位于中国、日本、美国之后的世界第四大钢铁生产国，所以钢铁产业也是其优势产业。纺织业在印度经济中占据十分重要的地位，是印度最大的行业。印度黄麻纤维产量在全球排名第一，棉织物和丝织物排名第二。同时，拥有强大而完整的纺织行业价值链、具有全球性的行业竞争力及多元化的设计基础，都为印度纺织行业的潜在增长奠定了基础。医药产业在印度是仅次于 IT 行业最发达的产业，近几年来，印度医药产业迅猛发展，药品种类和产量充分满足了国内需求，其质量在国际市场上也显示出了竞争优势，并培养了一批能与跨国公司相抗衡的大型制药企业。农业也是印度的优势产业之一，印度国土辽阔、各地自然条件和社会经济条件不同，各地因地制宜地种植农作物，农业相对比较发达。

印度的进出口商品结构也反映出印度的农业发展基础较好。2010—2016 年，从进口产品份额看，印度进口产品份额从大到小依次是制成品、原材料、燃料制品、机械和运输设备、机械和电力等，其余产品进口份额较小，远低于 10%。可以看出，印度进口的主要是制成品和原材料，农产品进口份额较小，说明印度对制成品和原材料的需求很大程度上依赖进口，这在一定程度上也说明印度的工业薄弱，农业发展基本能够满足国内居民的需求。从出口产品份额看，印度出口产品份额最高的是制成品，其次是燃料制品、宝石和玻璃、机械和运输设备、纺织品、原材料等。对比可知，印度进口份额较大的产品，其出口份额也较大，说明印度对这类产品的需求较大，间接说明印度的工业发展滞后，工业的发展很大程度上不能满足人们对工业品的需求，但农业发展相对较好，几乎能满足国内居民对农产品的需求和消耗。

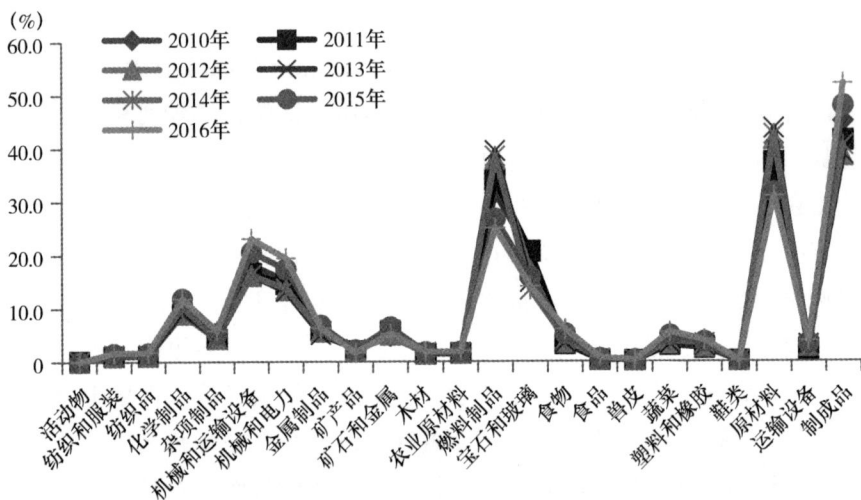

图 3 - 7　2010—2016 年印度进口产品份额

资料来源：世界银行提供的 World Integrated Trade Solution，WITS 数据库。

2010—2016 年，印度对中间产品的进口份额最大，其次是资本品，对消费品的进口份额较小。较大的中间产品份额，说明印度的工业发展规模大、产品生产周期长、发展滞后。但在这期间，中间产品的进口份额基本维持在 30% 左右，而消费品和资本品的进口份额逐渐增加，说明印度正在加快工业的发展。从出口份额看，印度对消费品的出口份额最大，其次是中间产品，最后是资本品。但近几年来，印度对资本品的出口份额有逐渐增大的趋势，说明印度的农业相对发达，工业发展也正日渐改善。整体来看，印度还是属于农业国，农业在国民经济发展中起着重要作用。

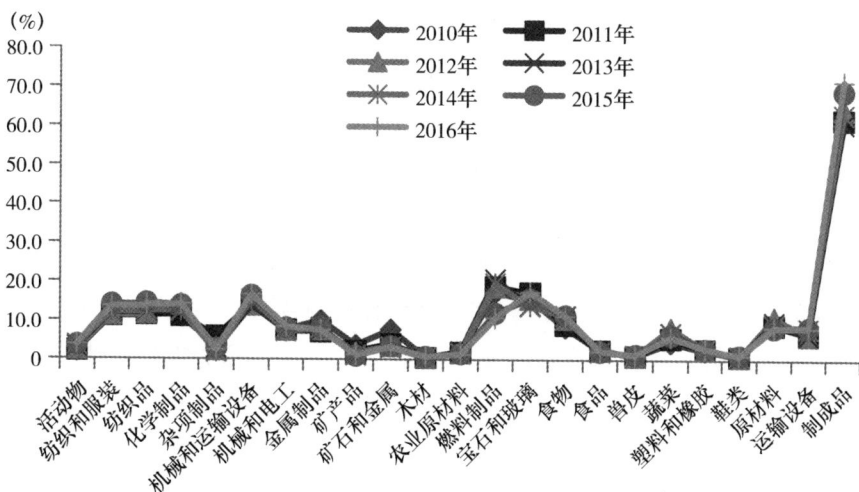

图 3 - 8 2010—2016 年印度出口产品份额

资料来源：世界银行提供的 World Integrated Trade Solution，WITS 数据库。

表 3 - 3 2010—2016 年印度各类产品进出口份额 （单位：%）

	进口份额			出口份额		
	中间产品	消费品	资本品	中间产品	消费品	资本品
2010 年	35. 65	8. 44	18. 06	34. 87	41. 77	11. 71
2011 年	34. 66	9. 18	16. 32	31. 18	43. 35	11. 93
2012 年	30. 10	9. 94	15. 88	29. 28	47. 17	11. 73
2013 年	28. 63	9. 34	15. 92	31. 27	45. 99	11. 58
2014 年	28. 85	10. 34	16. 00	29. 56	47. 98	13. 08
2015 年	34. 41	10. 85	20. 32	32. 56	44. 50	13. 82
2016 年	32. 14	11. 18	22. 72	32. 52	45. 14	13. 67

资料来源：世界银行提供的 World Integrated Trade Solution，WITS 数据库。

（三）缅甸的产业结构

缅甸的农业、林业占主导地位，而工业、交通、通信等部门仍然十分落后。工业产值在国内生产总值中所占比重太小。产业结构不合理亦导致出口物资（主要是农产品）技术含量低，出口几乎没有附加值的初级产品，令外汇收入少，外汇储备少，外贸逆差居高不下，外贸负债额也随之增加。

缅甸的特色产业是农业、畜牧业、渔业、能源业、采矿业、电力和旅游业等。农业是缅甸经济的主体，占全国经济总量的 40% 左右。近年来，缅甸的畜牧业和渔业增长较快，出口也逐渐增加。随着外国企业在缅甸石油天然气投资项目的逐渐增多，缅甸的能源业发展较快。缅甸矿产资源丰富，现已探明的主要矿藏有铜、铅、锌、银、金、铁、镍、红蓝宝石、玉石等，缅甸采矿业的发展具有资源优势。缅甸的电力资源逐渐被开发，外资企业投资的水电项目也与日俱增，这为缅甸电力发展创造了良好条件。缅甸是一个具有悠久历史和灿烂文化的国家，其地理环境具有多样化的特征，使其旅游资源极为丰富，这是缅甸旅游业发展的重要基础。

缅甸的进出口商品结构也反映出缅甸是一个农业主导型国家。2014—2016 年，缅甸进口产品份额最大的是制成品，进口份额高达 70%，其次是机械和运输设备、食物、燃料制品、运输设备等，其余产品进口份额较小。从这些产品进口份额的大小可以看出，缅甸对制成品、机械和运输设备的需求较大，说明其制造业不发达，而在农产品上，还有一定份额的农产品靠进口，说明该国的农业发展在一定程度上不能满足本国的需求。进口产品的结构和进口份额的大小说明缅甸的工业薄弱、农业发展滞后，但整体来看，缅甸的农业是国民经济发展中的主导产业。缅甸出口产品份额较大的是燃料制品、食物、制成品、蔬菜、原材料等，其余产品出口份额较小。其中近两年出口份额变化较大的是机械和电力、机械和运输设备，这两类产品在 2015 年和 2016 年存在较明显的变化。从出口产品的结构看，缅甸出口的燃料制品和食物较多，制成品次之。整体上，可以看出农业在缅甸国民经济中发挥着重要作用，制造业发展相对滞后，但重要作用不容忽视。

对进出口商品进行进一步分类，2014—2016 年缅甸对中间产品、消费品和资本品的进口份额显示，近几年缅甸对消费品的进口较多，其次是中间产品，最后是资本品，但是三者之间差距不大。这说明缅甸虽然是农业国，但其农产品等消费品还无法完全满足国内需求，所以需要进口的份额也较大；另外缅甸的工业发展滞后，其对中间产品和资本品的需求也主要依赖进口。从出口份额看，缅甸出口的消费品份额最大，其次是中间产品，对资本品的出口极少，这也进一步说明了缅甸是一个农业国，相对来看，工业发展还比较滞后。

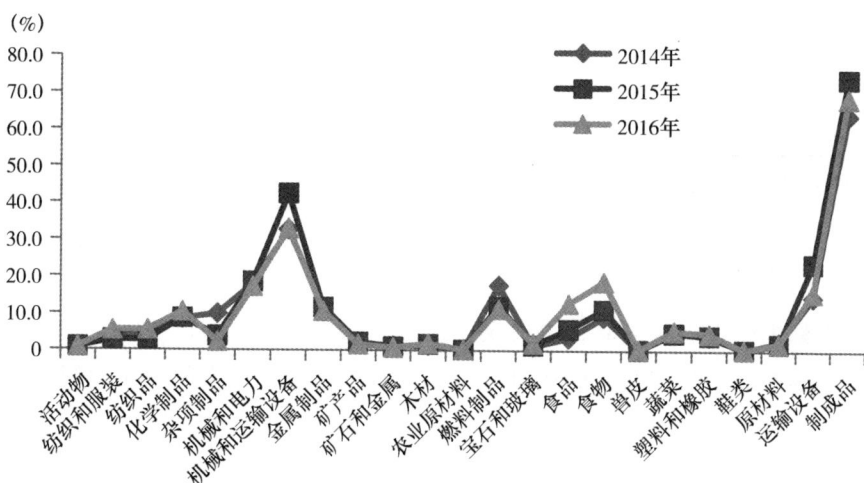

图 3 - 9　2014—2016 年缅甸进口产品份额

资料来源：世界银行提供的 World Integrated Trade Solution，WITS 数据库。

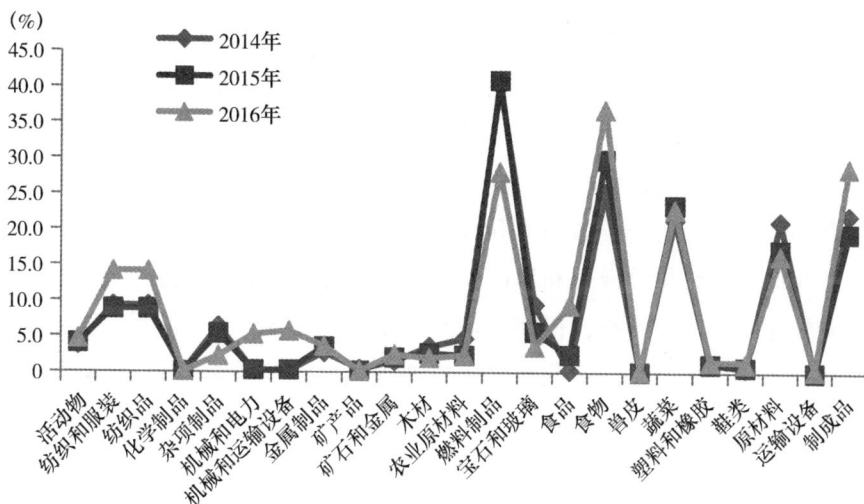

图 3 - 10　2014—2016 年缅甸出口产品份额

资料来源：世界银行提供的 World Integrated Trade Solution，WITS 数据库。

表 3-4　　　　　　　2014—2016 年缅甸各类产品进出口份额　　　（单位：%）

	进口份额			出口份额		
	中间产品	消费品	资本品	中间产品	消费品	资本品
2014 年	28.29	33.65	27.77	21.68	50.93	0.18
2015 年	27.94	30.94	37.14	22.07	55.49	0.16
2016 年	30.35	38.83	28.40	21.72	56.44	4.20

资料来源：世界银行提供的 World Integrated Trade Solution，WITS 数据库。

　　通过分析孟加拉国、印度和缅甸三国的进出口产品份额可知，三个国家都主要进口制成品，出口农业产品和原材料，说明这些国家的农业是主导产业，其工业发展相对滞后，且对比可知，缅甸的农业发展相对落后。由此可知，孟中印缅经济走廊沿线的孟、印、缅三国都是农业占主导地位的国家，这些国家的产业发展与转型升级比较迫切，亟须与周边国家开展产业合作与联动发展，以充分发挥本国的资源优势，促进本国工业发展。这为我国长江经济带与孟印缅经济体产业联动发展创造了条件。

　　不同区域间产业关联性与互补性是产业联动发生的必要条件之一。关联越紧密的行业，产业联动效果越突出，毫无联系的产业之间，难以形成产业联动。从印度尼西亚—马来西亚—新加坡"增长三角"的产业联动来看，新加坡拥有丰富的资本和较为先进的技术，而柔佛州和廖内群岛拥有廉价的土地、劳动力和其他自然资源，两者间存在生产要素的互补性；新加坡与柔佛州和廖内群岛在经济结构上的不同，使它们之间具有较强的产业互补性，促使区域间产生生产要素、产品和服务的供求关系，或是某些产业的空间转移，进而形成区域经济合作；柔佛州和廖内群岛在经济结构和生产要素上也具有一定的相似性，这进一步促进了该区域间的产业联动。

第四节　基础设施互联互通建设

　　产业联动发展需要各种"物质流""资金流""信息流"等的空间转

移，基础设施成为各种"流量"空间流动的载体。区域基础设施的不断完善，利于各种形式的"流量"流动，进而加强区域产业间的联系强度，产生更大的关联度。

一　交通基础设施

交通基础设施是区域经济合作的重要基础，主要包括铁路、公路、水路、航空等方面，目前长江经济带和孟印缅经济体间的基础设施网络日益完善，设施发展水平逐渐提高，这为区域内经济合作与区际合作提供了条件。

（一）长江经济带的交通基础设施网络

完善的交通网络是长江经济带发展的重要基础和先决条件，是促进区域经济联合、整体优势发挥和经济协调发展的关键所在。目前长江经济带已初步形成铁路、公路、水运、航空等多种运输方式组成的点线结合、连接城乡、连通区内外的多层次综合交通运输体系。截至 2016 年年底，长江经济带的铁路营运里程达到 36566 千米，占全国的 29.5%；公路里程达 2044335 千米，占全国的 43.5%，其中高速公路为 51173 千米，占全国的 39.1%；内河航运里程达 90400 千米，占全国的 71.13%。此外，长江经济带沿线的港口、码头、航空等方面的基础设施逐渐完善。

1. 铁路交通发展情况

目前，长江经济带内已形成"七纵两横"的铁路干线网。纵贯南北的七条铁路干线是京沪—沪深线、皖赣—鹰厦线、京九线、京广线、焦枝—枝柳线、川黔—黔枝线、宝成—成昆—南昆线，横跨东西的两条铁路干线是沪汉蓉客运专线与沪昆线。目前，还有许多正在修建的高速铁路客运专线。2016 年长江经济带内铁路营运里程达到 3.66 万千米，较 1997 年的 1.81 万千米增长了一倍多。2002—2016 年，长江经济带的铁路营运里程呈缓慢增长的态势。长江经济带内的铁路干线建设大大提高了带内东、中、西部地区之间的客运联系，有利于东、中、西部地区资本、技术、人力资源跨区域快速流动，加快东、中、西地区之间资源优势互补，促进区域经济协调发展。

（万千米）

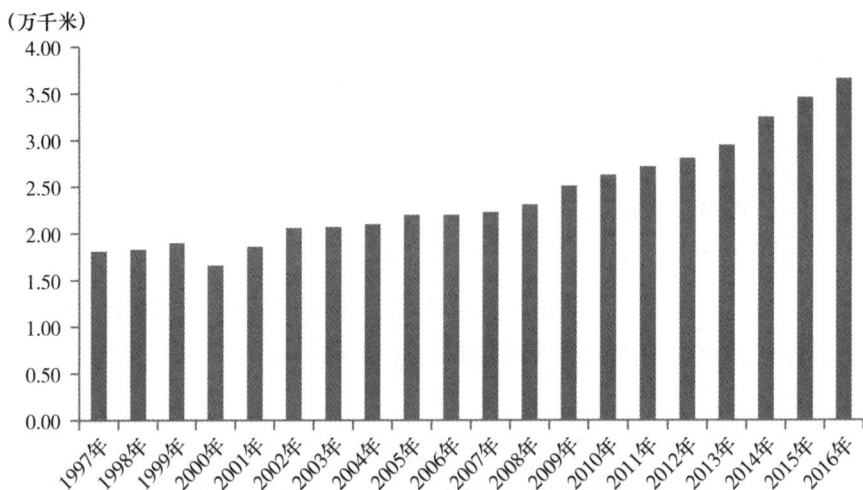

图 3 – 11　1997—2016 年长江经济带铁路营运里程

资料来源：国家统计局。

2. 公路交通发展情况

长江经济带内公路建设发展较快，通车里程和公路标准均有明显提高。公路里程从 1997 年的 46.06 万千米增至 2016 年的 204.43 万千米，等级公路里程从 1997 年的 33.02 万千米增至 2016 年的 180.68 万千米，高速公路里程从 1997 年的 0.09 万千米增至 2016 年的 5.12 万千米。长江经济带的国道公路数也逐渐增多，现有的国道数有 30 多条，经济带的干线公路网越来越完善，是保证区域内外客货运输的重要基础设施。

3. 内河航运发展情况

长江经济带是我国主要的水网地区，包含长江干支流、京杭运河、淮河以及主要支流、钱塘江水系主要河流等。长江是我国内河航运最发达的水系，也是世界上运量最大、运输最繁忙的通航河流，沟通着东、中、西部和长江南北地区，干支流通航里程达到干支流的 50% 以上。长江经济带的内河航运里程从 1997 年的 7.55 万千米增至 2016 年的 9.04 万千米，经济带的内河航运里程增长缓慢，但内河航运条件逐渐改善。长江水系正逐步形成以上海、南京、武汉和重庆为中心的区域性港口群，基本形成了涵盖整个长江沿江地区，以石化、煤炭、矿石、集装箱和通

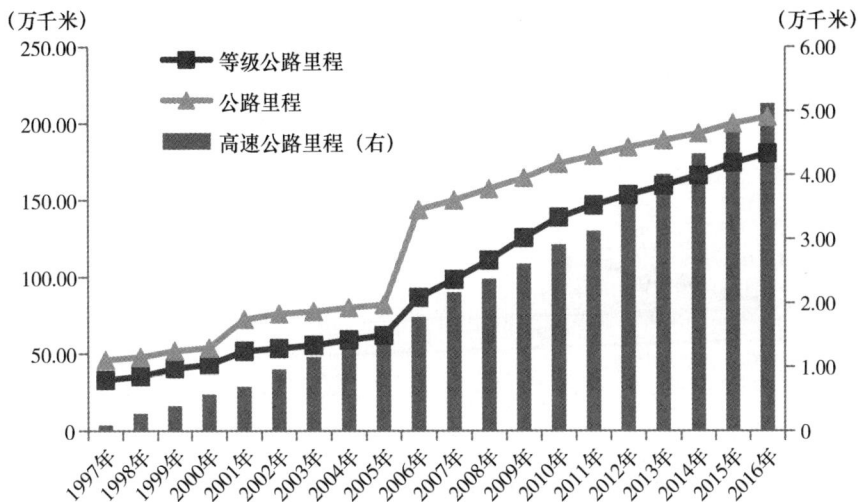

图 3 – 12　1997—2016 年长江经济带公路营运里程

资料来源：国家统计局。

用件杂货等大宗货物运输为主体的运输系统格局。目前，内河航运已经成为支撑长江经济带发展的重要依托。

目前，长江水道建设主要体现在两个方面。第一，港口建设，形成大、中、小港口结合，江河海港一体，集疏运相配套的多功能、多层次的巨大港口群体。初步建成和完善以上海港为中心的长江港口群、以南京为中心的长江下游港口群、以武汉为中心的长江中游港口群和以重庆为中心的长江上游港口群。第二，航道建设，开展了长江口深水航道综合治理工程，提高沿江主要港口和部分地区性重要港口航道等级。

4. 航空运输发展情况

长江经济带内已建成民用机场 69 个，机场飞行区等级基本都在 4D 以上，其中上海虹桥、上海浦东、南京禄口、杭州萧山、武汉天河、重庆江北、成都双流、绵阳南郊、昆明长水、贵阳龙洞堡、合肥新桥、南昌昌北、宁波栎社、长沙黄花等机场飞行区标准达 4E 级。目前，长江经济带内起降架次超过 10 万次的机场有 10 个，依次为上海浦东、成都双流、上海虹桥、绵阳南郊、昆明长水、重庆江北、杭州萧山、武汉天河、南京禄口和长沙黄花机场。

（万千米）

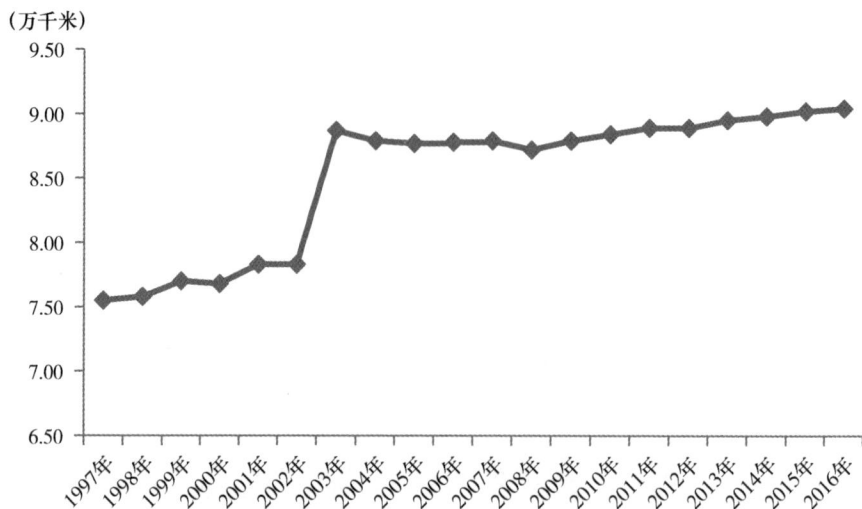

图 3 – 13　1997—2016 年长江经济带内河航运里程

资料来源：国家统计局。

（二）孟、中、印、缅四国的基础设施网络

孟、中、印、缅四国交通连接不断取得重大进展和突破，主要表现为公路网建设加速推进、铁路连接呈现特色、水路航运有序开展和航线相继开通等，这促使云南省可通过亚洲公路、泛亚铁路、水路和航空构成的交通网与孟加拉国、印度和缅甸相连。

1. 公路连接情况

"亚洲公路网"为孟中印缅的公路连接提供了最基本的线路条件，四国之间目前已有几条公路连接。第一条是中国昆明—缅甸仰光路段，该条公路途经昆明—楚雄—大理—瑞丽—木姐—腊戍—曼德勒—密铁拉—内比都—仰光，其中中国境内的昆明至瑞丽段已全线建成高速公路。第二条是缅甸木姐—印缅边境德木路段，该条公路具体途经木姐—腊戍—曼德勒—蒙育瓦—葛礼瓦—德木。第三条是中国昆明—印度雷多路段，该条公路具体途经昆明—保山—腾冲—猴桥黑泥潭—密支那—班哨山口—雷多。该路段是除亚洲公路外，修于第二次世界大战期间并投入使用的史迪威公路，该条道路是中国通往印度的最便捷路径。第四条是孟加拉国吉大港—缅甸仰光—中国昆明路段。在该条路段，孟加拉国境内从吉大港到代格纳夫的柏油道路已开通。第五条是印度—孟加拉国路段，该条公路可以缩短从德木到锡尔赫特（孟加拉国）之间 400 千米的路程。以上这些公路已初步构建了孟、中、印、缅四国之间的公路网。

2. 铁路连接情况

"泛亚铁路"承担着孟、中、印、缅四国主要铁路运输连接的作用，正逐步连接成网络。印度与孟加拉国史上就有铁路连接，但未被充分利用。现阶段，缅甸与中国（云南）、印度和孟加拉国的铁路正在建设中。在"泛亚铁路"框架下，一系列相关的项目正在推进。在中国境内，昆明（云南）—曼德勒（缅甸）的铁路连接正在建立，该线路途经大理、保山、瑞丽、木姐、腊戍。在缅甸境内，拟建的"泛亚铁路"始于木姐，南下到缅甸东北部的腊戍、曼德勒、马圭和敏布。在印度境内，靠近孟加拉国东部的印度特里普拉邦内正在修建库马加—阿加尔特拉的铁路，这条铁路修建最初是用米轨标准设计的，后改用宽轨铺设。在孟加拉国境内，印度东北部与孟加拉国之间的"泛亚铁路"米轨段已在曼森对面的沙巴吉普尔实现连接，此铁路可通到库洛拉和阿加尔塔拉对面的边界点阿豪拉。在"泛亚铁路"的基础上，孟、中、印、缅四国的铁路网正在逐渐形成。

3. 水路连接情况

中国云南虽是内陆省份，但可以连接湄公河、伊洛瓦底江和红河三条国际水运通道。其中，澜沧江—湄公河国际航运和伊洛瓦底江中缅陆水联运通道直接把中国与缅甸相连。伊洛瓦底江中缅陆水联运先从陆路把中国昆明、保山、瑞丽和缅甸八莫港相连，再经 1330 千米的水路与仰光港相连，最终进入印度洋。中缅陆水联运已进行过联合载货试航运输。在印度与孟加拉国之间，印度东北部阿萨姆邦的水上运输条件比较优越，布拉马普特拉河贯穿全境后进入孟加拉国流入印度洋，是一条潜力巨大的黄金水道。孟加拉国南部漫长的海岸线边有优良的国际港口，河流纵贯全境，内河和海上运输较发达。印度的停靠港主要有加尔各答、哈迪亚、潘都和卡利姆甘吉，孟加拉国的停靠港有库尔纳、孟拉、纳拉扬甘吉和西拉吉甘吉等。综上可知，孟、中、印、缅四国的水路连接条件较好，为四国的经贸合作创造了条件。

4. 航空连接情况

在孟、中、印、缅四国合作机制的推动下，四国的重要城市间相继开通的直达航线是四国交通连接取得重大突破和快速发展的领域。目前，中国昆明已有至印度加尔各答、孟加拉国达卡、缅甸仰光和曼德勒的直达航线。2011 年 7 月，云南德宏傣族景颇族自治州芒市开通了至缅甸曼德勒的航线后，又增添了云南与南亚、东南亚国家间的"空中走廊"数目。此外，中国的其他城市还开通了多条通往南亚和东南亚国家的直达航线，如上海—孟买、成都—班加罗尔、广州—达卡等，都在空间、时间和便利化程度上拉近了中国、南亚与东南亚三大市场的距离。孟、印、缅三国之间均开通了首都和重要地区间的航线，如达卡—仰光、达卡—新德里和达卡—加尔各答等。

二　通信基础设施

基础设施互联互通，不仅包括公路、铁路、航空、港口等交通基础设施的建设组成，还包括互联网、通信网、物联网等通信基础设施。通信基础设施建设能有效促进资金流、信息流等的空间转移，在促进区域经济合作上发挥着重要作用。

（一）长江经济带通信基础设施水平

目前，长江经济带的互联网建设逐步完善，互联网发展水平提升明显。平均互联网普及率从 2011 年的 36.41% 增至 2016 年的 50.85%，光缆线路的长度从 2011 年的 498 万千米增至 2016 年的 1473.31 万千米。经济带的物联网建设也取得了明显进步，其中营业网点与快递营业网点呈现同样的增长态势，快递营业网点从 2011 年的 34476 处增至 2015 年的 83151 处，邮政营业网点从 2011 年的 38421 处增至 2015 年的 85782 处，物联网发展增速明显。同时由于经济社会的发展，传统通过信筒、信箱传递资料的物流渠道逐渐被新兴的快递和邮政取代，所以在 2011—2015 年，信筒、信箱数量没有增加反而呈现出逐渐递减的趋势。长江经济带的互联网、物联网的日益完善为经济带内的经济合作创造了良好条件。

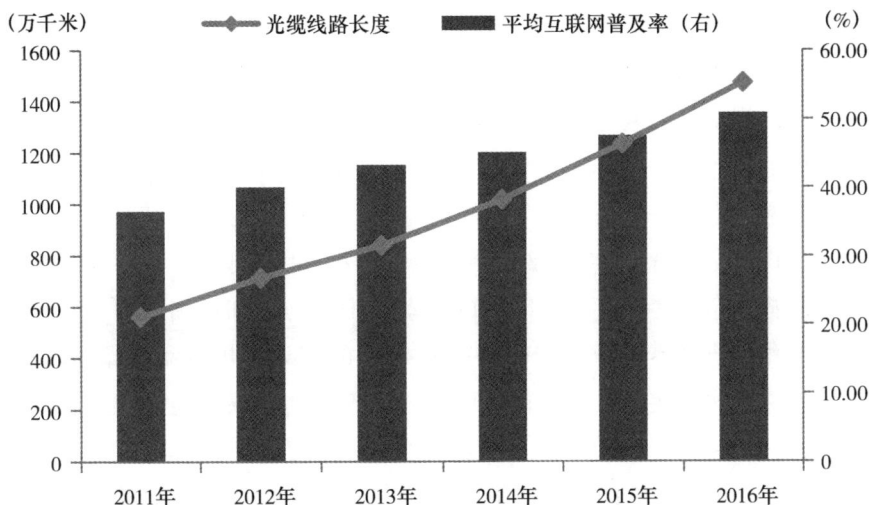

图3-14 长江经济带的互联网建设情况

资料来源：国家统计局。

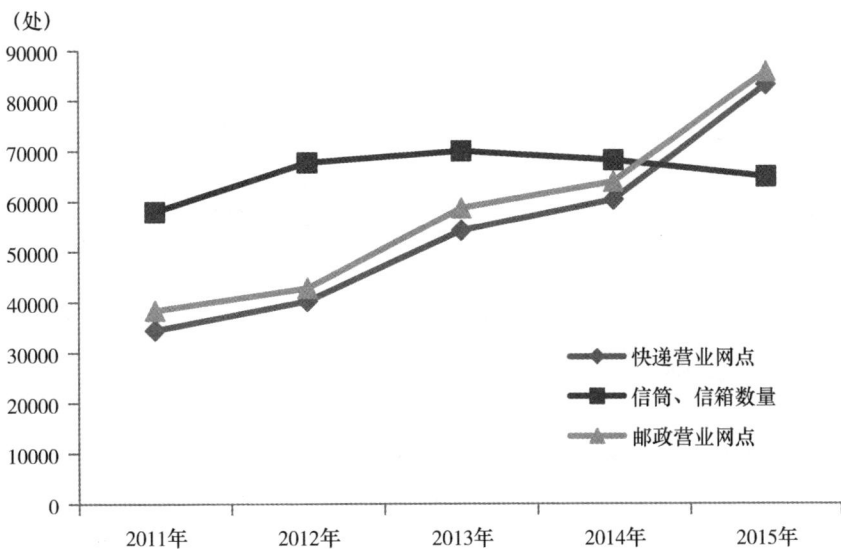

图3-15 长江经济带的物联网建设情况

资料来源：国家统计局。

（二）孟、中、印、缅四国的通信基础设施水平

从孟、中、印、缅四国的通信基础设施建设来看，目前四国的通信

基础设施发展水平明显提升。因经济发展水平的差异，四国中中国的通信基础设施水平远高于其他三国，其中在宽带订阅量上差异最大。从每一百人的宽带订阅量来看，2016 年中国的宽带订阅量占比为 22.90%，孟加拉国的为 3.77%，印度的仅为 1.44%，缅甸的仅为 0.06%，可见四国在互联网建设水平方面差异较大，影响各国之间信息流的转移。从移动手机的订阅量来看，2006—2016 年四国的移动手机订阅量都存在明显的增长趋势，但印度存在一段时间的波动，中国与孟加拉国的移动手机订阅量变化趋势基本一致，2013 年之前缅甸的移动手机订阅量相对较少，随后迅速增加。在信息网建设方面，云南不断加快国际通信和互联网业务建设，积极打造面向南亚、东南亚的通信枢纽和区域信息汇集中心。总体来看，孟、中、印、缅四国的通信基础设施建设日益完善，为四国间的交流与合作奠定了基础。

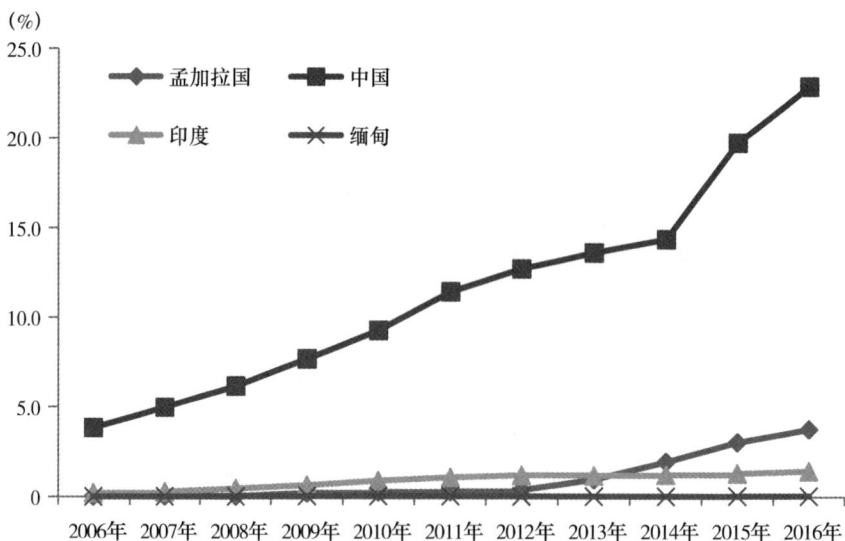

图 3 - 16 孟、中、印、缅四国宽带订阅量占比

资料来源：世界银行数据库。

长江经济带及孟印缅经济体之间的基础设施网络建设，为区域间产业联动提供了良好的发展条件，主要表现在以下几个方面：一是提高可达性与信息的流动性，改变区位优势格局，经济地理位置的改变利于前

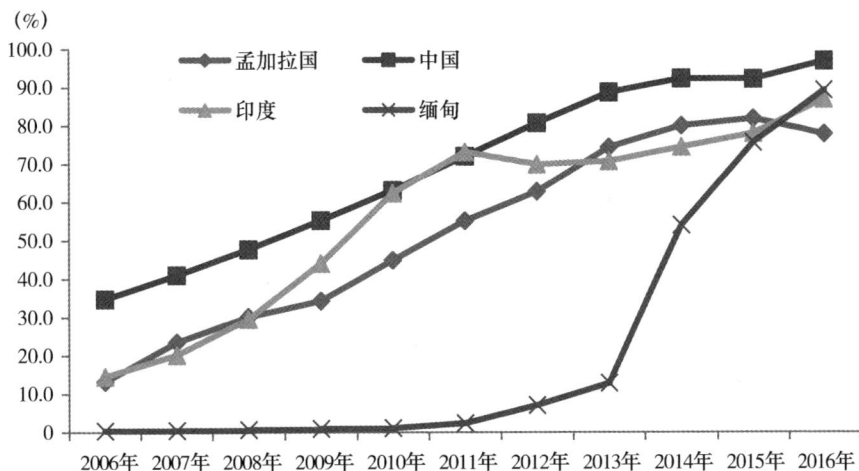

图 3 – 17　孟中印缅四国的移动手机订阅量

资料来源：世界银行数据库。

后向产品和技术的空间扩散；二是形成区域经济空间发展的集聚轴，促使新产业区发展，形成产业带发展轴线；三是影响国内市场及企业的竞争能力，接近市场和消费区的企业将减少运费，容易获得邻近地区的创新和技术扩散，提高企业的竞争力，并促进新生产企业的成长；四是基础设施对欠发达地区吸引投资、接收产业转移至关重要。从德国鲁尔区与外区的联动发展来看，鲁尔区原有的交通基础设施很发达，但新建企业及城市住宅区在远郊发展，导致区内交通负荷不断增大，边缘区与核心区交通相脱节，亟须改善交通网络和实现交通设备现代化。为此，鲁尔区构建了统一的运输系统，将区域彼此分隔的工业区与城市紧密地衔接起来，对区域的综合开发起到了极其重要的先行作用。因此，长江经济带与孟印缅经济体需要借助相对便捷的基础设施运输网络来实现产业联动发展、合作发展、一体化发展。

第五节　制度环境的保障

区域制度环境主要包括由政策法规、管理体制、法律适度、市场机制等组成的正式制度环境，也包括非制度环境，如理念、信念、行为规范等。区域间产业联动制度环境建设主要是实体性的制度安排，如区域协调组织、区域机构、文化交流会等。区域间的产业联动发展，需要相关的制度连通，区域合作的制度连通主要包括贸易自由化和便利化、投资与服务自由化和便利化、相互认知协议（安排）、地区运输协议、跨境手续、能力建设项目等。在区域产业联动发展中，需要重视制度环境建设，协调区域政策，采取相应的区际产业协调措施，以促进产业联动发展的有效进行。

一　正式制度环境

目前，长江经济带的相关政策陆续出台，为长江经济带的发展奠定了制度基础。现有促进长江经济带发展的政策主要关于区域经济合作、产业发展、生态保护等方面，这些政策都是基于当前长江经济带的发展方向提出的，为长江经济带实现产业联动发展创造了良好的制度环境。

（一）长江经济带的正式制度

长江经济带的发展对我国经济发展的新动力培育至关重要，所以当前国家出台了许多针对性强的政策，以促进长江经济带的发展。2014 年，国务院印发《关于依托黄金水道推动长江经济带发展的指导意见》，部署将长江经济带建设成为具有全球影响力的内河经济带，东、中、西部地区互动合作的协调发展带，沿海、沿江、沿边全面推进的对内、对外开放带和生态文明建设的先行示范带。依托黄金水道推动长江经济带发展，有利于形成上、中、下游优势互补、协作互动的格局，缩小东、中、西部地区的发展差距；有利于建设陆海双向对外开放的新走廊，培育国际经济合作竞争新优势。这一政策的出台为长江经济带的联动发展提供了有力支撑。2016 年《长江经济带发展规划纲要》的正式印发，确立了长江经济带"一轴、两翼、三极、多点"的发展新格局："一轴"是以长江黄金水道为依托，发挥上海、武汉、重庆的核心作用；"两翼"分别指沪瑞和沪蓉南北两大运输通道；"三极"指的是长江三角洲、长江中游和成渝三个城市群；"多点"是指发挥三大城市群以外地级城市的支撑作用。这一纲要为长江经济带的产业联动发展提供了政策支持。

目前，长江经济带的正式制度不断创新，已取得了一定的成就。一是正逐渐解决地方保护主义，建立社会主义市场经济体制，保证地区经济主体自由、公平竞争，形成统一、开放、有序的市场体系；二是逐渐改革政治体制，促使政府从"权力政府"向"责任政府"转变，推动经济体制改革的深化；三是加强了跨区域合作机制建设，如《长江流域环境联防联治合作框架协议》和《口岸一体化发展备忘录》等一系列共建长江经济带的合作协议的签订，使得跨区域合作机制逐渐规范化。目前，长江经济带各省市在流域发展与治理、区域经济合作各方面已逐渐达成合作共识，为经济带内经济合作提供了正式的制度规范。

（二）孟、中、印、缅四国间的正式制度

孟、中、印、缅四国在政策沟通上取得重大突破，其中通关便利化、运输便利化、人员进出便利化等相关的政策已逐步落地实施。四国正大力建设互联互通的软环境，重点加强相关部门间的协调，推进通关便利化，并参照大湄公河次区域经济走廊建设的相关经验，积极推动制定和实施区域客货过境运输便利化协议。中国分别与印度、缅甸、孟加拉国在贸易、投资、交通运输等方面签署了双边协议，其他三国间也有一些双边协议。目前，孟、中、印、缅四国之间正逐渐落实互联互通的总体制度安排，这将为四国的政策沟通、道路连通、贸易畅通、货币流通、民心相通等提供制度支持，为四国的合作发展提供动力。孟、中、印、缅四国正在努力建立四国政府间的合作机制，签订四国政府间协议，落实合作论坛的建议，加强论坛和联合工作组之间的协调互动，为政府决策和企业投资提供咨询，四国政府、商界、学界共同努力推进经济走廊的建设。目前，孟、中、印、缅四国合作中的相关制度、政策、机制等日益完善，为建设经济走廊提供了制度保障。

二　非正式制度的相容性

社会文化环境对产业联动具有重要的影响，社会文化环境的不同发展水平对应着产业联动的不同发展阶段。在形成阶段，区域内的社会文化环境不完善，产业联动以垂直结构为主，各供货企业都围绕核心生产企业进行生产，供货企业间的联系相对松散。核心企业为了降低成本，包括资源、产品以及企业间各种联系的交易成本，先发展本地的供货关系，逐渐形成本地的生产网络，但与区域外的联系较为有限。在发展阶段，区域内的文化环境开始得到改善。新的知识和信息不断流入网络，并与本地的生产经验结合，产业规模不断扩大，产业水平进一步提升。区内不同发展水平的产业交流增加，区域内各单元的大规模产业合作出现，整个区域的竞争力增强。在成熟阶段，区域内各文化要素活跃，文化结构复杂，各种中介服务组织、行业协会活跃，产业分布的现实格局更加动态和多样化，信任关系对区域安全性的影响增加，私人关系得到广泛关注，产业跨地区和跨文化运作。企业服务于更大的市场范围，并与远距离的客户、供应商保持联系，区域面临技术领先和市场共享的压力，更加依靠彼此间的产业合作以区别于其他区域。

（一）长江经济带的非正式制度

长江经济带地缘相近、文化相通，经济联系广泛，经济文化交流密切，这为相互交流与合作提供了便利条件。就长江流域而言，相似的自然环境和便利的水上交通，使各区域文化比较容易得到整合，战国时期楚文化实际涵盖了整个长江流域便是文化整合的反映。长江文化就是以巴蜀文化、楚文化、吴越文化为主体，包含滇文化、黔文化、赣文化、闽文化、淮南文化、岭南文化等亚文化层次的庞大文化体系，这些不同的文化共同体在相同的文化规则下聚合成一个共同的文化体。因此，长江经济带的文化相容性比较强，为区域经济合作奠定了基础。

（二）孟、中、印、缅四国的非正式制度

由于孟、中、印、缅四国地理上毗邻，人文交流与合作历史悠久，所以目前四国的非正式制度环境的相容性强。孟、中、印、缅四国"山同脉，水同源"，习俗相近。人文相亲，便于沟通。随着经济全球化、区域一体化进程不断加快，中国与孟加拉国、印度、缅甸的人文交流合作也不断加强。目前，四国间已经签订许多文化、科技、旅游等领域交流与合作的相关协议，这为四国之间的人文合作提供了保障。孟、中、印、缅地区经济合作论坛为四国间人文领域的合作搭建了重要平台。随着孟、中、印、缅地区的经贸合作日趋加深，人员交往也日益密切，不仅政府官员、民间商会、公司团体等相互间的访问与交流日趋频繁，而且教育、文化、学术界等领域的合作与交流也不断增加，这增强了孟、中、印、缅地区的文化相容性，增强了相互之间的合作愿望。为方便四国间的人文交流，目前四国正推进实施人员出入境便利化措施，已简化签证手续直至互免签证，允许第三国人员通过陆路口岸出入境。例如，昆明等中心城市的国际机场实行 72 小时免签证政策，允许商务签证多次往返，等等。孟、中、印、缅四国的高层互访日益频繁，并签署了一系列推进经贸合作的文件、协议、备忘录，四国的非正式制度环境日益完善。

制度与政策环境是区域产业联动的重要条件。再有利的硬件环境，当制度较封闭时，产业联动也不会发生，制度的优劣制约着产业联动的规模和程度。好的制度环境可以促进产业分工，延伸产业分工链条，使分工更加细化，降低生产成本，提高生产效率，并降低交易费用，提高交易效率，使产业联动得以形成并保持持续的竞争优势。相反，不好的制度环境限制分工的进行，增加交易费用，降低交易效率，阻碍产业联动的形成。即使区域已经存在产业联动集群，当制度供给不足时，也会降低区域的产业竞争力。可见，区域的制度安排与环境对于产业联动的影响不容忽视。

本章小结

地理上毗邻、丰富的自然资源禀赋，是长江经济带与孟印缅经济体产业联动的先天优势。长江经济带内产业的趋同性强，且上、中、下游之间特色产业和优势产业存在差异，而重点发展的产业具有很大的关联性，上游地区与孟中印缅经济走廊地区产业联系紧密、产业互补性强，这是经济带和经济走廊产业联动发展的重要基础。长江经济带的基础设施日渐完善，孟、中、印、缅四国合作也因基础设施的互联互通建设而日渐加深，这为两个区域产业联动的发展提供了重要的客观条件。此外，制度环境的相似性和包容性为长江经济带和孟中印缅经济走廊地区的产业联动提供了坚实的保障。综上可知，从地理区位、资源要素禀赋、产业基础、基础设施互联互通、制度环境等方面看，长江经济带具有联动发展的基础与优势，而经济带上游地区与孟中印缅经济走廊地区联系紧密，并且产业互补性强，技术经济联系基础较好。因此，在"一带一路"倡议与长江经济带发展战略下，长江经济带与孟印缅经济体之间的产业联动是国际国内协调发展的内在要求，也是两个区域诸多完备的现实条件支撑下的必然选择。

第 四 章

理论机理:空间经济学
LS 模型的拓展

　　根据传统的经济增长理论可知,要素的跨区域流动提高了要素的边际生产效率,进而促进经济增长。要素区际流动是区域间要素结构重构的过程,这一过程也促进了区域经济联系的形成。要素流动所引起的资源优化配置,最直接的影响就是各区域产业分布的变化,区域间产业分布相互影响,而空间经济联系也因要素流动、产业分布的变化而逐步加深。因此,可从要素流动促进产业联动这一思路,从理论上解释产业联动是空间经济联系的重要形式。整体上看,要素的流动一般包含两个层次:一是某个区域内的要素流动;二是区域间的要素流动,该层次的要素流动又可分为一国内部不同区域间的要素流动与国际不同国家间的要素流动。由于区域内产业之间本身存在相互依存的关系,所以要素在区域内流动,引起区域内产业联动的实现机理不作具体探讨,但区际要素流动,需要考虑一国境内区域之间要素流动和不同国家区域间要素的跨境流动。一般来讲,跨区域的要素流动在增进区域间产业联动的同时,也促进区域经济联系;而要素跨境流动也如此,并且对所有国家和地区都是有益的。要素跨境流动最典型的例子就是对外投资与贸易,通过要素跨境流动将境内地区和境外地区联系起来,促进境内外的经济联系。

　　在区域间要素流动中,传统的要素流动(如劳动力、实物资本流动等)已经不能高效而快速地实现增进区域间或产业间的经济联系,而信息、技术等知识资本流动的重要性日渐凸显,知识资本流动能快速推动不同区域或不同产业间建立经济联系或联动发展。随着世界技术变革的深入和知识经济的发展，Romer① 和 Powell② 指出知识和创新正逐步取代传统物质资本的主导地位，成为推动区域经济增长和生产率提高的关键因素。基于此，本部分重点考察知识资本③的流动促进跨区域及跨境产业联动的实现机理。在空间经济学的本地溢出效应（LS）模型中，知识资本是其重要组成要素，所以本部分基于空间经济学中的本地溢出效应（LS）模型对其进行扩展，参考吴福象等④的分析框架，分析要素流动促进产业联动进而实现空间经济联系的理论机理。

第一节　基础模型及其拓展

Baldwin 等⑤提出了本地溢出效应（LS）模型，该模型中的资本是知识资本，并且资本份额产生的溢出效应对新资本形成成本的影响与空间距离有关。该模型把资本份额的溢出效应与地理区位结合起来，揭示了资本溢出效应对产业分布及内生经济增长率的影响。在长期经济增长率是内生的情形下，资本创造部门技术溢出效应的存在会促使企业对新资本进行持续投资，此时持续投资是企业的最优选择。若生产一种产品，需要一单位的资本，则在企业持续投资的情形下，工业品的种类会不断增加，进而降低了价格指数，提高了实际产出和实际收入水平，从而实现了经济的内生增长。在 LS 模型中，随着资本份额的增加，创造新资本所需的成本下降，即把资本看作知识资本，随着知识的积累，创造知识的边际成本下降。换句话说，知识和技术的积累，可以提高现期知识和技术的创新效率，这是知识溢出效应或外部性所致，任何创新都会从过去的创新中获益。知识资本的溢出效应会随着距离的增加而逐渐减弱，

① P. M. Romer, "Human Capital and Growth: Theory and Evidence", Carnegie-rochester Conference Series on Public Policy, 1990, p. 268.

② W. W. Powell, "Learning from Collaboration: Knowledge and Networks in the Biotechnology and Pharmaceutical Industries", *California Management Review*, Vol. 40, No. 3, 1998, p. 273.

③ 本书中资本均是指知识资本，为方便表述后文统称为资本。

④ 吴福象、段巍：《国际产能合作与重塑中国经济地理》，《中国社会科学》2017 年第 2 期。

⑤ R. E. Baldwin et al., "Global Income Divergence, Trade, and Industrialization: The Geography of Growth Take-offs", *Journal of Economic Growth*, Vol. 6, No. 1, 2001, p. 36.

即溢出效应具有部分本地化特征。在 LS 模型中，假定经济体有两个国家或区域、两个部门（A 和 M）、两种要素（K 与 L）。其中资本是通过资本创造部门来创造，且存在折旧。资本不能跨区域流动，即知识和技术只在区域内产生溢出效应。很显然，这一假设明显不能解释现实经济问题，因为随着区域经济一体化的加快，要素在区域间流动所受的限制越来越少，区域之间的交流合作日渐加深，知识与技术的传播更容易，区域一体化下知识溢出已经突破区域限制在区域之间自由流动。因此，为了使分析更与现实接近，本书对 LS 模型进行两方面的拓展：一是经济体中存在三个区域（境内的两个地区和境外地区），二是资本可以跨区域流动。

第二节　基本假设

基于空间经济学中的本地溢出（LS）模型，本书的理论模型是一个包含三地区、三部门、两要素（劳动力与资本）并且资本可流动的 LS 扩展模型。LS 模型的优点是考虑了空间距离对资本流动的影响，距离越近，资本流动的溢出效应越大，对产业联动发展越有利。假设一个由两国三区域组成的经济体，本国 D（资本输出国）包含地区 1 和地区 2，地区 2 市场规模较大，资本份额和企业数量较多，对应长江经济带中下游地区，地区 1 市场规模较小，资本份额和企业数量较少，对应长江经济带上游地区。境外国家或地区 F，记为地区 0，境外地区资本份额和企业数量少，发展水平不高，对应孟印缅经济体。三部门分别如下：（1）农业部门（A），仅使用劳动力生产同质农产品，单位劳动力生产单位农产品，通常将农产品作为计价物，农产品无运输成本，农业特征是规模报酬不变与完全竞争。（2）制造业部门（M），利用资本和劳动力生产差异化制成品，资本作为固定成本，劳动力作为可变成本，每种制成品的生产使用一单位的资本和 a_M 单位的劳动力，制造业的特征是规模报酬递增和垄断竞争。制成品区域内运输不存在运输成本，但区际交易存在冰山运输成本，即每运输 τ（$\tau > 1$）单位的制成品，只有一单位产品到达目的地。（3）资本创造部门（C），仅使用劳动力来进行资本创造，主要是提供知识资本，以完全竞争为特征。该部门的资本包括私人知识和公共知识两类，其中私人知识主要指专利技术，它主要通过转卖来发挥溢出效应，而公共知识无法转卖，它属于公众所有，通过自由广泛地传播而产生溢出效应。该理论模型融合了内生经济增长模型的思想，体现了知识资本与物质资本的差异，物质资本具有规模收益递减的特征，但知识资本却是规模收益递增的，即随着知识资本的增加，其溢出效应越强，越容易创造新的知识和技术。

　　具体来看，企业之间的联系促进了知识、技术的传播，进而促进产业联动，且发展水平低的企业能从发展水平较高的企业获得收益。[①] 而知识与技术的溢出效应又增进了产业之间的合作与互动，进而实现产业联动。Aitken 等[②]的相关研究表明，产业联动是国外企业与国内企业间知识溢出的主要渠道。反过来，知识溢出也能促进国内企业与国外企业的联系，实现国内与国外的产业联动，最终深化国际区域的经济联系。

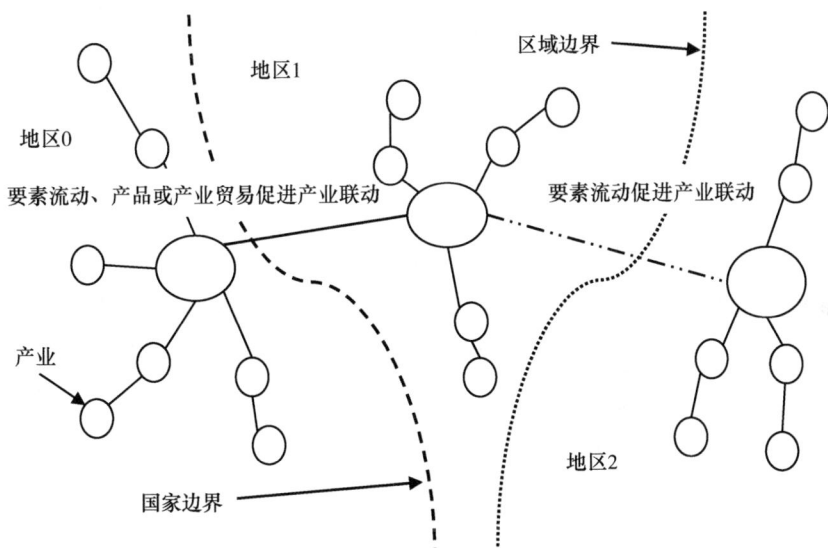

图 4-1　三区域产业联动的空间关系

①　B. Smarzynska Javorcik, "Does Foreign Direct Investment Increase the Productivity of Domestic Firms? In Search of Spillovers Through Backward Linkages", *American Economic Review*, Vol. 94, No. 3, 2004, p. 626.

②　B. J. Aitken, A. E. Harrison, "Do Domestic Firms Benefit from Direct Foreign Investment? Evidence from Venezuela", *American Economic Review*, Vol. 89, No. 3, 1999, p. 610; G. Blalock, P. J. Gertler, "Welfare Gains from Foreign Direct Investment through Technology Transfer to Local Suppliers", *Journal of International Economics*, Vol. 74, No. 2, 2008, p. 416.

　　具体的，将长江经济带与孟印缅经济体划分为三个区域，地区 0 是孟印缅经济体，地区 1 是长江经济带上游地区，地区 2 是长江经济带中下游地区，将长江经济带分为两个区域主要是因为经济发展梯度明显，若将经济带看作一个整体，则会忽略经济带内的发展差异对产业联动的影响。长江经济带内的产业联动主要靠要素区际流动来推动，但经济带与境外国家的产业联动主要由产品贸易、产业贸易及要素流动等共同作用。

　　假设劳动力总量为 L，长江经济带的劳动力为 L_D，孟印缅经济体的劳动力为 L_0，劳动力可以在部门间自由流动，但是不跨区域流动。Baldwin 指出，最初的 LS 模型中资本不跨区域流动，生产活动的转移是由资本积累的差异导致的。而本书假定资本可以跨区域流动，生产活动的转移是由资本收益率与经济发展水平的差异引起的，因为在区域经济一体化发展中，为了能更好地解释产业联动与产业空间布局，需要同时考虑资本流动与资本积累。进一步的，假定在知识资本跨区域流动时，长江经济带地区 1 和地区 2 的资本分布不对称，资本份额禀赋分别用 K_1 和 K_2 表示，经济带的总资本为 $K_D = K_1 + K_2$。记 $s_{1k} = K_1/K_D$ 且 $s_{2k} \geq s_{1k}$，说明地区 2 的资本禀赋高，反映了长江经济带的资本分布；总支出为 $E_D = E_1 + E_2$，地区 1 的支出份额为 $s_{1E} = E_1/E_D$。参考 Dixit 与 Stiglitz 的 D-S 模型，[①] 每个制造业厂商生产的是差异化产品，两区域产品数量分别为 n_1、n_2，则长江经济带的产品总量为 $n_D = n_1 + n_2$。记 $s_1 = n_1/n_D$，为地区 1 的企业占经济带企业的比例，$1 - s_1$ 为地区 2 的企业占经济带企业的比例，反映长江经济带产业的分布情况。经济体中的消费者主要是劳动供给者和资本所有者。

　　长期来看，经济体中资本创造部门能不断提供新的知识资本，新的知识资本主要用于弥补资本折旧和保持资本份额的增长。参照 Martin 与 Ottaviano 的研究，[②] 假设知识资本的创造也具有溢出效应，使得长期中地

---

　　① A. K. Dixit, J. E. Stiglitz, "Monopolistic Competition and Optimum Product Diversity", *The American Economic Review*, Vol. 67, No. 3, 1977, p. 300.

　　② P. Martin, G. I. P. Ottaviano, "Growing Locations: Industry Location in a Model of Endogenous Growth", *European Economic Review*, Vol. 43, No. 2, 1999, p. 288.

区1和地区2的知识资本存量具有同样的资本存量增长率。现实中，虽然各区域间知识资本创造的效率存在差异，但由于外部性和政府政策的干预，长期中也能使资本禀赋不同的两个区域的资本存量增长率保持相等。因此，在知识资本可流动的 LS 拓展模型中，长期均衡时模型对现实经济状况具有较强的解释力。各区域间知识资本的创新效率受外部性的影响，其中正外部性主要是地区专业化引起的 MAR 外部性，包括 Marshall[1] 提出的节省运输成本、共享劳动力市场、知识技术外溢，Arrow[2] 和 Romer[3] 提出的"干中学""报酬递增"等；负外部性源于产业过度集聚对资源、环境的影响和市场拥挤效应。

一　资本创造部门的边际成本

假设区域资本创造部门的研发成本取决于资本的区位，也就是空间因素会影响资本的形成成本。由于资本创造部门是完全竞争的且仅使用劳动力进行生产，所以均衡时资本收益等于资本创造成本。设定地区1和地区2的资本形成成本的表达式如下：

$$F_1 = w_1 a_1, a_1 = 1/K_D A_1, A_1 = s_{1k} + \lambda(1 - s_{1k})$$
$$F_2 = w_2 a_2, a_2 = 1/K_D A_2, A_2 = \lambda s_{1k} + 1 - s_{1k} \tag{4.1}$$

其中，λ 表示知识资本空间流动的难易程度，λ 越大，知识资本流动就越容易，从其他区域转入本区域时的衰减量就越小，A 也就越大，新资本的形成成本就越少，反之新资本的形成成本就越大。从某种意义上来说，λ 与 φ 类似，$\lambda \in [0, 1]$，度量知识资本空间流动的自由度，即资本的流动成本。

二　跨时期效用函数

假设各区域消费者的效用函数相同，且效用函数仍由柯布—道格拉

①　A. Marshall, *Principles of Economics*, London: Palgrave Macmillan, 1920, p. 618.

②　K. J. Arrow, "The Economic Implications of Learning by Doing", *The Review of Economic Studies*, Vol. 29, No. 3, 1962, p. 166.

③　P. M. Romer, "Increasing Returns and Long-run Growth", *Journal of Political Economy*, Vol. 94, No. 5, 1962, p. 1016.

斯函数和不变替代弹性函数给出。借鉴 Martin 和 Ottaviano 的基础效用函数,[①] 若将消费者的跨期替代弹性设定为 1,则对数形式的效用函数如下:

$$U = \int_{t=0}^{\infty} e^{-\rho t}\ln Cdt, \ C = C_A^{1-\mu}C_M^{\mu}, \ C_M = \left(\int_{i=0}^{n_D}c_i^{1-1/\sigma}d_i\right)^{1/(1-1/\sigma)} \tag{4.2}$$

其中,ρ 为消费者跨期消费的效用折现率且 $\rho > 0$,C_A 为农产品的消费量,C_M 为制成品的消费量,c_i 为第 i 种制成品的消费量,σ 为制成品替代弹性且 $\rho > 1$,n_D 为随时间变化的制成品种类。由于生产一种制成品需要一单位资本的固定投入,因而在封闭经济中,长江经济带的企业数等于总资本数,即 $n_D = K_D$。因此,消费者的跨期支出需要考虑各期的最优支出分配问题,也就是消费者在任何时期支出的重新分配都能使其感到无差异,始终满足边际成本等于边际收益。

三 资本价值

资本的价值 v_i 是资本未来收益流的折现值。每一种新资本的引入相当于引入一种新的制成品,资本的价值与资本存量增长率有关。在长期均衡中,每种制成品的经营利润是递减的,因为新产品的持续引入会导致市场拥挤。在长期均衡的条件下,资本存量增长率 g(经济增长率)与资本的空间分布达到稳态水平。由于资本存量以 g 的速率积累,资本存量的增加会促使制成品种类增多,而单位资本的经营利润以 g 的速率下降,即 $\pi(t) = \pi e^{-gt}$。此外,资本面临着一个固定的折旧率 δ,单位资本在未来仍可用的资本部分为 $e^{-\delta t}$。考虑资本所有者对未来收益的折现值,且折现率为 ρ,则单位资本的长期价值可表示为:

$$v_i = \int_t^{\infty} e^{-\rho t}e^{-\delta t}(\pi_i e^{-gt})dt = \frac{\pi_i}{\rho + \delta + g}, i \in \{1,2\} \tag{4.3}$$

第三节 跨区域产业联动机理

先考虑资本仅在长江经济带的区域间流动,即资本在长江经济带中

---

① P. Martin, G. I. P. Ottaviano, "Growing Locations: Industry Location in a Model of Endogenous Growth", *European Economic Review*, Vol. 43, No. 2, 1999, p. 286.

下游地区（地区2）与上游地区（地区1）流动，求解经济带各区域资本回报率相等时，对应的资本份额与产业空间分布情况。

一 企业利润与产业分布

若 E 为总的消费支出，则消费者在 t 期的预算约束为：

$$p_A C_A + \int_0^{n_D} p(i)c(i)d_i = E(t) \tag{4.4}$$

其中，$p(i)$ 为第 i 种产品的购买价格。记农产品的价格为 $p_A = 1$，则由式（4.2）与式（4.4）得：

$$c(i) = \mu E \frac{p(i)^{-\sigma}}{P^{1-\sigma}}, P = \left[\int_0^{n_D} p(i)^{1-\sigma} di \right]^{\frac{1}{1-\sigma}} \tag{4.5}$$

其中，$c(i)$ 为制成品的需求函数，P 为复合价格指数。由于农产品无运输成本，但制成品存在萨缪尔森冰山运输成本，记制成品的运输成本为 τ 且 $\tau > 1$。在垄断竞争市场下，根据企业利润最大化的成本加成定价原理，则制成品的价格表示为：

$$p_{ii} = \frac{w_i a_M}{1 - 1/\sigma}, \ p_{ij} = \frac{\tau w_i a_M}{1 - 1/\sigma}, \ i \in \{1, 2\}, j \neq i \tag{4.6}$$

其中，p_{ii} 表示地区 i 的产品在地区 i 出售的价格，p_{ij} 表示产品由地区 i 运往地区 j 出售的价格，a_M 是劳动边际投入，w 是劳动力工资，标准化为 $w_1 = w_2 = 1$。为简便记，令 $a_M = 1 - 1/\sigma$，企业出厂价也标准化为 1。此时，本地企业产品在本地售价为 1，跨区域售价为 τ。将企业定价代入复合价格指数表达式，可得两地区制成品的价格指数与产业分布的关系式：

$$P_1^{1-\sigma} = n_D[s_1 + \varphi(1 - s_1)], \ \ P_2^{1-\sigma} = n_D[\varphi s_1 + (1 - s_1)] \tag{4.7}$$

其中，$\varphi = \tau^{1-\sigma} \in (0, 1)$，表示贸易自由度。若 φ 趋向于 1，贸易成本可以忽略；若 φ 趋向于 0，贸易成本无限大。为使表达简便，令 $\Delta_1 = s_1 + \varphi(1 - s_1)$，$\Delta_2 = \varphi s_1 + (1 - s_1)$，令 $b = \mu/\sigma$，$s_{1E} = E_1/E$，表示地区 1 的支出份额占长江经济带总份额的比例。在垄断竞争下，企业的出厂价高于边际成本（$p_{ii} = 1$，$a_M = 1 - 1/\sigma$，$p_{ii} > a_M$），可得地区 1 的企业利润函数：

$$\pi_i = p_{ii} c_{ii} + p_{ij} c_{ij} - a_M(c_{ii} + \tau c_{ij}), \ i \in \{1, 2\}, j \neq i \tag{4.8}$$

其中，c_{ii} 表示地区 i 的产品在地区 i 的消费量，c_{ij} 表示地区 i 的产品在地区 j 的消费量。将式（4.5）、式（4.6）与式（4.7）代入式（4.8），

可得企业利润与产业分布的关系:

$$\pi_i = \frac{\mu}{\sigma}\left(\frac{E_i}{P_i^{1-\sigma}} + \varphi\,\frac{E_j}{P_j^{1-\sigma}}\right) = \frac{b}{K_D}\left(\frac{E_i}{\Delta_i} + \varphi\,\frac{E_j}{\Delta_j}\right), i \in \{1,2\}, j \neq i \quad (4.9)$$

二 资本区际流动与产业联动

在长期,地区 1 与地区 2 都进行新资本的创造,并且资本都存在一定的折旧,这样每个区域的资本份额都会变化,且相对资本份额也在变化。资本在两个地区之间的流动也会引起资本份额与相对资本份额的变化。当地区 1 与地区 2 的资本回报率相等且都等于各自创造新资本的成本时,区域间资本不再流动,各区域的资本份额也保持不变,经济系统达到长期均衡。此时,各区域的资本存量增长率 g、总支出水平 E_D、地区 1 的资本份额 s_{1k} 和支出份额 s_{1E} 都不再发生变化。本地溢出效应模型的长期均衡存在两种情况:一是内部均衡($0 < s_{1k} < 1$),两个区域的资本增长率相等时($g_1 = g_2 = g$)会达到内部均衡;二是核心—边缘结构均衡($s_{1k} = 1$ 或 $s_{1k} = 0$),此时所有资本全部聚集在一个地区,只有一个区域进行新资本创造。

在自由资本(FC)模型中,资本在区域间的流动是为了追求更高的资本回报率,资本流动性的强弱取决于资本回报率差异的大小。当区域间的资本回报率相等时,资本不再流动,则地区 1 和地区 2 长期的资本流动方程可写为:

$$\dot{s}_1 = (\pi_1 - \pi_2)s_1(1 - s_1) \quad (4.10)$$

由式(4.10)可知,在长期,资本流动引起产业分布的变化可能存在多重均衡。当两个区域的企业利润相等时,可得到式(4.10)的内点解。另外,$s_1 = 1$ 和 $s_1 = 0$ 是两个角点解,说明产业分布可能呈现核心—边缘状态。根据内点解条件,可得支出份额与产业分布的关系:

$$s_1 = \frac{1}{2} + \frac{1+\varphi}{1-\varphi}(s_{1E} - 1/2) \quad (4.11)$$

在长期均衡下,资本的收益与地理区位无关,因为新资本的形成成本在任何地方都相等,资本价值与资本的创造成本也相等,即各区域的资本收益率都相等。

单位资本的收益就是总收益与资本份额的比率,长期均衡时总收益与总支出相等,故地区 1 和地区 2 企业利润表示为:

$$\pi^* = \pi_1 = \pi_2 = bE_D/K_D \tag{4.12}$$

长期均衡中,资本价值与资本创造成本相等,即托宾 q 值为 1。当 $0 < s_1 < 1$ 时,$v_1 = F_1$,$v_2 = F_2$;当 $s_1 = 1$ 时,$v_1 = F_1$,$v_2 < F_2$。因为资本可自由流动,所以两区域资本的收益率相同。此外,当两地资本存量增长率相同时,资本禀赋 s_{1k} 和 s_{2k} 不发生改变,两地的托宾 q 值均为 1,$q_1 = q_2 = 1$。因此,根据式(4.3)可得 $\pi_i = (\rho + \delta + g) F_i$,结合式(4.1)和式(4.12)可得:$bE_D/K_D = (\rho + \delta + g)$,$F_1 = (\rho + \delta + g) /K_D[s_{1k} + \lambda (1 - s_{1k})]$,进一步得出:

$$E_D = \frac{\rho + \delta + g}{bA_1} \tag{4.13}$$

长期均衡时,经济系统中的总支出应该等于总收益,而此时总收益等于要素总收入减去资本创造部门的成本,则有:

$$E_i = L_i + (\rho + \delta + g)F_iK_i - (g + \delta)F_iK_i = L_i + \rho F_iK_i(i = 1,2) \tag{4.14}$$

由于劳动力不在区域间流动,地区 1 和地区 2 的劳动力相等,即 $L_1 = L_2 = L_D/2$,则式(4.14)可变为 $E_i = L_D/2 + (\rho + \delta + g) F_iK_i - (g + \delta) F_iK_i = L_D/2 + \rho F_iK_i$,$i = 1$,2。

地区 1 的支出为:$E_1 = L_D/2 + \rho F_1K_1 = L_D/2 + \rho \frac{1}{KA_1}K_1 = L_D/2 + \frac{\rho s_{1k}}{A_1}$,则 $s_{1E} = \dfrac{E_1}{E_D}$,可得如下表达式:

$$s_{1E} = \frac{b (A_1 L_D + 2\rho s_{1k})}{2 (\rho + \delta + g)} \tag{4.15}$$

其中,$A_1 = s_{1k} + \lambda (1 - s_{1k})$,将式(4.15)代入式(4.11),可得资本在境内区域间流动时的产业分布与资本份额的关系:

$$s_1 = \frac{1}{2} + \frac{(1 + \varphi)(A_1 bL_D + 2\rho bs_{1k} - \rho - \delta - g)}{2(1 - \varphi)(\rho + \delta + g)} \tag{4.16}$$

根据式(4.16)可得到结论 1。

结论 1:资本的跨区域流动会引起地区间资本份额的变化,进而影响产业份额的变化,并且产业份额与资本份额呈正相关关系。一定资本份额下,贸易成本对产业份额的影响存在一个资本阈值,当资本份额低于阈值时,贸易成本越高,对应的产业份额越大,从一体化的角度看,此时区域间很难实现产业联动;但当资本份额高于阈值时,贸易成本越低,对应的产业份额越大，此时区域间较容易实现产业联动。区域间的资本流动成本越低，越容易实现产业联动。

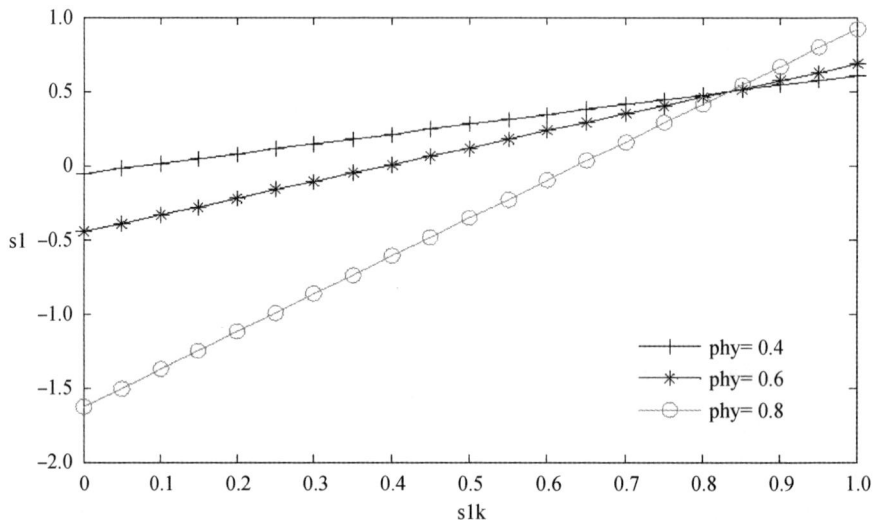

图 4-2 贸易（资本流动）成本、产业分布与资本份额

注：其中，$\varphi = 0.4$，0.6，0.8；$\lambda = 0.5$。其他参数设定：$\mu = 0.5$，$\sigma = 5$，$\rho = 0.04$，$\delta = 0.1$，$g = 0.05$，$L_D = 2$。

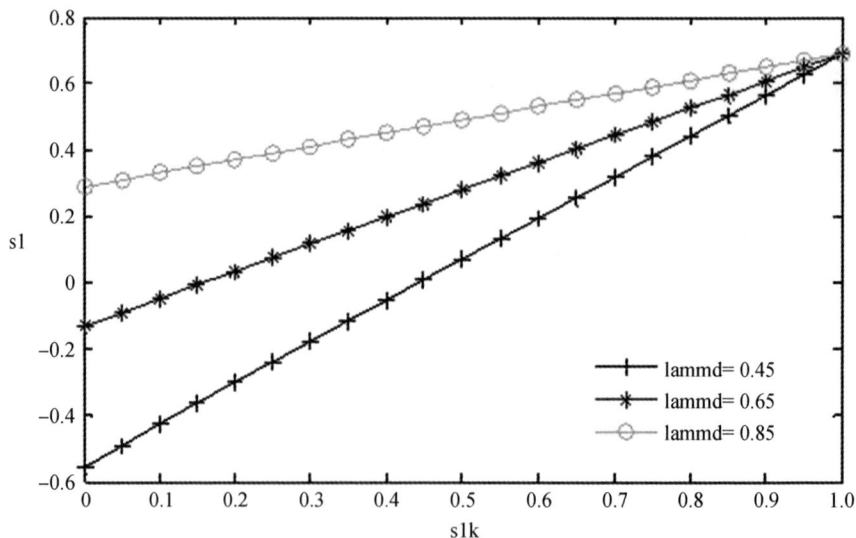

图 4-3 贸易（资本流动）成本、产业分布与资本份额

注：其中，$\lambda = 0.45$，0.65，0.85；$\varphi = 0.6$。其他参数设定：$\mu = 0.5$，$\sigma = 5$，$\rho = 0.04$，$\delta = 0.1$，$g = 0.05$，$L_D = 2$。

　　由于长江经济带上游地区的资本份额小、企业数量少,因此其产业份额也相对较低。模拟结果显示,长江经济带上游地区的产业分布与其资本份额存在明显的正相关关系。一定的资本份额下,贸易成本与资本流动成本对产业分布均具有重要影响。目前,由于长江经济带上游地区相对于中下游地区产业发展水平较低、产业集聚度低,当贸易成本比较低时,上游地区的企业容易迁移到更发达的中下游地区。因此,当上游地区的资本份额低于资本阈值时,贸易成本越低,上游地区产业份额越少,越不利于上游地区的产业集聚,此时中下游地区在产业联动上占据主导地位。由于区域间产业份额差异大,不利于区域间的产业联动;但当上游地区具有足够的资本份额时,贸易成本越低,上游地区越容易吸引厂商集聚,进而促进产业份额的提高。很明显,由于长江经济带上游地区经济发展水平远落后于中下游地区,只有其具备绝对的要素优势,才能形成产业集聚。换句话说,当长江经济带上游地区的资本份额低于资本阈值时,长江经济带的产业联动是靠经济带下游地区带动的,并且此时产业联动难度大,但当经济带上游地区的资本份额高于资本阈值时,上游地区产业份额相对较高,长江经济带较易实现产业联动。相比来看,资本流动成本的影响比较单一,资本流动成本越低,其对应的产业份额越高,并且当资本份额逐步增大时,不同资本流动成本下的产业份额呈现收敛的趋势。

　　根据式(4.9)、式(4.12)及式(4.13),资本存量增长率可表示为:

$$g = \frac{A_1 b(A_1 L_D + 2\rho s_{1k})}{2A_1 \Delta_1} + \frac{A_1 b[\varphi A_2 L_D + 2\rho\varphi(1 - s_{1k})]}{2A_2 \Delta_2} - \rho - \delta$$

$$(4.17)$$

　　由于长期均衡时,区域内的企业数量与资本份额相等,所以企业数量的增长率为 g,现实中资本份额的增长反映的也是经济增长,即经济增长与资本份额增长呈现同向变化。

　　结论2:区域资本份额的增加会促进经济增长率的提升。一定的资本份额下,贸易成本与资本流动成本对经济增长率的影响呈现相反的趋势,较高的贸易成本与较低的资本流动成本有利于提升经济增长率。

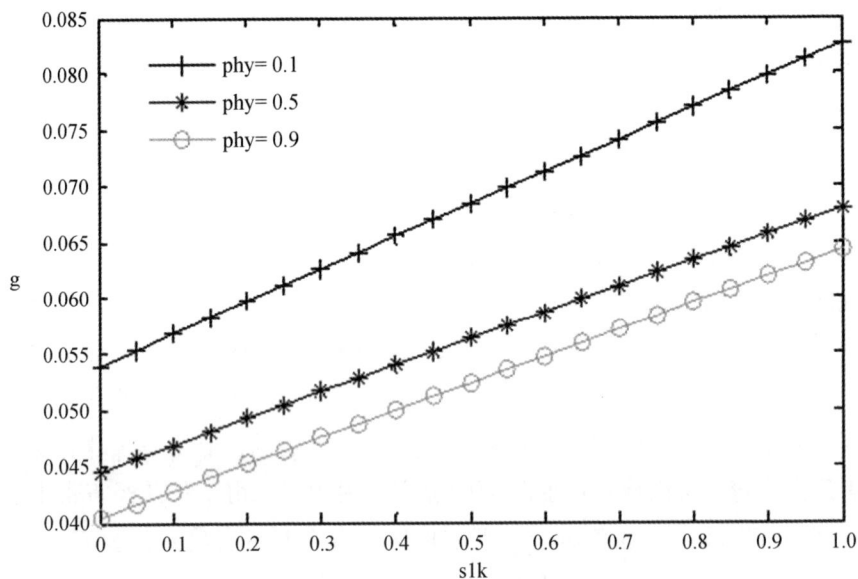

图4-4 贸易（资本流动）成本、经济增长率与资本份额

注：其中，$\varphi = 0.1$，0.5，0.9；$\lambda = 0.9$。其他参数设定：$\mu = 0.5$，$\sigma = 5$，$\rho = 0.04$，$\delta = 0.1$，$s_1 = 0.45$，$L_D = 2$。

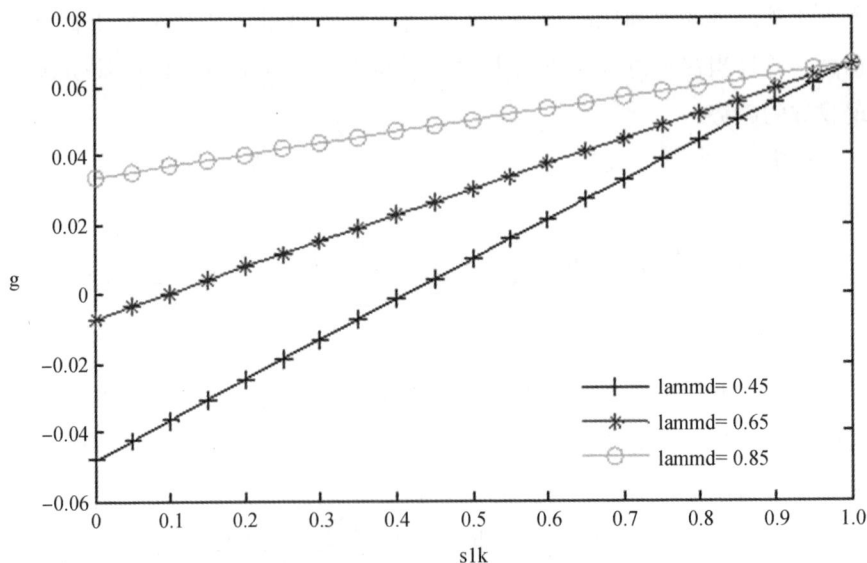

图4-5 贸易（资本流动）成本、经济增长率与资本份额

注：其中，$\lambda = 0.45$，0.65，0.85；$\varphi = 0.6$。其他参数设定：$\mu = 0.5$，$\sigma = 5$，$\rho = 0.04$，$\delta = 0.1$，$s_1 = 0.45$，$L_D = 2$。

　　由于长江经济带上游地区资本份额小、企业数量少、经济发展水平相对较低,长江经济带要实现产业联动,需要增大经济带上游地区的资本存量,提升上游地区产业发展的技术水平,进而促进整个经济带的发展。由于知识资本的规模报酬递增,在资本越丰裕的地区,新资本创造的速度越快。在贸易自由度很低时,产业倾向于分散分布,会刺激各区域创造新资本,以促进本区域的经济发展。随着贸易自由度的提高,产业分布呈现先集聚后分散的趋势,区域间产品贸易的增多,会减弱区域自身创造新资本的动力。因此,一定的资本份额下,贸易自由度越高的地区,资本份额的增长率越低。此外,资本越容易流动的地区,其经济增长率越高,这主要是资本流动促进信息技术的交流、提升地区的资本创造速度;反之,资本流动程度较低的地区,其资本存量增长率相对较低。

　　综上可知,长江经济带的产业联动与经济带上游地区的产业份额密切相关。只有当经济带上游地区具备一定的资本份额,在较低的贸易成本下才能有效推进长江经济带的产业联动,而从资本流动成本来看,资本的流动成本越低,越容易促进经济带的产业联动。在长江经济带上游、中游、下游地区的经济协调发展中,需要增大上游地区的资本份额,资本的跨区域流动在改变上游地区资本份额的同时,也促进了长江经济带上游、中游、下游地区的经济联系。

第四节　跨境产业联动机理

　　考虑资本的跨境流动时,经济体中除了长江经济带的地区 1 和地区 2 外,还存在第三区域,即孟印缅区域(地区 0)。在地理空间上,假设地区 0(孟印缅经济体)与地区 1(长江经济带上游地区)更接近,这样在孟印缅经济体与长江经济带进行贸易时,需先运至地区 1 再运至地区 2,这主要是因为地理区位与区域开放政策的差异。假设孟印缅经济体与长江经济带上游与中下游地区的贸易成本相等,这主要是由于孟印缅经济体是我国重要的周边国家及共建"一带一路"合作国家。随着我国沿边开放政策日渐完善以及"一带一路"倡议的实施,我国与周边国家的贸易差异越来越小。在开放的条件下,地区 1 的资本流动有两个方向:一是向经济带的地区 2 流动，二是向境外的地区 0 流动。

资本创造部门的消费者效用函数、资本价值、产品价格、价格指数、企业利润等，都与资本仅在长江经济带上游、中游、下游地区流动时类似，可求得各区域的企业利润与产业分布关系：

$$\pi_i = \frac{bE}{K}\left(\frac{s_{iE}}{\Delta_i} + \varphi\frac{s_{jE}}{\Delta_j} + \varphi\frac{s_{kE}}{\Delta_k}\right); \quad i,j,k \in \{0,1,2\} \quad (4.18)$$

其中，E 和 K 分别表示经济体中的总支出和总资本。令 $s_i = n_i/n$，表示 i 区域的企业占经济体中所有企业的比重，s_{iE} 与 s_{ik} 表示 i 区域的支出与资本份额所占的比重。假设长江经济带的资本份额是固定的，地区 1 的资本份额占长江经济带的比例为 s_{1k}，即 $s_{1k} = s_{1k}/(s_{1k} + s_{2k})$。参数 $\Delta_1 = \varphi s_0 + s_1 + \varphi s_2$，$\Delta_2 = \varphi s_0 + \varphi s_1 + s_2$，$\Delta_0 = s_0 + \varphi s_1 + \varphi s_2$。此外，假定长江经济带与孟印缅经济体两大区域的利率水平相等。在开放条件下，资本创造成本同样与地理区位有关，且三个地区的资本创造成本表达式如下：

$$F_1 = w_1 a_1, a_1 = 1/KA_1, A_1 = \lambda s_{0k} + s_{1k} + \lambda s_{2k}$$
$$F_2 = w_2 a_2, a_2 = 1/KA_2, A_2 = \lambda s_{0k} + \lambda s_{1k} + s_{2k} \quad (4.19)$$
$$F_0 = w_0 a_0, a_0 = 1/KA_0, A_0 = s_{0k} + \lambda s_{1k} + \lambda s_{2k}$$

λ 的含义不变，劳动力不跨区域流动，各区域工资相等，标准化为 $w_0 = w_1 = w_2 = 1$。

一 资本跨境流动与经济增长

当长江经济带与孟印缅经济体没有开展产业联动时，不存在资本的跨境流动，资本仅在长江经济带的上游和中下游地区间自由流动。假定一国资本份额等于企业数量，即 $s_{Dn} = s_{Dk}$，$s_{1k} + s_{2k} = s_{Dk}$，$s_{0n} = s_{0k}$。此时，产业依据资本创造效率在国际间分布。与封闭情形不同的是，长江经济带与孟印缅经济体不开展产业联动时，各地区的创新具有显著的本地化特征，使得区域间的资本存量增长率存在差异。假设孟印缅经济体的资本存量增长率为 g_0，长江经济带的资本存量增长率为 g_D，孟印缅经济体与长江经济带均是通过资本折旧和资本形成来改变资本份额的相对变化。而根据资本收益率趋同的内在要求，长期内资本价值应等于资本创造成本，即托宾 q 值为 1，可得资本份额转移的长期方程为：

$$\dot{s}_{Dk} = (g_D - g_0)s_{Dk}(1 - s_{Dk}) \tag{4.20}$$

在研究长江经济带与孟印缅经济体的产业联动时,假定孟印缅经济体的产业基础较为薄弱,资本创造成本较高,资本创造部门趋于萎缩,即 $F_D = F_1 = F_2 < F_0$ 恒成立。长期中,长江经济带的资本份额不断提高,产业分布呈现以经济带为核心的核心—边缘均衡。将条件 $\pi_1 = \pi_2$(资本收益率相等)代入式 (4.18),可得到:

$$s_1^{open1} = s_{1E} - \frac{\varphi}{1 - \varphi} \tag{4.21}$$

将式 (4.21) 代入式 (4.18),可得 $\pi^* = \pi_1 = \pi_2 = bE_D/K_D$,将式 (4.15) 代入式 (4.21),得出孟印缅经济体与长江经济带没有开展产业联动时,长江经济带内地区 1 的产业份额:

$$s_1^{open1} = \frac{(1 - \varphi)(A_1 bL_D + 2\rho bs_{1k}) - 2\varphi(\rho + \delta + g_D^{open1})}{2(1 - \varphi)(\rho + \delta + g_D^{open1})} \tag{4.22}$$

根据 $\pi_i = (\rho + \delta + g)F_i$,$\pi^* = \pi_1 = \pi_2 = bE_D/K_D$ 以及式 (4.15),求出资本存量增长率的表达式为:

$$g_D^{open1} = \frac{KL_D bA_1A_2 + \rho b(A_1 + A_2)}{KA_2 s_{Dk}} - \rho - \delta \tag{4.23}$$

结论 3:开放条件下,长江经济带与孟印缅经济体没有开展产业联动时,资本仅在经济带内两区域间自由流动。随着经济带内资本份额的增加,其经济增长率呈现明显的上升趋势,并且资本流动成本越低,经济增长率越高。

模拟结果与封闭情形下长江经济带上游地区的资本份额与资本存量增长率的关系一致,不同的是,上游地区的资本份额可以为 0,但长江经济带的资本份额不可能为 0。很显然,资本在两区域间的自由流动,影响资本份额的同时也影响地区的产业份额。开放情形下,由于长江经济带与孟印缅经济体没有开展产业联动,所以资本的流动仅在长江经济带内的两个区域间进行,说明经济带的资本份额越大,经济带内的资本存量增长率越高,即经济增长率越高。资本流动成本的大小对两者关系影响明显,其中资本流动成本较高时,资本份额对经济增长率的影响较大;而资本的流动成本很小时,资本份额对经济增长率的影响较小。资本流动成本很低时,资本更容易自由流动,资本就很难聚集在某一地区,地区间资本份额的差异相对较小，进而资本份额对其增长率的影响较小。

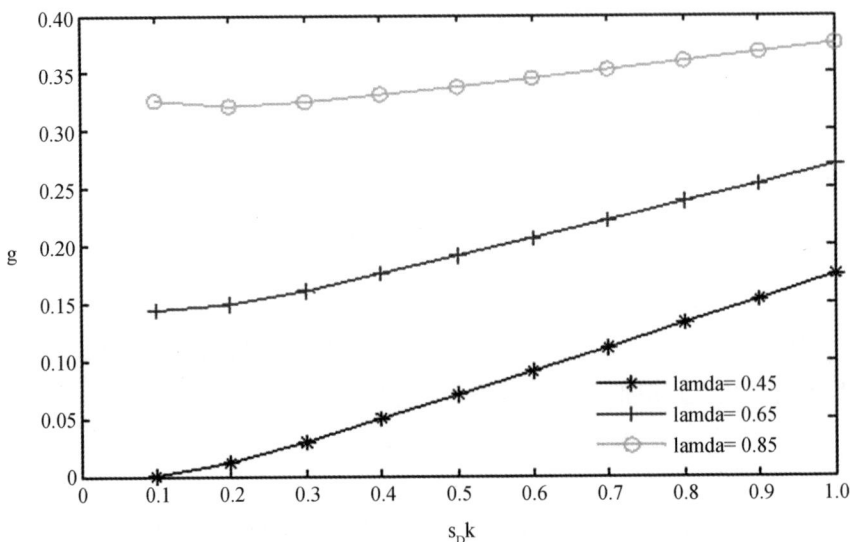

图4-6 资本流动成本、经济增长率与资本份额

注：其他参数设定：$\mu = 0.5$，$\sigma = 5$，$\rho = 0.04$，$\delta = 0.1$，$s_{2k} = 0.35$，$L_D = 2$，$K = 3$。

二 资本跨境流动与产业联动

长江经济带与孟印缅经济体主要从两个方面实现产业联动：一是提高资本在国际流动的自由度，促使资本在区域间自由流动；二是适当放松对资本创造部门的监管，提高其创新溢出效应。因此，国际产业联动除了对外投资、贸易之外，还包括专利技术转让，甚至是整个产业链的迁移，进而促进发展落后、产业基础薄弱的地区产业资本积累，并带动其产业发展。

由于长江经济带的资本创造部门成本更低，所以相比于孟印缅经济体，长江经济带的资本创造部门更有优势，但长期来看，由于资本在国际自由流动，孟印缅经济体与长江经济带的资本存量增长率将趋于一致，假设均为 g。根据式（4.18），由资本流动的均衡条件 $\pi_1 = \pi_2 = \pi_0$，可得如下表达式：

$$s_i^{open2} = \frac{(1+\varphi)s_{iE} - \varphi(1-s_{iE})}{1-\varphi}, \quad i \in \{0,1,2\} \qquad (4.24)$$

将式 (4.24) 代入式 (4.18),同样可得到均衡时资本收益的表达式: $\pi^* = \pi_0 = \pi_1 = \pi_2 = bE/K$,将其代入式 (4.14),可得区域支出份额为:

$$s_{iE} = \frac{b(A_i L_i + \rho s_{ik})}{(\rho + \delta + g)}, i \in \{0,1,2\} \qquad (4.25)$$

将式 (4.25) 代入式 (4.24),可得每个地区的产业分布与资本份额的关系:

$$s_i^{open2} = \frac{b(1 + \varphi)(A_i L_i + \rho s_{ik}) - \varphi(\rho + \delta + g) + b\varphi(A_i L_i + \rho s_{ik})}{(1 - \varphi)(\rho + \delta + g)}$$

$$(4.26)$$

其中,$i \in \{0, 1, 2\}$。由式 (4.26) 可得,长江经济带的产业分布表达式如下:

$$s_n^{open2} = \frac{b(1 + \varphi)(A_1 L_1 + A_2 L_2) + b\rho(1 + \varphi)s_{Dk} - 2\varphi(\rho + \delta + g) + b\varphi(A_1 L_1 + A_2 L_2) + b\rho\varphi s_{Dk}}{(1 - \varphi)(\rho + \delta + g)}$$

$$(4.27)$$

结论 4: 资本跨境流动会改变境内外的资本份额,而产业份额与资本份额正相关,进而影响境内外的产业分布。一定资本份额下,产业份额的大小还受贸易成本与资本流动成本的影响,贸易成本对产业份额的影响存在一个资本阈值,当资本份额低于阈值时,贸易成本越高,对应的产业份额越大,此时境内外很难实现产业联动;当资本份额高于阈值时,贸易成本越低,对应的产业份额越大,此时境内外较容易实现产业联动。跨境资本流动成本越低,越容易实现产业联动。资本流动成本的降低有利于提高产业份额,进而促进境内外的产业联动。

在资本跨境自由流动时,长江经济带与孟印缅经济体便可进行产业联动。长江经济带的资本份额越多,其产业份额也越大,即产业份额与资本份额呈同方向变化。一定资本份额下,资本流动成本与贸易成本对产业份额的影响具有明显差异。当贸易成本一定时,资本流动成本越低,资本份额对产业份额的影响较小,这时即便地区的资本份额很低,但由于资本的流动性很高,产业份额也较高,而当资本很难流动时,地区资本份额对产业份额的影响较大,资本份额较低的地区产业份额也相对较少。当资本流动成本一定时,贸易成本对资本份额与产业份额关系的影响相对复杂。当长江经济带的资本份额低于资本阈值时,也就是说长江经济带的资本份额

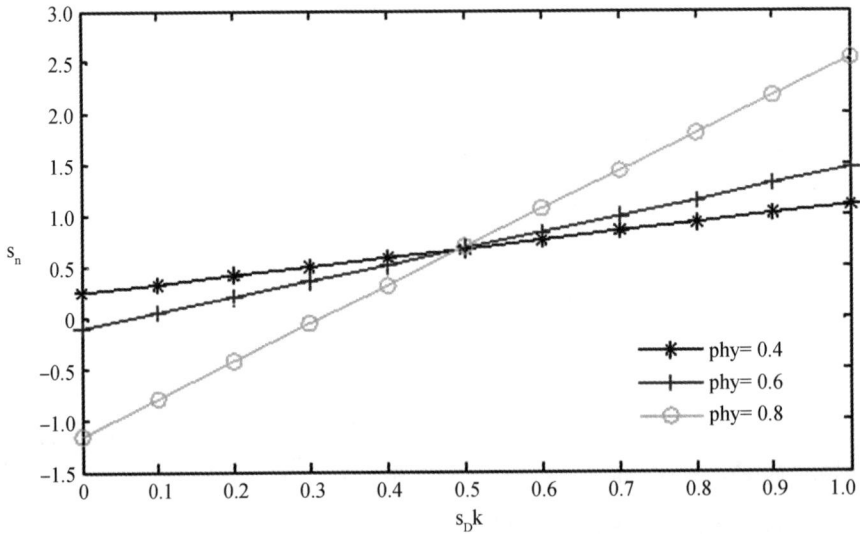

图 4 - 7　贸易（资本流动）成本、产业分布与资本份额

注：其中，$\varphi = 0.4$，0.6，0.8；$\lambda = 0.5$。其他参数设定：$\mu = 0.5$，$\sigma = 5$，$\rho = 0.04$，$\delta = 0.1$，$s_{2k} = 0.35$，$L_1 = L_2 = 1$。

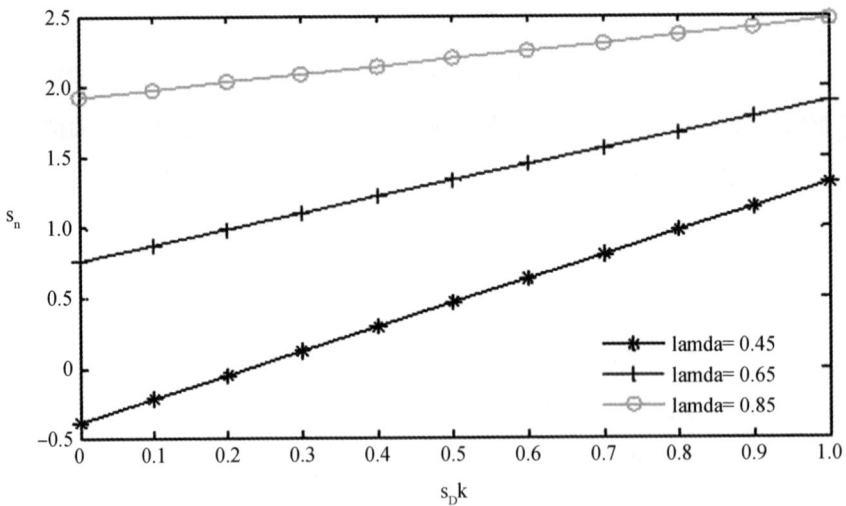

图 4 - 8　贸易（资本流动）成本、产业分布与资本份额

注：其中，$\lambda = 0.45$，0.65，0.85；$\varphi = 0.6$。其他参数设定：$\mu = 0.5$，$\sigma = 5$，$\rho = 0.04$，$\delta = 0.1$，$s_{2k} = 0.35$，$L_1 = L_2 = 1$。

较低,孟印缅经济体是资本丰富的地区,此时,贸易成本越高,相应的资本份额对应的产业份额越大。这主要是由于长江经济带的资本贫乏,其对要素的聚集力较弱,甚至会导致要素外流。这种情况下,贸易成本越高,要素外流的可能性较低,对应的产业份额也较高,此时孟印缅经济体具有明显的产业聚集优势,在长江经济带与孟印缅经济体的产业联动中占据主导地位,但这种情形下很难实现长江经济带与境外区域的产业联动;当长江经济带的资本份额高于资本阈值时,即长江经济带是资本份额较多的地区,长江经济带对孟印缅经济体的要素和资本具有较强的吸引力,此时贸易成本越低,一定的资本份额对应的产业份额较高,长江经济带在产业联动中具有主导优势,从一体化的角度看,此时较容易实现境内外的产业联动。

与式(4.23)类似,求得产业联动时资本存量增长率表达式为:

$$g = \frac{bLA_0A_1A_2 + \rho b(s_{0k}A_1A_2 + s_{1k}A_0A_2 + s_{2k}A_0A_1)}{A_0A_2} - \rho - \delta \quad (4.28)$$

结论 5:资本跨境自由流动时,经济增长率与资本流动自由度正相关。因此,降低资本的流动成本,提升欠发达地区的经济增长率,可促进跨境产业联动。

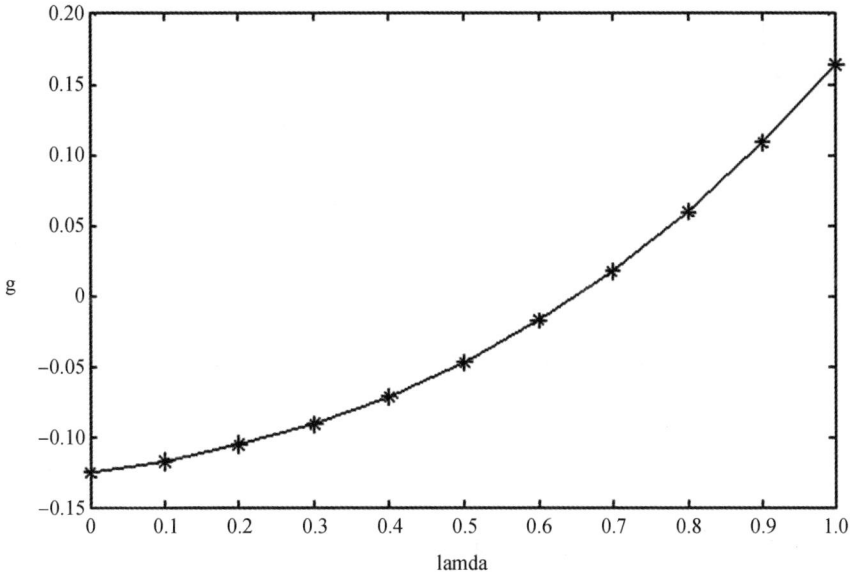

图 4 - 9　经济增长率与资本流动自由度

注:其他参数设定: $\mu = 0.5$, $\sigma = 5$, $\rho = 0.04$, $\delta = 0.1$, $s_{0k} = 0.30$, $s_{1k} = s_{2k} = 0.35$, $L = 3$。

当资本可跨境自由流动时，资本流动成本越低，资本存量增长率越高，经济增长越快，越有利于区域之间的产业联动。资本在长江经济带与孟印缅经济体间流动，会影响长江经济带与孟印缅经济体的资本份额，进而影响产业分布。一定资本份额下，贸易成本与资本流动成本影响地区的产业份额，进而影响产业联动。当长江经济带的资本禀赋较低时，贸易成本越高，对应的产业份额越高，这种情形下要实现长江经济带与境外区域的产业联动难度较大；当长江经济带是资本富足的地区时，贸易成本越低，相应的产业份额越高，此时较容易实现长江经济带与境外区域的产业联动。总体来看，资本流动成本越低，长江经济带与孟印缅经济体越容易实现产业联动。因此，要促进跨区域产业联动，需要降低资本的流动成本，而影响区域间资本流动成本大小的因素主要是基础设施水平、制度环境、对外开放程度等。

本章小结

本章结合空间经济学理论建立了一个三区域、三部门、两要素的本地溢出效应扩展模型，从境内区域间和跨境两个层面分析要素流动促进产业联动的内在机理，其中境内区域间对应要素仅在长江经济带上游与中下游地区流动，跨境要素流动即要素在长江经济带与孟印缅经济体间流动。分析的理论逻辑是由于区域间资本的流动，引起区域资本份额的变化，进而影响各地区的产业分布，而地区之间产业分布的变化相互影响、互相依存，进而促进区域间的产业联动，增强区域间的经济联系。研究总结如下。

当资本仅在长江经济带上游与中下游地区流动时，区域的产业份额与其资本份额正相关。一定的资本份额下，贸易成本对产业份额的影响存在一个资本阈值，当上游地区的资本份额低于阈值时，贸易成本越高，对应的产业份额越大，即长江经济带中下游地区具有明显的产业集聚优势，在产业联动中发挥主导作用，但由于长江经济带上游、中游、下游地区之间的历史发展差异，此时较难实现长江经济带的产业联动；当长江经济带上游地区资本份额高于阈值时，贸易成本越低，对应的产业份额越大，此时上游地区资本优势明显、产业聚集力较强，在产业联动中发挥带动作用,此时规避了长江经济带发展势差的影响,较容易实现整个经济带的产业联动。资本流动成本越低,越容易实现长江经济带的产业联动。因此,在长江经济带的产业联动,关键在于发挥中下游地区的带动作用,增大上游地区的资本份额。

当资本在长江经济带与孟印缅经济体间流动时,同样区域的产业份额与其资本份额正相关,资本份额一定时,资本流动成本越低,产业份额越高,越利于长江经济带与孟印缅经济体的产业联动。贸易成本对产业份额的影响与长江经济带的资本份额有关,当经济带的资本较稀缺(低于阈值)时,贸易成本越高,产业份额越大,此时不利于长江经济带与孟印缅经济体的产业联动;但当长江经济带的资本较丰裕(高于阈值)时,贸易成本越低,经济带的产业份额越高,此时两大区域的产业联动由长江经济带主导,这种情形较符合现实且利于长江经济带与境外区域的产业联动。因此,在长江经济带与孟印缅经济体的产业联动中,降低资本流动成本是促进产业联动的主要途径,如可通过基础设施建设、完善制度环境、提升孟印缅经济体的贸易开放度等方式来降低资本流动成本。

对比可知,资本在境内区际流动时贸易成本对产业份额的影响阈值明显高于资本跨境流动的情形,这也说明要实现长江经济带与孟印缅经济体的产业联动,首先要实现长江经济带的产业联动。资本的跨区域(境)流动影响地区的资本份额,进而影响区域的经济增长率与产业分布,在这一过程中贸易成本与资本流动成本的影响明显,贸易成本的影响与资本份额有关,资本流动成本的影响相对单一。无论是区域产业联动还是跨境产业联动,贸易成本与资本流动成本都是重要的影响因素。因此,在促进区域间或是跨境产业联动中,要尽可能降低资本流动成本,增大地区的资本份额与产业份额。

第 五 章

基于复杂网络分析法的
产业联动网络构建

　　产业是通过生产要素在各部门、各区域间的流入与流出得以形成并发展，产业的实质决定着其具有网络性质。从有形网络来看，电力、电信、交通运输等产业在区域间构成了错综复杂的网状联系；而无形网络更加巨大与复杂，物料、产品、资金、劳动力等要素在各部门间的流动、上下游相互依存并相互制约的供求关系、企业间的竞争与合作等，都以虚拟的网络架构呈现，并影响着区域间的经济联系。随着我国经济持续高速的发展，各区域之间的产业竞争与合作日益频繁，相互依赖与相互作用逐渐增强，产品、要素等跨区域的高频流动使得区域之间也形成一个巨大的产业空间网络。

　　因此，通过现有数据分析长江经济带与孟印缅经济体产业联动特征，并基于这两个区域的特点，依次从以下三个方面构建产业联动网络：一是构建长江经济带的产业联动网络，长江经济带发展梯度明显，要实现长江经济带与孟印缅经济体的产业联动，首先长江经济带要实现有效联动；二是构建孟、印、缅三国间的产业联动网络，孟、印、缅各国产业结构具有明显的关联性和互补性，对三国间产业联动情况作分析是必要的，由于孟加拉国与缅甸的投入产出表数据缺失，本部分仅以构建印度的产业联动网络作为代表，并通过产品贸易分析孟、印、缅三国间产业联动的基础与重点；三是构建长江经济带与孟印缅经济体的产业联动网络，该部分统计数据缺失严重，所以最终只能选用近似数据来建立两大区域间的产业联动网络。此外，在跨境产业联动网络分析中，通过探讨长江经济带各省市与孟、印、缅三国间的产业贸易来弥补由于数据缺失造成的分析不充分问题。

第一节 产业联动网络构建基础

任何一个网络的构建，都需要有相互关联的数据、网络节点、边等，根据本书的分析，对产业联动网络的数据、网络节点、边及边权的确定进行说明。

一 数据说明

在分析产业间相互关联方面，投入产出分析发挥了主导作用，它是分析区域间产业关系的一个强有力工具，因此投入产业表是产业联动网络分析的基础数据。产业联动网络构建中主要使用了中国区域间投入产出表、中国 30 个省份的投入产出表以及世界投入产出表等数据。产业联动网络分析中，主要利用平均最短路径、聚类系数、拓扑图、网络密度、点度数及中间中心度等指标[①]测度联动网络的特征。

二 网络节点

产业联动网络中的节点就是产业，使用不同投入产出表构建的产业联动网络的节点也不同。在产业联动网络拓扑图中，节点的大小代表了每个产业度值的相对大小，其中度值越大的产业在网络中联动程度越高（若不作特别说明，本书的产业联动网络拓扑图均以产业度值的相对大小来呈现），因此拓扑图可以直观反映各产业在网络中的控制地位。

三 边与边权的确定

参考刘刚等[②]的做法，利用投入产出表中的直接消耗系数[③]作为产业

---

① 各指标含义及计算详见第一章的研究方法。

② 刘刚、郭敏：《中国宏观经济多部门网络及其性质的实证研究》，《经济问题》2009 年第 2 期；邢李志：《基于复杂社会网络理论的产业结构研究》，科学出版社 2013 年版，第 10 页。

③ 部分研究中也选用影响力系数和感应度系数构建产业联动网络，但这两个指标测度的是某产业的全局关联系数而无法测度具体产业之间的相互关联关系。

节点之间的边权，反映的是生产经营中产品部门 j 的单位总产出所消耗的产品部门 i 的货物或服务的价值量，这种边权的大小反映了产业之间经济联系的紧密程度，即产业之间的直接关联程度，并且设定阈值以剔除较弱的产业联动关系，以呈现更加明晰的产业联动网络拓扑图。

（一）计算直接关联系数

直接关联系数的表达式如下：

$$a_{ij} = x_{ij}/x_j (i,j = 1,2,\cdots,n) \tag{5.1}$$

其中，x_j 为 j 产业的产出，x_{ij} 为 i 产业对 j 产业的中间投入。矩阵 $A = (a_{ij})_{n \times n}$，是关联系数矩阵，用来衡量投入产出表中各产业的技术经济联系或是产品间的技术经济联系。

（二）边的有向性

在构建产业联动网络中，考虑产业投入产出的方向性。因此对于每个节点，实际有四条与其相接的边，节点 1 连接四条有向边，每条边都有不同的权重。

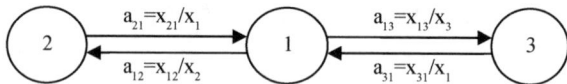

$$a_{21}=x_{21}/x_1 \qquad a_{13}=x_{13}/x_3$$
$$a_{12}=x_{12}/x_2 \qquad a_{31}=x_{31}/x_1$$

图 5-1 网络边的有向性

（三）阈值的确定

令 a 为阈值，$a = \dfrac{1}{ij}\sum a_{ij}$，当且仅当 $a_{ij} \geqslant a$ 时，保留边权 a_{ij} 的数值，认为两节点存在边；当 $a_{ij} \leqslant a$ 时，令 $a_{ij} = 0$，即认为两节点之间不存在边，忽略产业间联系。

第二节　长江经济带产业联动网络

利用中国区域间投入产出表、中国 30 个省份的投入产出表数据，构建长江经济带整体的产业联动网络，并对其结构进行测度，研究网络的复杂性。据此分析产业之间相互依存、相互制约的关联关系，进一步判定各产业在产业联动中的作用，为区域产业结构的调控、优化、升级奠定基础，重点揭示长江经济带产业联动的内在特征以及通过产业联动呈现的空间经济联系。

一　区域间产业联动网络

我国区域间的投入产出表是一个由 8 个区域、17 个产业部门组成的矩形表。根据 8 大区域的分类，东部沿海区域刚好是长江经济带的下游地区，中部区域包含了长江经济带的中游地区与山西、河南两省，而西南区域包含了长江经济带的上游地区与广西、西藏两个自治区，所以利用中国区域间投入产出表构建东部沿海区域、中部区域与西南区域的产业联动网络。由于这几个区域的多数省份都是长江经济带的省份，则可用这几个区域间的产业联动网络近似反映长江经济带上游、中游、下游地区的产业联动网络。

（一）产业联动网络特征

较高的聚类系数和较小的平均最短距离说明，基于我国区域间投入产出表构建的长江经济带产业联动网络具有"小世界"网络特性。但产业网络整体密度不高，说明产业之间的联系比较稀疏，长江经济带的整体产业联动程度不高。同时，产业联动网络的中心势较低，无论是围绕资源输出型产业、资源输入型产业，还是产业网络中起到中介作用的核心产业的集中度都较低，这说明了整个长江经济带基于产业联动建立的空间经济联系还较弱。

表 5-1　　　　长江经济带上中下游产业联动网络的特征

	2002 年	2007 年
平均最短距离	1.022	1.000
聚类系数	0.997	0.999
网络密度	0.1514	0.1498
网络关系数目	386	382
度数中心势（点出度/点入度）	4.637%/1.447%	5.611%/1.746%
中间中心势	0.05%	0.00%

产业联动网络的可视化拓扑图（XY 代表长江经济带下游地区，ZY

代表长江经济带中游地区，SY 代表长江经济带上游地区）显示，长江经济带区际产业联动明显弱于区域内部的产业联动，说明经济带的产业联动更多局限于相邻的省份之间，而在更大范围内的区际经济辐射与带动作用较弱，所以实现区域内的产业联动相对较容易。对比看出，长江经济带中下游地区的产业联动紧密度明显高于上游地区，这与区域经济发展水平、产业结构完善程度密切相关。具体来看，产业联动网络中与其他产业联动相对较紧密的产业是下游地区的化学工业，金属冶炼及制品业，商业、运输业，其他服务业，中上游地区产业联动程度高的产业也类似，只是中游和上游地区的产业联动弱于下游地区。从产业来看，制造业对区域内产业联动程度影响大，因为制造业能在区域范围内按成本原则形成跨省际的产业链，形成庞大的配套体系，对区域内经济形成巨大的带动效应，进而促进区域经济联系；而农业更多的受限于资源禀赋，在同一区域内自然条件大多相似，因此农业多为本地自产自足，即使有区际流动，所带来的经济影响也较小。此外，服务业大多依赖制造业的发展，制造业发达区域的省际服务业流动也活跃。

一般来讲，长江经济带上游、中游和下游之间的产业联动是通过中游地区建立起来的，但是从 2002 年、2007 年长江经济带的产业联动网络中明显看出，长江经济带的产业联动主要是下游地区的产业将上游和中游地区的产业连接起来，这可能是因为经济带下游地区经济与产业发展水平较高、产业结构较为完善，而中游、上游发展相对落后，中游地区无法承担起桥梁作用，所以一开始的产业联动是通过下游地区建立起来的。但随着中游地区经济和产业发展水平逐渐提高，产业结构也日益完善，长江经济带上游地区产业也逐渐和中游地区产业建立了联系，这说明随着经济发展水平的变化，产业联动网络也在不断地演进。此外，区际产业联动网络中多是同类产业或是相关产业发挥枢纽作用。在整个长江经济带的空间经济联系中，经济带下游地区发挥着枢纽作用。

（二）产业的聚集力、辐射力和中介作用

在长江经济带产业联动网络中，入度较大的产业具有较强的聚集力，这些产业主要是各区域的建筑业、中上游地区的电气机械及电子通信设备制造业、中游地区的食品制造及烟草加工业和交通运输设备制造业。出度较大的产业具有较强的辐射带动能力，主要是下游地区的化学工业，

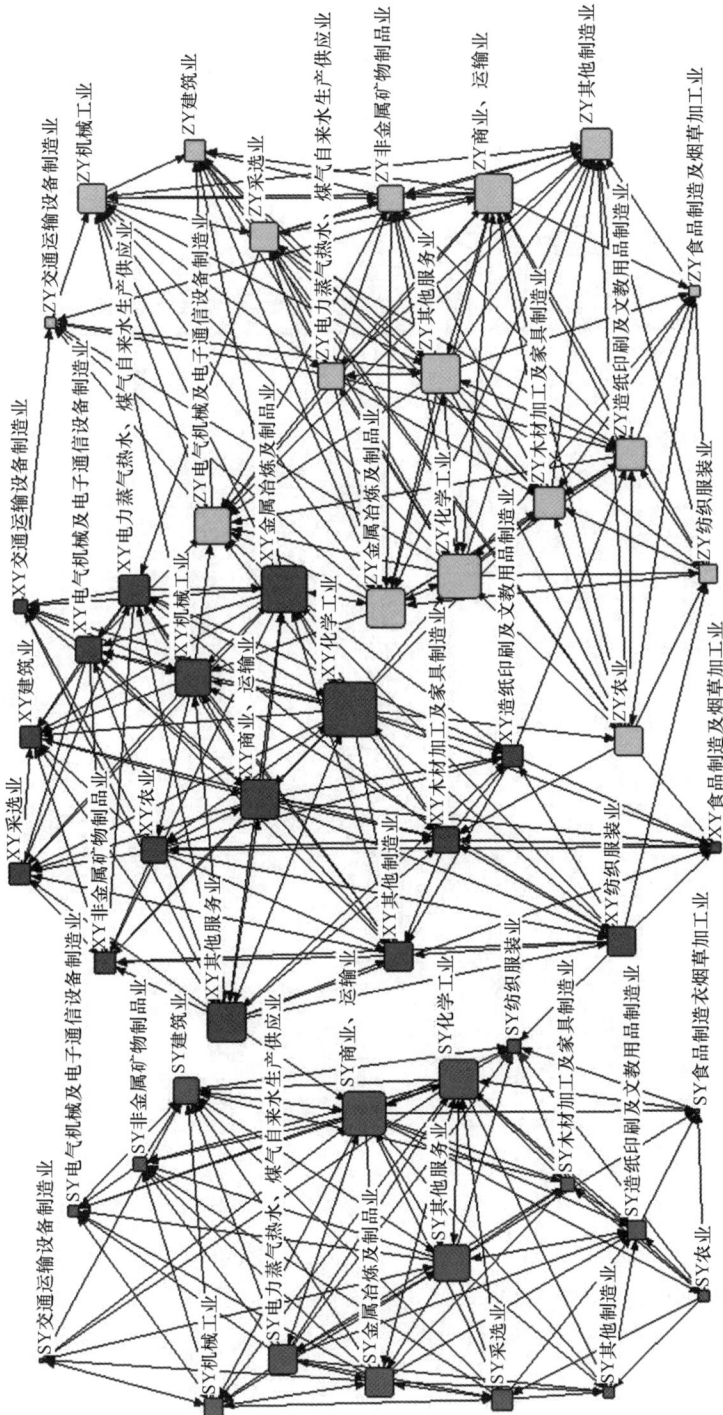

图5-2 2002年长江经济带上、中、下游地区产业联动网络拓扑图

注：阈值为0.0108382。

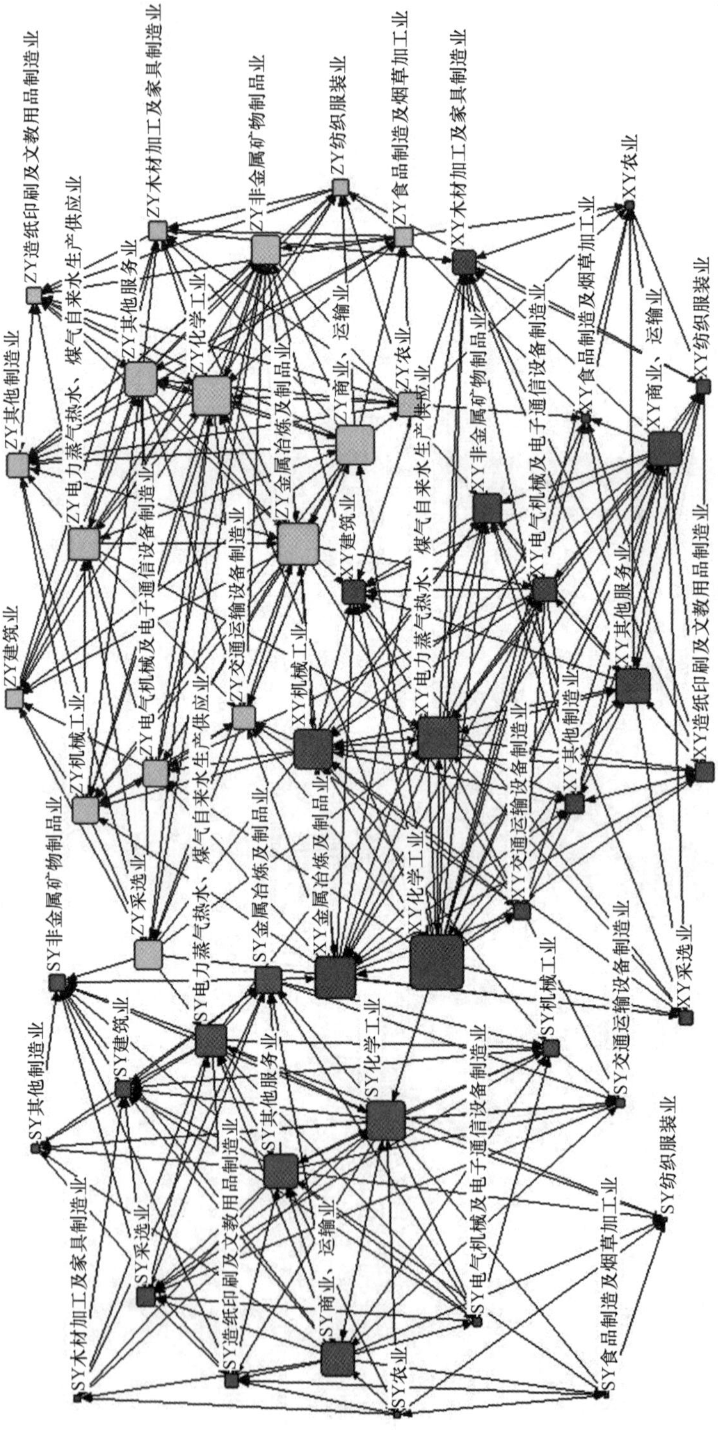

图5-3 2007年长江经济带上、中、下游地区产业联动网络拓扑图

注：阈值为0.0106813。

商业、运输业，金属冶炼及制品业，中游地区的商业、运输业，农业，金属冶炼及制品业以及上游地区的其他服务业，金属冶炼及制品业，农业，等等。这些产业在产业联动网络中与其他产业的关联关系较紧密，具有主要的辐射带动作用。整体来看，长江经济带产业联动网络需要中游地区产业发挥其桥梁枢纽作用，但产业联动网络中枢纽作用最强的产业多是中游地区和下游地区的制造业。由于经济发展水平与产业发展水平的影响，目前中游地区的枢纽作用没有得到充分发挥，而是下游地区成为了整个经济带产业联动的枢纽。

表5-2　　　　长江经济带产业联动网络中点出度、入度与
中间中心度前6位的产业

	2002 年	2007 年
出度前6位的产业	XY 化学工业，ZY 商业、运输业，ZY 农业，SY 其他服务业，XY 商业、运输业，SY 金属冶炼及制品业	XY 化学工业、ZY 金属冶炼及制品业、SY 金属冶炼及制品业、XY 金属冶炼及制品业、SY 农业、ZY 农业
入度前6位的产业	ZY 建筑业、SY 建筑业、XY 建筑业、SY 电气机械及电子通信设备制造业、SY 木材加工及家具制造业、ZY 食品制造及烟草加工业	XY 建筑业、ZY 建筑业、SY 建筑业、ZY 交通运输设备制造业、XY 采选业、ZY 电气机械及电子通信设备制造业
中间中心度前6位的产业	ZY 金属冶炼及制品业、ZY 机械工业、ZY 交通运输设备制造业、ZY 电气机械及电子通信设备制造业、ZY 其他制造业、ZY 电力蒸气热水、煤气自来水生产供应业	ZY 金属冶炼及制品业、ZY 机械工业、ZY 交通运输设备制造业、XY 纺织服装业、XY 木材加工及家具制造业、XY 造纸印刷及文教用品制造业

二　省份间产业联动网络

为了剔除山西、河南、广西与西藏四省份对产业联动网络的影响，本书利用中国30个省份区域间投入产出表中长江经济带11个省份6类产业的统计数据，构建长江经济带11个省份之间的产业联动网络，以更准

确地揭示当前长江经济带产业联动中的特征事实。根据刘卫东等[①]编制的
2007 年与 2010 年中国 30 个省份区域间投入产出表,[②] 分析长江经济带各
省份之间的产业关联关系。本书仅统计了农林牧渔业、工业、建筑业、
交通运输及仓储业、批发零售业、其他服务业,这些产业均是各省份产
业联动网络中的核心产业及与其他产业关联关系比较稳定的产业。基于
此,构建长江经济带 11 个省份 6 类产业(66 个产业节点)所构成的产业
联动网络,并测度其结构特征。

(一)长江经济带 11 个省份的产业联动网络特征

运用平均最短距离和聚类系数两个指标,验证了长江经济带 11 个省
份 6 类产业构成的产业联动网络是小世界网络。其中,平均最短距离约
为 1,说明网络中的产业节点在最短路径上至少需要通过一条边才能达到
另一个产业节点;聚类系数高达 0.97,说明任意产业节点所有相邻产业
之间的实际连接边数占最大可能连接边数的比例高达 97%,比例较大。
产业联动网络具有较小的平均最短距离和较高的聚类系数,能够构成小
世界网络。网络密度与关联数目显示,长江经济带 11 个省份间的产业联
动程度相对较弱,资源没有在区域间得到优化配置。2007—2010 年,产
业联动网络密度逐渐降低。在产业联动网络中,度数中心势和中间中心
势较低,说明无论是资源输出型产业、资源输入型产业,还是在网络中
起到中间连接作用的产业,其集中度均较低,这也间接反映了网络的整
体中心性较低。网络密度也反映了长江经济带的空间经济联系还较弱。

表 5-3　　　　　　　长江经济带 11 省份产业联动网络特征

	2007 年	2010 年
平均最短距离	1.028	1.030
聚类系数	0.972	0.970

①　刘卫东等:《中国 2007 年 30 省区市区域间投入产出表编制理论与实践》,中国统计出版
社 2012 年版,第 1 页;刘卫东等:《2010 年中国 30 省区市区域间投入产出表》,中国统计出版
社 2014 年版,第 3 页。

②　2012 年中国 31 个省份区域间投入产出表包含了 8 个产业,但由于仅有一年的数据,无
法进行趋势判断,所以暂不作分析。

续表

	2007 年	2010 年
网络密度	0.0790	0.0702
网络关系数目	339	301
度数中心势（点出度/点入度）	1.820%/1.283%	1.896%/1.493%
中间中心势	0.45%	0.50%

构建 2007 年、2010 年长江经济带 11 个省份 6 类产业的产业联动网络可视化拓扑图（产业名称前面的字母为各省份拼音的首字母），以直观反映 11 个省份间产业的关联关系。由于产业联动网络中节点相对较少，并且产业之间关联边数相对清晰，所以没有用度值的相对大小来反映产业节点的重要程度。分析显示，长江经济带 11 个省份的主要产业之间存在明显的关联关系，这是产业联动的重要前提。但对比看出，长江经济带沿线各省份间产业联动密度远远低于省份内部，且长江经济带中下游各省份间的产业联动水平较高，上游地区的产业联动程度较弱，说明长江经济带产业联动仍然较多地局限于各省份内部或周边省份间，而在更大范围内的区际经济辐射和带动作用还较弱。网络拓扑图显示，产业联动网络中关联关系最多的产业是浙江省的工业，其是长江经济带产业联动的核心产业，其次是江苏省的工业、安徽省的工业、重庆市的工业、贵州省的建筑业、上海市的建筑业等，这些产业均是各省份发展的支柱产业，也是各省份间产业联动最紧密的产业。不难发现，长江经济带各省份间主要依靠工业、建筑业、交通运输及仓储业、其他服务业等开展产业联动，这些产业是实现长江经济带产业联动的关键。产业联动网络显示，长江经济带的空间经济联系较弱，各省份间的空间经济联系还局限于省份内部或是邻近省份之间。

长江经济带 11 个省份之间的产业联动网络所呈现的产业联动特征与基于我国区域间投入产出表构建的产业联动网络的特征基本一致，不同尺度数据建立的产业联动网络均说明长江经济带产业联动呈现两个明显特征：一是长江经济带各省份之间的产业联动程度弱于各省份内的产业联动，二是长江经济带下游地区的产业是上游地区与中游地区产业联动的枢纽。

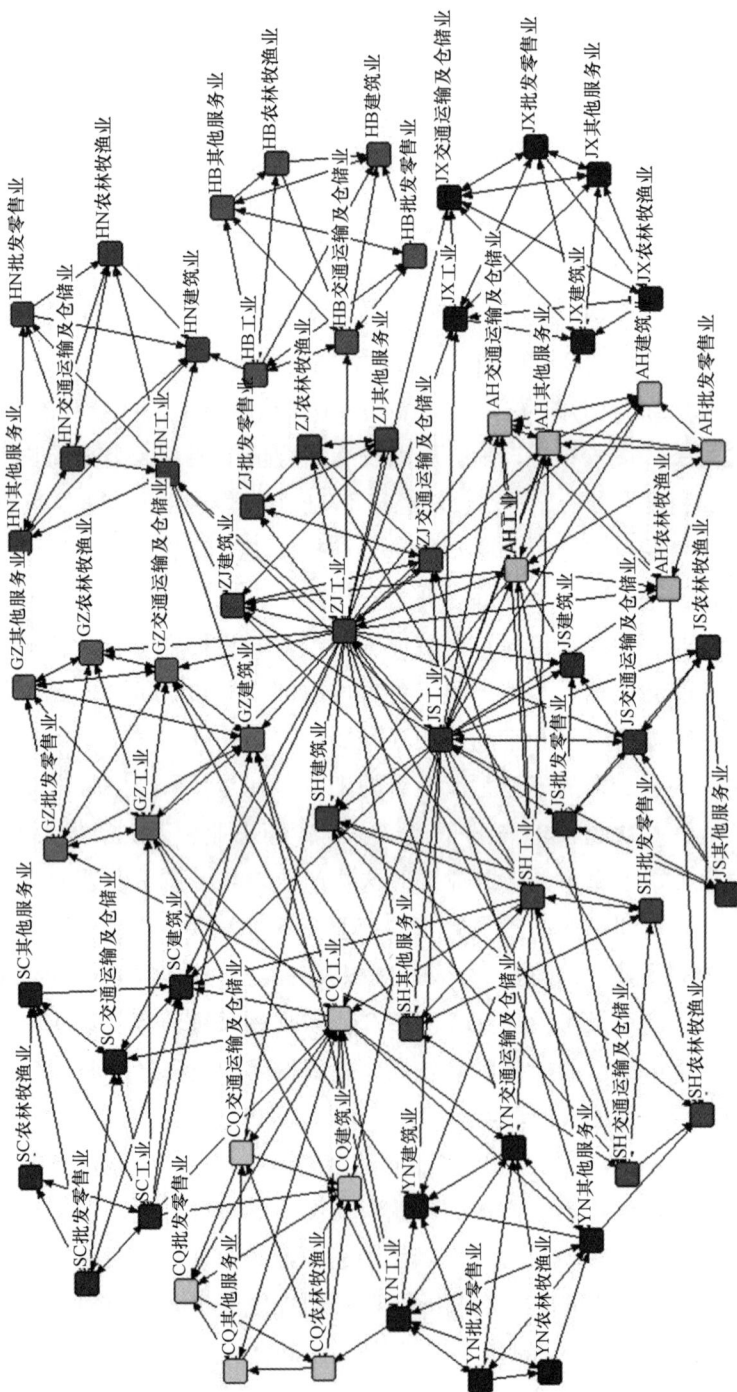

图5-4 2007年长江经济带11个省份6类产业联动网络拓扑图

注：阈值为0.006713。

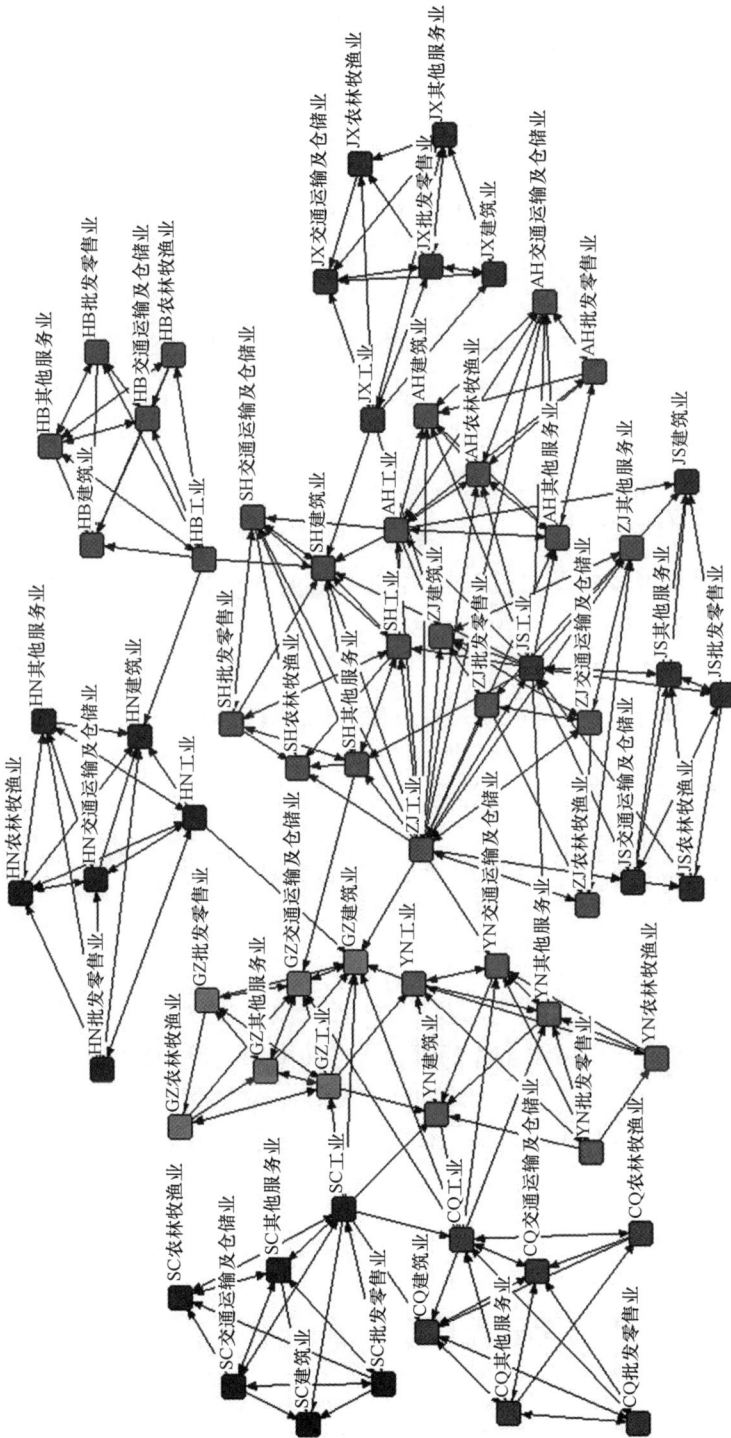

图5-5 2010年长江经济带11个省份6类产业联动网络拓扑图

注:阈值为0.007241。

(二) 产业的聚集力、辐射力和中介作用

产业联动网络中各产业节点的出度、入度和中间中心度分别反映产业的辐射力、聚集力和中介作用。分析可知，长江经济带产业联动网络中辐射力最强的是工业，且下游各省份的工业辐射力较强，其次是上游地区四川省的工业，中游地区湖北省和江西省的工业；聚集力较强的是上海市的交通运输及仓储业，其次是重庆市、湖北省、湖南省、四川省、贵州省的建筑业，说明聚集力较强的产业是交通运输及仓储业和建筑业。中间中心度反映各产业在产业联动网络中的枢纽作用强度，结果显示，在长江经济带 11 个省份的产业联动网络中，枢纽作用最强的是贵州省的其他服务业，其次是贵州省的交通运输及仓储业、工业，浙江省的工业、其他服务业，安徽省的工业，等等。整体上看，长江经济带产业联动网络中工业的辐射力较强，交通运输及仓储业与建筑业的聚集力较强，且其他服务业、交通运输及仓储业、工业在产业联动网络中的枢纽作用较大。

表 5 - 4　　　　2010 年长江经济带产业联动网络中点出度、入度与
中间中心度前 6 位的产业

出度前 6 位的产业	入度前 6 位的产业	中间中心度前 6 位的产业
SH 工业、JS 工业、ZJ 工业、SC 工业、HB 工业、JX 工业	SH 交通运输及仓储业、CQ 建筑业、HB 建筑业、HN 建筑业、SC 建筑业、GZ 建筑业	GZ 其他服务业、GZ 交通运输及仓储业、GZ 工业、ZJ 工业、ZJ 其他服务业、AH 工业

综上分析可知，在长江经济带产业联动网络中，各省份间的产业联动明显弱于各省份内，目前的区际产业联动还主要局限于邻近省份，跨区域的产业联动程度较弱；同时，长江经济带产业联动网络显示，经济带下游地区的产业是上游地区和中游地区产业联动的枢纽。此外，随着经济发展水平的提高，中游地区产业联动的枢纽作用也在逐渐增强。

第三节　孟印缅经济体产业联动网络

产业在区域之间存在多种联系和相互作用形式，一般情况下，生产

要素区际流动与产品的区际贸易是最主要的两种作用方式。① 因此，产品贸易也是产业联动的一种方式。在世界投入产出表统计数据库（WIOD）中，孟、印、缅三国中仅有印度的统计数据，而缺乏孟加拉国与缅甸的数据，所以无法构建孟印缅经济体间的产业联动网络。若将孟印缅经济体当作一个整体，则在经济发展与产业结构上，印度具有明显的代表性，所以首先可构建印度的产业联动网络，并对其进行结构测度，一定程度上它可以反映孟印缅经济体的产业联动情况。为了保证分析的全面性，进一步通过孟、印、缅三国间的产品贸易情况，揭示孟印缅经济体的产业联动特征。

一 基于投入产出表的产业联动

印度作为孟、印、缅三国中经济发展水平最高、产业结构最完善的国家，在数据受限的情况下，将通过构建印度产业联动网络，近似反映孟、印、缅三国的产业联动现实特征。

（一）产业联动网络特征

在世界投入产出表统计数据库中，现有 2000—2014 年的统计数据可用，但为了与长江经济带的分析保持基本一致及判断产业联动的演变趋势，在构建印度的产业联动网络时，仅选用 2007 年、2012 年、2014 年的数据进行分析。印度的产业联动网络具有小世界网络特性，但产业网络整体密度不高，产业之间的联系比较稀疏。同时，产业网络的中心性较低，无论是围绕资源输出型产业、资源输入型产业，还是产业网络中起到枢纽作用的核心产业，集中度都较低，说明网络整体中心性较低。

表 5 - 5　　　　　　　　　印度产业联动网络的特征

	2007 年	2012 年	2014 年
平均最短距离	1.037	1.032	1.029
聚类系数	0.966	0.972	0.973
网络密度	0.1494	0.1562	0.1562

---

① 付保宗：《中国产业区域转移机制问题研究》，中国市场出版社 2008 年版，第 22 页。

	2007 年	2012 年	2014 年
网络关系数目	460	481	481
度数中心势（出度/入度）	6.339%/2.713%	6.384%/2.941%	6.937%/3.075%
中间中心势	0.88%	0.77%	0.68%

基于 2007 年、2012 年、2014 年印度产业的投入产出关系数据，构建其产业联动网络拓扑图。在印度的产业联动网络中，陆上运输与管道运输业稳居网络的核心地位，该产业的联动程度与控制作用最大，并且陆上运输与管道运输业在网络中的控制作用远远高于内河运输与航空运输，说明印度的陆上运输与管道运输不仅控制着整个产业体系，还在运输业中具有较强的垄断地位。其次是金融业，电力、热力燃气的生产和供应业，建筑业，等等，这些产业在产业网络中的联动程度较强。产业联动网络的动态趋势显示，金融业，电力、热力燃气的生产和供应业，建筑业等在网络中的存在度逐渐提高，一方面反映这些产业在印度产业结构中的重要性越来越突出，另一方面说明这些产业发展迅速。其余产业（如零售业、医药制造业、化学原料制造业等）也是产业联动网络中的重要组成部分，并且其在产业联动网络中的控制地位基本不变。整体来看，第二产业和第三产业在产业联动网络中的控制作用较强，尤其是第三产业，其对产业联动的影响程度最大。

比较印度与长江经济带各省份间的产业联动网络，产业联动网络中具有重要控制地位的产业基本类似，产业联动网络的动态演进趋势也基本一致。整体来看，第二产业与第三产业对产业联动具有重要影响，尤其是第三产业。显然，附加值较高的产业在产业联动网络中占据重要的控制地位。由于长江经济带各省份间也呈现这样的趋势，所以长江经济带与孟印缅经济体具备较好的经济联系基础。

（二）产业的聚集力、辐射力和中介作用

在印度的产业联动网络中，入度与出度在反映产业的需求与供给联系时，也反映产业的聚集力与辐射力。2007—2014 年，印度产业联动网络中聚集力较强的产业基本没有变化，主要是陆上运输与管道运输业、化学原料和化学制品业、农业等，说明这些产业在印度产业结构中具

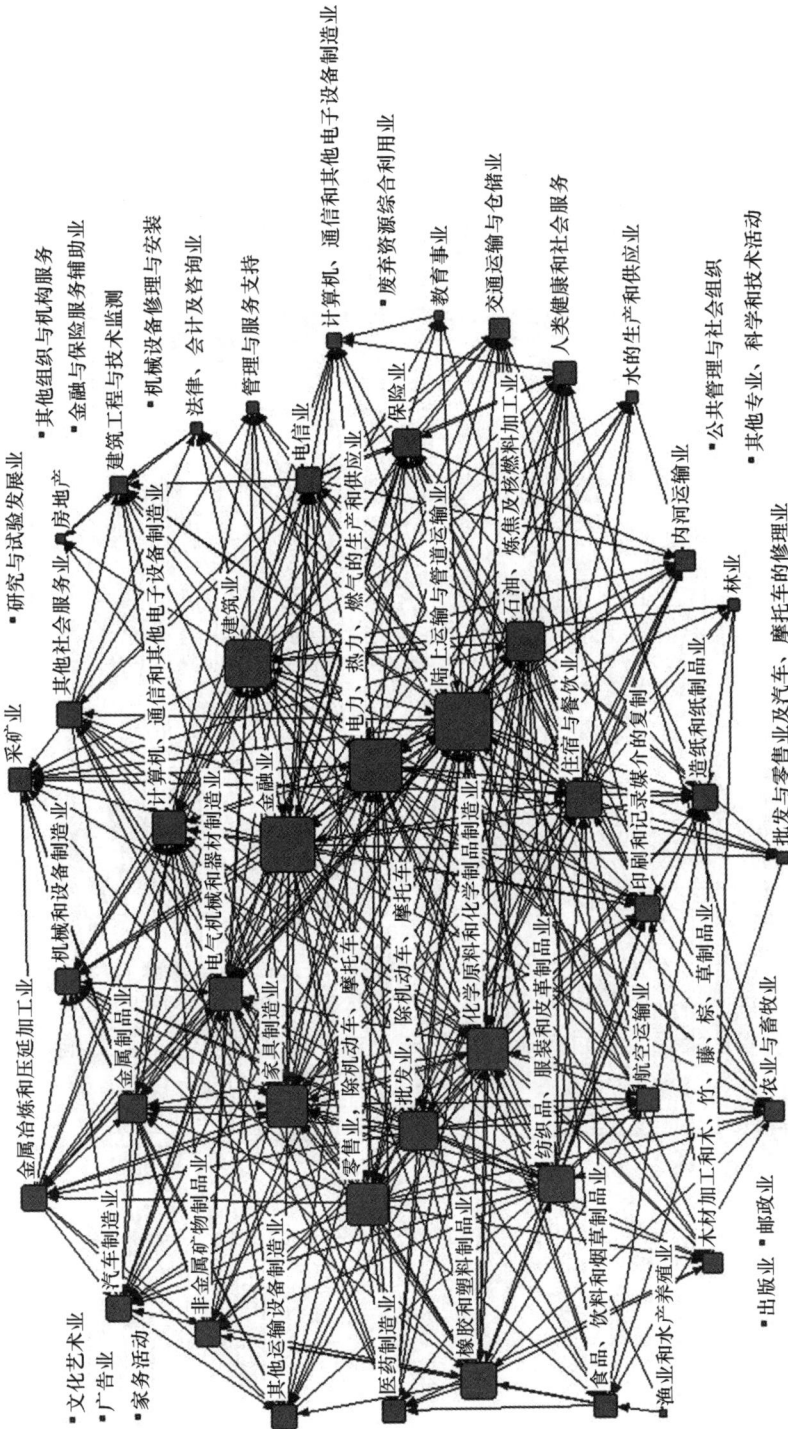

图5-6　2007年印度产业联动网络拓扑图

注：阈值为0.005369。

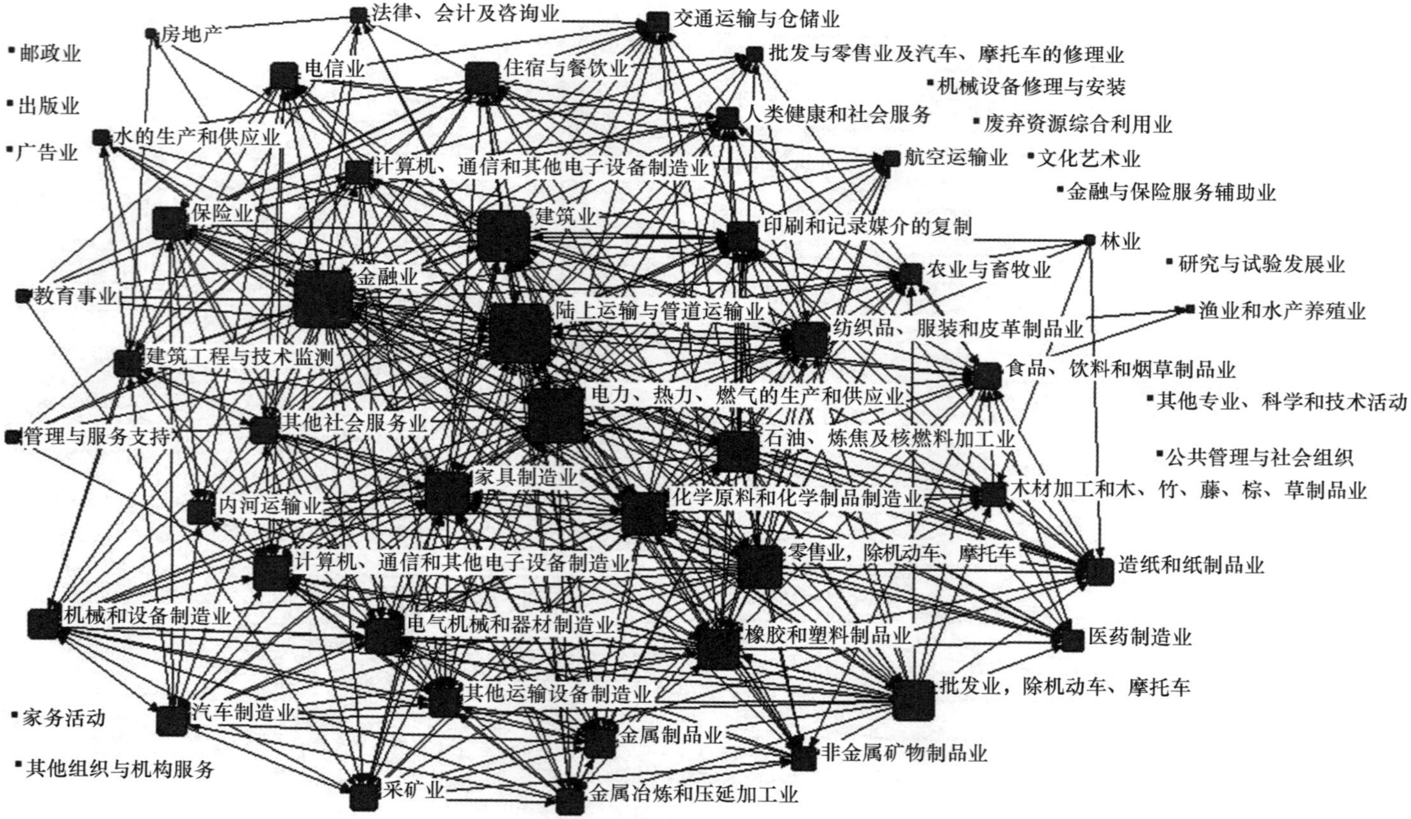

图5-7 2012年印度产业联动网络拓扑图

注：阈值为0.005289。

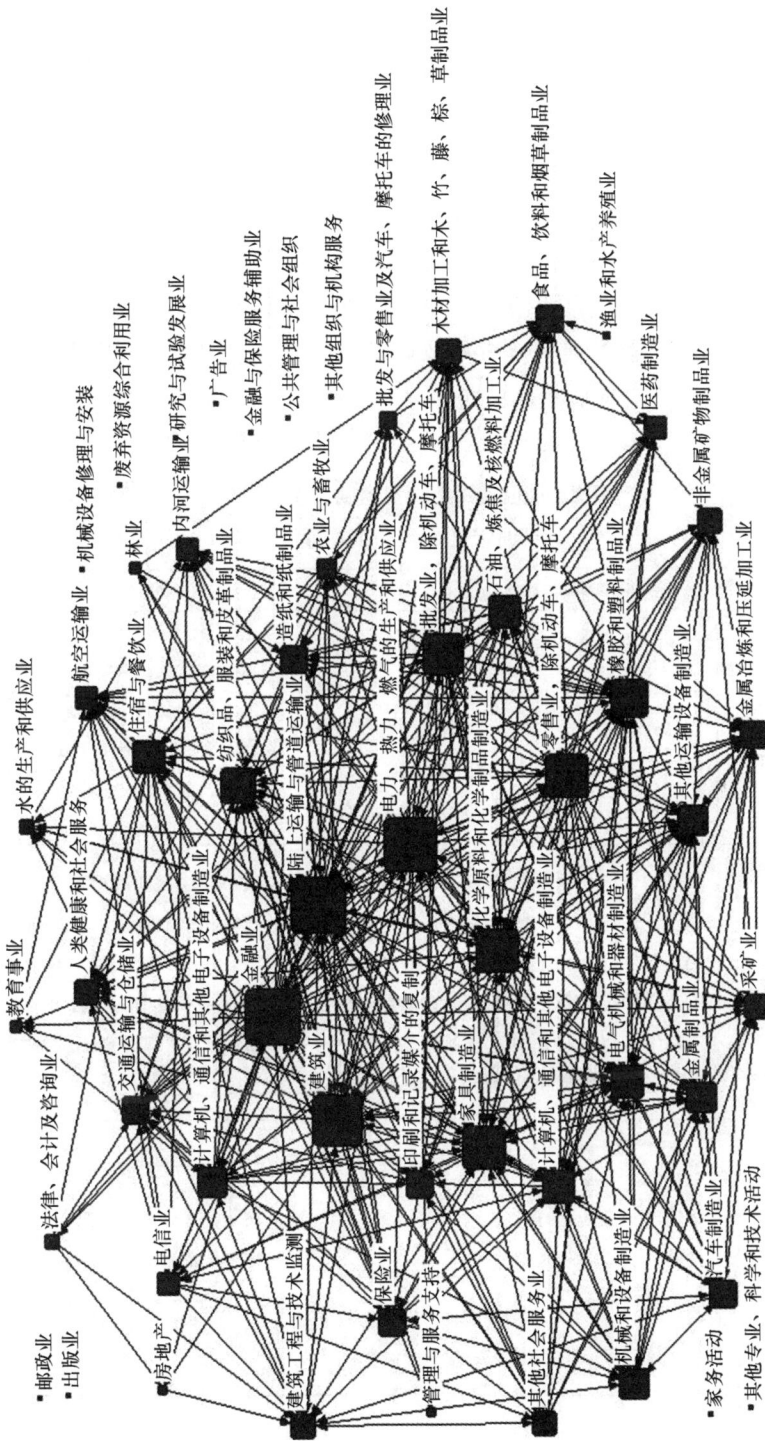

图5—8　2014年印度产业联动网络拓扑图

注：阈值为0.00535。

有稳定的聚集力,并且能通过需求拉动其他产业的发展。辐射力较大的产业虽略有变化,但主要是食品、饮料和烟草制品业,橡胶和塑料制品业,家具制造业,等等,这些产业辐射力大,通过为其余产业提供原材料、资源等来促进其他产业的发展。在印度的产业联动网络中,枢纽作用较大的产业主要是电信业、陆上运输与管道运输业、农业等,首先这些产业是生产活动的基础,其与许多产业均存在较强的关联关系,因此其在产业联动网络中发挥着重要的桥梁作用。整体来看,陆上运输与管道运输业在印度产业发展中具有重要影响,它是推动其他产业发展的基础,也是促进各类产业联动的枢纽。

表 5 - 6 印度产业联动网络中点出度、入度与
中间中心度前 6 位的产业

	2007 年	2012 年	2014 年
出度前 6 位的产业	陆上运输与管道运输业、化学原料和化学制品制造业、金属冶炼及压延加工业、农业、零售业、金融业	陆上运输与管道运输业、化学原料和化学制品业、金属冶炼及压延加工业、零售业、金融业、农业	陆上运输与管道运输业、化学原料和化学制品制造业、金属冶炼和压延加工业、零售业、金融业、农业
入度前 6 位的产业	食品、饮料和烟草制品业,纺织品、服装和皮革制品业,家具制造业,橡胶和塑料制品业,住宿与餐饮业,造纸和纸制品业	食品、饮料和烟草制品业,橡胶和塑料制品业,造纸和纸制品业,纺织品、服装和皮革制品业,汽车制造业,家具制造业	食品、饮料和烟草制品业,造纸和纸制品业,纺织品、服装和皮革制品业,汽车制造业,家具制造业,计算机、通信和其他电子设备制造业
中间中心度前 6 位的产业	电信业,农业,陆上运输与管道运输业,计算机、通信和其他电子设备制造业,建筑业,保险业	电信业,陆上运输与管道运输业,农业,计算机、通信和其他电子设备制造业,建筑业,化学原料和化学制品制造业	电信业,陆上运输与管道运输业,计算机、通信和其他电子设备制造业,农业,内河运输业,食品、饮料和烟草制品业

二　产品贸易联动

由于孟加拉国与缅甸的投入产出表数据缺失，不能构建孟、印、缅三国的整体产业联动网络，而国际产业互联的渠道主要有国际贸易、国际金融与跨国公司。[①] 产品的区际贸易是产业联系和相互作用的主要形式之一，因此可通过分析三国间产品或产业贸易来分析其产业联动。

（一）国际贸易促进产业联动的内在逻辑

随着国际区域经济合作的深入，一国的产业既是一个独立系统，又通过多种形式的关联机制受其他国家产业波动的影响。由于各国比较优势的不同，不同国家间出现寻求经济联系互补的需求，而国际贸易比较容易实现，也是各国经济联系最为常用的互补方式。由于孟、印、缅三国均是不发达国家，根据各国的资源优势，目前的产业联动主要是通过国际贸易建立，所以本部分主要从国际贸易的视角分析孟、印、缅三国之间产业互联的传导机制。由于贸易交换的存在，孟、印、缅三国可以从事相对成本较低的专业化生产，使得国际专业化的分工水平不断提高，并且通过贸易方式实现各自比较优势来获得收益，从客观上密切了各国的经济联系。

各国在进行专业化生产时，由于资本、技术、资源等独特优势的不同，每个国家会选择在国内进行新产品研发，掌握新产品的核心技术，优先促进国内市场的形成、促进产业的发展，但随着国内需求的饱和，通过贸易将产品出口到其余国家，开拓本国产品的消费市场；随着产品研发技术的成熟，出口国将产业转移到进口国，结合进口国的比较优势形成生产能力，以更低的价格将产品返销到国内市场，冲击国内产业，促使出口国研发新产品，发展新产业。而国内新产业的出现，将通过需求、劳动力素质提高、产业关联以及地方服务业的发展进一步吸引新的产业，进而促进产业在空间上的累积增长。[②] 由于进口国的产业结构和经济体系不完善，处于贸易劣势，所以大部分市场份额被进口商品占据，

---

① 黎鹏：《产业协调与产业功能区研究》，人民出版社 2011 年版，第 175 页。

② G. Myrdal, *Economic Theory and Under-development Regions*, Gerarld Duckworth, 1957, p. 16.

但国内市场被进口商品开拓后，进口国通过模仿、引进和利用进口产品的生产技术，结合国内优势资源，增加进口商品在国内的生产，达到一定的生产规模后，随着产品生产技术和经营管理的改善，进口国生产的产品在国际市场占据竞争优势。出口国原有生产优势消失，促使其研发与生产新产品，并进行新一轮产品贸易循环。

国际产品贸易会促进各国产业联系密切化。产品贸易首先直接作用于同类产业，而由于国内市场受到冲击，引发国内生产部门的重新调整，而在一定资源与生产要素下，一国某一产业的变动，必然引起要素市场与中间产品生产部门的调整，即国内生产资料与消费市场的调整并不会局限在某一产业，而是引发一连串产业部门调整，进而产生连带反应。因此，国际产品贸易会促进国际产业联动。随着国际贸易的深化，各国间产业相互依赖性逐渐增加，一国产业波动或调整必然会波及其贸易国。因此，通过产品贸易形成国家间产业互动，引发国内外产业结构的调整，实现国际产业分工优化，最终促进国内外的产业联动。

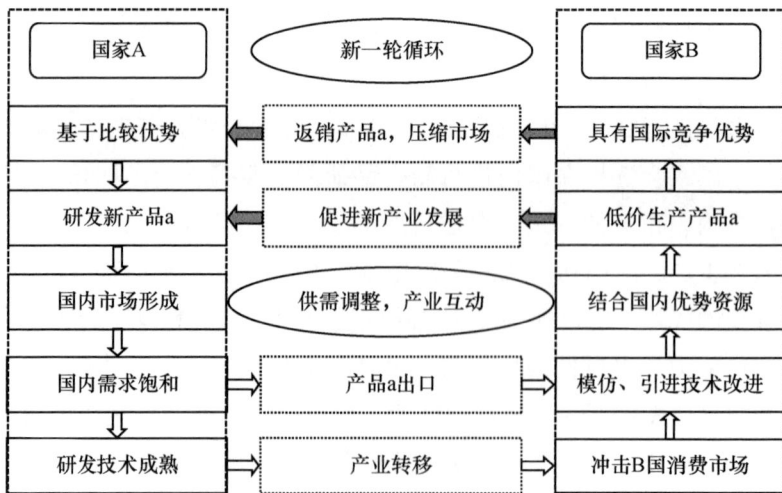

图 5-9 国际贸易促进产业联动

（二）孟印缅经济体的产品贸易

进一步的，将通过孟、印、缅三国间的产品贸易关系分析其产业联动。为了判别孟、印、缅三国间相互联系的优势产业，计算三国间产品

贸易竞争优势指数 TC_{ijk}，利用该指数反映三国间产品贸易的竞争力，进一步揭示产业互动情况。其表达式如下：

$$TC_{ijk} = (A_{ijk} - B_{ijk})/(A_{ijk} + B_{ijk}) \tag{5.2}$$

其中，TC_{ijk} 表示 i 国与 j 国 k 产品贸易竞争力指数，A_{ijk} 代表 i 国对 j 国 k 产品的出口额，B_{ijk} 代表 i 国对 j 国 k 产品的进口额，若该指数为正，说明 i 国的 k 产品在 j 国具有较强的出口竞争力，其产业竞争力也强；指数为负则表示产品竞争力较弱；指数为 0 则表示两国产业竞争力相当。TC_{ijk} 的范围是 −1—1，取值为 1 或 −1 表示 i 国 k 产品对 j 国只有出口或只有进口的极端情况。通过该指数判断出孟、印、缅三国间相互关联的优势产业，进而通过优势产业带动其他产业的发展，最终形成具有竞争力的产业集群，增进各国间的产业联动。根据世界银行数据库里 WITS 统计的 22 种商品贸易数据，计算孟加拉国、印度、缅甸相互间的产品贸易竞争优势指数。

孟加拉国对印度的产品贸易竞争优势较弱，说明其大多数产品的生产率均低于印度的生产率，处于竞争劣势。但从贸易竞争优势指数的变化趋势可以看出，2012—2015 年，大多数产品的贸易竞争优势指数基本不变，个别商品的贸易竞争优势有变弱的倾向，仅有鞋类、兽皮两类产品的贸易竞争优势指数逐渐增大，说明这两类产品的竞争优势有增强的趋势。另外，孟加拉国与缅甸产品贸易竞争优势指数显示，相对于缅甸，孟加拉国在农产品的生产上处于竞争劣势，在制成品、机械和运输设备等产品的生产上具有明显的竞争优势，但其在农产品上的竞争劣势有减弱的趋势，在制成品上的竞争优势也在逐渐降低。孟加拉国与印度相比，在农业和轻工业上具有一定的优势，而与缅甸相比，在制造业上具有竞争优势。

表 5−7　　孟加拉国对印度、缅甸的产品贸易竞争优势指数

	孟加拉国—印度贸易竞争优势指数			孟加拉国—缅甸贸易竞争优势指数		
	2012 年	2013 年	2015 年	2012 年	2013 年	2015 年
动物	−0.411	−0.845	−0.766	−1.000	−0.999	−0.937
食物	−0.722	−0.757	−0.906	−1.000	−1.000	−0.911

续表

	孟加拉国—印度贸易竞争优势指数			孟加拉国—缅甸贸易竞争优势指数		
	2012 年	2013 年	2015 年	2012 年	2013 年	2015 年
农业原材料	− 0. 745	− 0. 857	− 0. 822	− 1. 000	− 1. 000	− 0. 981
蔬菜	− 0. 678	− 0. 733	− 0. 934	− 1. 000	− 1. 000	− 0. 967
原材料	− 0. 613	− 0. 744	− 0. 835	− 1. 000	− 1. 000	− 0. 986
兽皮	− 0. 351	− 0. 065	0. 097	1. 000	0. 000	0. 808
木材	− 0. 952	− 0. 923	− 0. 864	− 1. 000	− 1. 000	− 0. 999
塑料或橡胶	− 0. 901	− 0. 968	− 0. 868	− 1. 000	− 1. 000	0. 932
宝石和玻璃	− 0. 952	− 0. 943	− 0. 874	0. 945	− 1. 000	1. 000
食品	− 0. 834	− 0. 813	− 0. 807	0. 000	1. 000	0. 289
纺织和服装制品	− 0. 706	− 0. 738	− 0. 712	0. 994	0. 960	0. 907
化学制品	− 0. 919	− 0. 972	− 0. 962	0. 997	1. 000	0. 980
杂项制品	− 0. 958	− 0. 978	− 0. 978	− 0. 974	0. 945	− 0. 625
机械和运输设备	− 0. 984	− 0. 972	− 0. 962	1. 000	− 0. 826	0. 623
机械和电力	− 0. 972	− 0. 966	− 0. 949	1. 000	− 0. 809	0. 700
金属制品	− 0. 739	− 0. 809	− 0. 856	1. 000	1. 000	0. 992
矿物制品	− 1. 000	− 1. 000	− 1. 000	0. 000	1. 000	1. 000
矿石和金属	− 0. 439	− 0. 581	− 0. 676	0. 000	0. 000	0. 000
燃料制品	− 0. 984	0. 162	− 0. 790	1. 000	1. 000	1. 000
鞋类	− 0. 514	− 0. 273	0. 229	0. 999	0. 000	0. 643
运输设备	− 0. 997	− 0. 979	− 0. 978	0. 000	− 1. 000	− 0. 904
制成品	− 0. 849	− 0. 847	− 0. 829	0. 998	0. 997	0. 863

注: 指数根据世界银行数据库里 WITS 统计的 22 种商品贸易数据计算而得, 由于数据缺失, 仅用三年的数据进行分析, 下同。由于孟加拉国 2014 年、2016 年的产品贸易数据缺失, 故采用 2012 年、2013 年和 2015 年的数据加以分析。

印度与孟加拉国、缅甸的 TC 指数显示, 印度相对于孟加拉国和缅甸的产品贸易竞争优势较明显。相比于孟加拉国, 印度的农业和制造业的优势较突出, 仅有个别商品处于竞争劣势, 主要是兽皮和鞋类, 但这种竞争劣势呈现一定的减弱趋势。印度与缅甸相比, 在制成品的生产上具有明显的竞争优势, 但这种竞争优势有减弱的趋向, 比较明显的是制成品、矿物制品和金属制品的生产, 这主要是随着缅甸经济发展和对外开放水平的提高,其对印度的产品依赖度正在逐渐降低。在大多数农产品(如食物、蔬菜、原材料、木材)上,印度的竞争劣势明显,仅在动物和兽皮上存在一定的优势。总体来看,印度在制造业上具有明显的发展优势,在农业上也有优势,但这种优势只针对特定的农产品。

表5-8　　印度对孟加拉国、缅甸的产品贸易竞争优势指数

	印度—孟加拉国贸易竞争优势指数			印度—缅甸贸易竞争优势指数		
	2014年	2015年	2016年	2014年	2015年	2016年
动物	0.698	0.282	0.500	0.340	0.502	0.757
食物	0.852	0.808	0.812	-0.798	-0.529	-0.225
农业原材料	0.888	0.814	0.642	-0.941	-0.436	-0.224
蔬菜	0.861	0.858	0.936	-0.964	-0.972	-0.974
原材料	0.802	0.759	0.668	-0.923	-0.273	0.047
兽皮	-0.088	-0.236	-0.264	0.263	0.401	0.490
木材	0.926	0.906	0.924	-0.993	-0.947	-0.957
塑料或橡胶	0.871	0.828	0.939	0.954	0.982	0.909
宝石和玻璃	0.878	0.893	0.878	0.994	0.991	0.994
食品	0.899	0.841	0.770	1.000	1.000	1.000
纺织和服装制品	0.772	0.704	0.628	1.000	0.997	0.995
化学制品	0.962	0.909	0.963	0.999	0.999	0.997
杂项制品	0.970	0.935	0.947	0.915	0.922	0.881
机械和运输设备	0.974	0.941	0.957	0.999	0.992	0.542
机械和电力	0.966	0.965	0.986	0.999	0.990	0.994
金属制品	0.795	0.817	0.834	1.000	0.996	0.873
矿物制品	0.633	0.636	0.767	0.864	0.755	-0.146
矿石和金属	0.440	0.559	0.581	0.651	0.691	-0.076
燃料制品	1.000	0.762	0.623	1.000	1.000	0.991
鞋类	-0.170	-0.231	0.138	1.000	0.963	0.937
运输设备	0.980	0.924	0.930	1.000	0.999	0.099
制成品	0.849	0.797	0.823	0.925	0.751	0.539

注:指数根据世界银行数据库里WITS统计的22种商品贸易数据计算而得。

相比于孟加拉国与印度，缅甸的贸易竞争优势主要体现在农业上。缅甸与孟加拉国的产品贸易说明，缅甸在动物、农业原材料、原材料、木材及矿石与金属等产品上具有明显的竞争优势，但其竞争优势正在逐渐减弱，而在制成品、工业制品上明显处于竞争劣势。同样，缅甸与印度产品贸易的 TC 指数显示，缅甸的竞争优势主要体现在农业上，其中竞争优势比较明显的农产品是食物、蔬菜、原材料、木材等，但这种竞争优势呈现减弱的趋势；而缅甸与印度相比，在工业制品上处于明显的竞争劣势，仅在部分轻工业产品（如鞋类）和工业品原料（如矿石和金属）上存在竞争优势，且这种竞争优势有逐渐变强的趋势。综合来看，缅甸与孟加拉国、印度的产品贸易显示，农业是缅甸的优势产业，也是孟、印、缅三国间产业联动的基础。

表 5 - 9   缅甸对孟加拉国、印度的产品贸易竞争优势指数

	缅甸—孟加拉国贸易竞争优势指数			缅甸—印度贸易竞争优势指数		
	2014 年	2015 年	2016 年	2014 年	2015 年	2016 年
动物	0.998	1.000	0.998	0.261	0.209	- 0.001
食物	0.000	- 1.000	- 1.000	0.834	0.728	0.108
农业原材料	0.996	0.327	0.167	0.954	0.856	0.736
蔬菜	0.000	0.000	- 1.000	0.911	0.959	0.923
原材料	0.999	0.993	0.845	0.756	0.675	0.677
兽皮	- 1.000	- 1.000	- 1.000	0.484	0.273	- 0.189
木材	0.999	0.948	0.857	0.988	0.952	0.925
塑料或橡胶	0.854	- 1.000	- 0.856	- 0.905	- 0.941	- 0.750
宝石和玻璃	- 1.000	0.999	0.000	- 0.770	- 0.699	- 0.735
食品	1.000	- 0.725	- 0.979	- 0.764	- 0.916	- 0.979
纺织和服装制品	- 0.470	- 0.577	- 0.631	- 0.933	- 0.758	- 0.724
化学制品	- 0.990	- 0.980	- 0.979	- 0.987	- 0.986	- 0.966
杂项制品	0.994	0.717	0.946	- 0.834	0.153	- 0.632
机械和运输设备	- 1.000	- 0.681	- 0.895	- 0.989	- 0.976	- 0.771
机械和电力	- 1.000	- 0.681	- 0.835	- 0.985	- 0.960	- 0.747
金属制品	- 1.000	- 1.000	0.788	- 1.000	- 0.800	- 0.891
矿物制品	- 1.000	- 1.000	1.000	- 0.982	- 0.977	- 0.092

续表

	缅甸—孟加拉国贸易竞争优势指数			缅甸—印度贸易竞争优势指数		
	2014 年	2015 年	2016 年	2014 年	2015 年	2016 年
矿石和金属	0.000	0.000	0.971	- 0.974	0.208	0.401
燃料制品	0.000	- 1.000	- 1.000	0.767	- 0.968	- 0.910
鞋类	0.982	0.974	- 0.523	0.128	0.399	0.671
运输设备	0.000	0.000	- 1.000	- 1.000	- 1.000	- 0.797
制成品	- 0.687	- 0.370	- 0.855	- 0.903	- 0.603	- 0.462

综合印度的产业联动网络与孟、印、缅三国间的产品贸易可知，农业在印度产业联动网络中辐射力较大，发挥着重要的枢纽作用，并且在孟、印、缅三国的产品贸易中，各国在农产品上的贸易多为双向贸易，且缅甸农业的竞争优势明显。从产品贸易促进产业联动的逻辑来看，农业是孟印缅经济体产业联动的基础。比较来看，孟加拉国与印度在制造业上的优势明显，三国对制成品的需求比较强烈，印度的产业联动网络中也体现了各项制造业、服务业在产业联动网络中具有重要的控制作用，尤其是陆上运输与管道运输业，电力、热力燃气的生产和供应业，建筑业等具有较强的控制地位。农业是印度、孟加拉国、缅甸国民经济发展中的支柱产业，而制造业是目前各国重点发展的产业。因此，孟、印、缅三国产业联动应以农业为基础，而制造业是产业联动的重点。

第四节　跨境产业联动网络

长江经济带各省份间已形成产业联动网络，印度作为孟、印、缅三国的典型代表，也已形成产业联动网络，并且通过对三国间产品贸易的分析可知，孟、印、缅三国的产业互动程度高、经济联系基础较好。基于前文的分析，本部分将从长江经济带与孟印缅经济体这两大区域整体去考虑，首先，建立两大区域近似的产业联动网络；其次，为避免数据缺失造成的分析不充分，将进一步从长江经济带 11 个省份与孟加拉国、印度、缅甸的产业贸易去分析长江经济带与孟印缅经济体的产业联动；最后，结合产业联动网络与产业贸易分析，总结长江经济带与孟印缅经

济体产业联动的内在特征，揭示长江经济带与孟印缅经济体的空间经济
联系现状。

一 基于投入产出表的产业联动

长江经济带是我国经济发展中的重要增长极，也是我国区域经济中
的典型代表。据此，整个长江经济带产业投入产出数据，可根据我国国
家层面数据进行近似估算。由于缺乏孟加拉国、缅甸的产业投入产出关
系数据，而印度是孟、印、缅三国中发展水平最高、产业结构较完善的
国家，经济发展上具有典型的代表性，因此可选择印度作为孟、印、缅
三国的代表区域进行分析。基于此，可以建立长江经济带与孟印缅经济
体的产业联动网络，其中主要利用世界投入产出表数据库中中国与印度
的数据进行分析。首先，在数据选择上，世界投入产出表可用 2000—
2014 年的数据，为了与前文的分析统一，选择 2007 年、2012 年与 2014
年的数据进行分析；其次，计算 2007 年、2012 年、2014 年长江经济带的
生产总值占中国国内生产总值的比重，并以此比重作为权重，对中国的
投入产出表数据进行赋权，具体计算中涉及中国的数据都进行赋权，最
终将数据转换为长江经济带的投入产出关系数据；再次，利用世界投入
产出表中印度的数据近似替代孟印缅经济体的投入产出关系数据；最后，
由于世界投入产出表中每个国家的产业节点有 56 个，为了保证可比性及
产业联动网络能够较清晰地呈现，将世界投入产出表的产业与长江经济
带各省份投入产出表的产业进行匹配，最终选择 35 个产业节点构建产业
联动网络。

(一) 产业联动网络特征

长江经济带与孟印缅经济体间的产业联动网络满足小世界网络特性，
但产业网络密度不高，产业之间的联系比较稀疏，还属于典型的低密度
复杂网络。网络的整体中心性较低，无论是围绕点出度的资源输出型产
业，还是围绕点入度的资源输入型产业，产业网络的中心性都较低，并
且呈现逐渐减弱的趋势。此外，产业联动网络中起到枢纽作用的核心产
业集中度也较低。较低的网络密度说明长江经济带与孟印缅经济体间的
经济联系较弱，集中度不高。

表5-10   长江经济带与孟印缅经济体产业联动网络的特征

	2007 年	2012 年	2014 年
平均最短距离	1.019	1.017	1.016
聚类系数	0.957	0.944	0.943
网络密度	0.2159	0.2070	0.2079
网络关系数目	1043	1000	1004
度数中心势（出度/入度）	3.871%/1.049%	3.331%/1.020%	3.041%/0.924%
中间中心势	1.31%	0.38%	0.45%

长江经济带与孟印缅经济体产业联动网络拓扑图（其中 Y 表示长江经济带，I 表示孟印缅经济体）显示，产业联动网络中具有重要控制地位的产业主要是第二产业与第三产业，第一产业在网络中的控制作用不明显但稳定。两大区域内的产业联动紧密度远远高于区域间的产业联动，两大区域间直接进行跨境产业联动的产业较少，仅有部分产业起到跨境产业联动的枢纽作用。在 2007 年、2012 年、2014 年的产业联动网络中，长江经济带与孟印缅经济体之间主要是同类产业的联动（如计算机、通信和其他电子设备制造业，其他运输设备制造业，化学原料和化学制品业，纺织品、服装和皮革制品业），或者是两个区域相关产业的联动（如 I 采矿业、I 金属制品业与 Y 金属冶炼及压延加工业，I 橡胶与塑料制品业、I 医药制造业与 Y 化学原料和化学制品制造业，I 电信业与 Y 计算机、通信和其他电子设备制造业，I 内河运输业与 Y 其他运输设备制造业等相关产业），产业联动网络的动态演进趋势表明，两个区域的相关产业联动作用逐渐增强。从长江经济带与孟印缅经济体内部来看，跨境产业联动中，发挥直接联动作用的产业并非都是区域内具有重要控制地位的产业，其中在区域内具有重要控制地位的仅是 Y 化学原料和化学制品制造业，其余产业在区域内产业联动网络中的影响相对较小，这说明跨境产业联动中起到枢纽作用的产业与其在区域内产业联动网络中的控制地位无关。长江经济带与孟印缅经济体的跨境产业联动目前还主要是由同类产业或是相关产业作为桥梁和枢纽推动的。因此，长江经济带与孟印缅经济体之间的经济联系较弱，仅有部分同类产业或是相关产业间具有直接的经济联系，但从产业数量的变化来看，两区域间的空间经济联系呈现逐渐增强的趋势。

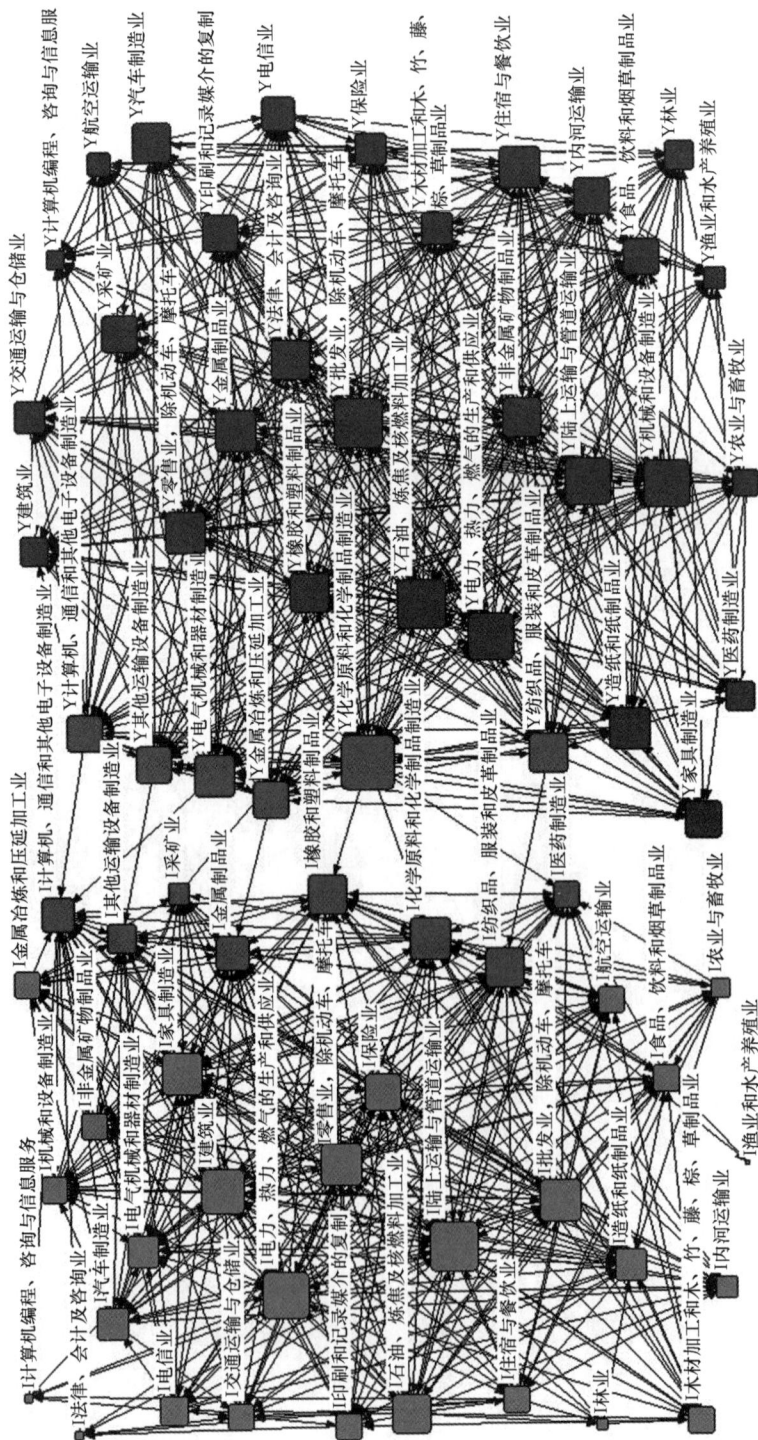

图5-10 2007年长江经济带与孟印缅经济体产业联动网络拓扑图

注：阈值为0.00346。

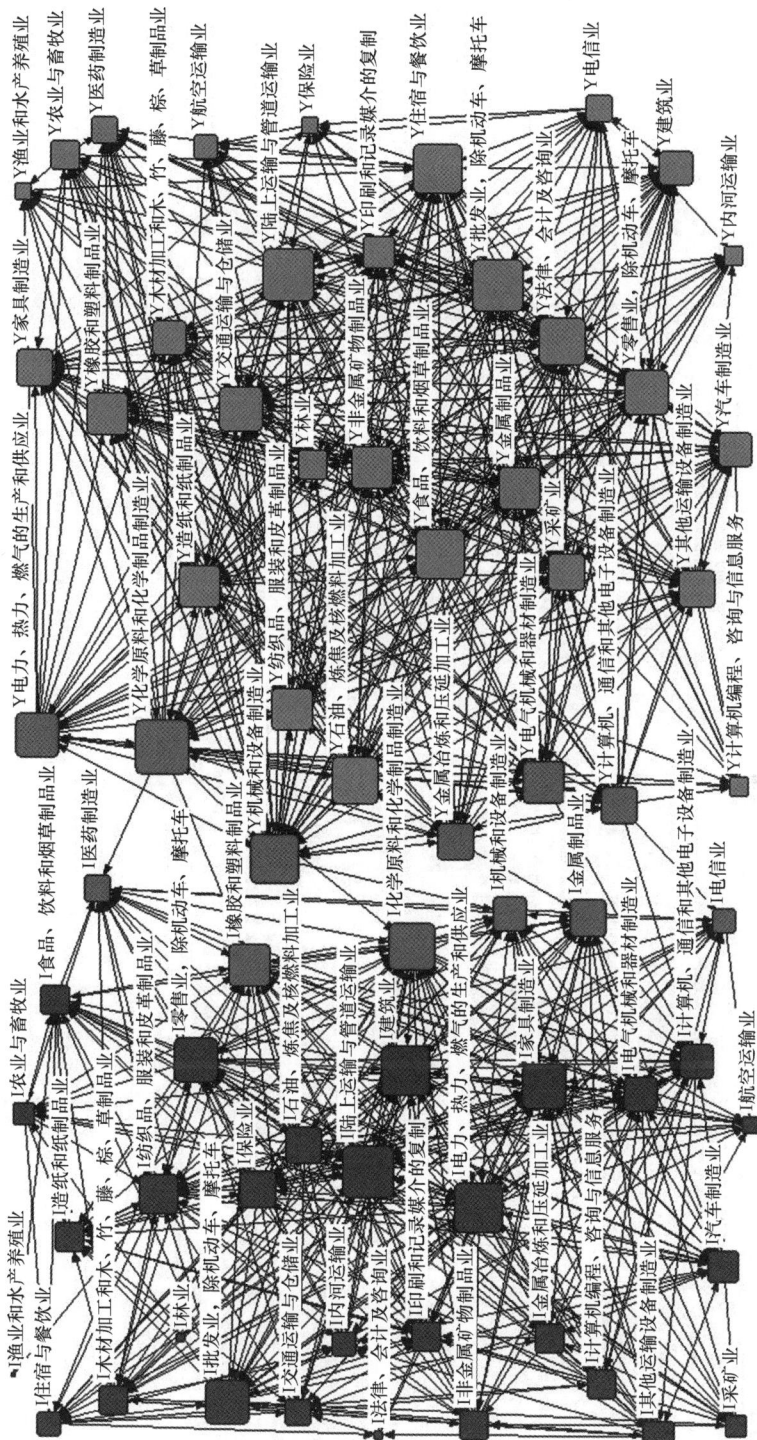

图5—11 2012年长江经济带与孟印缅经济体产业联动网络拓扑图

注：阈值为0.00351。

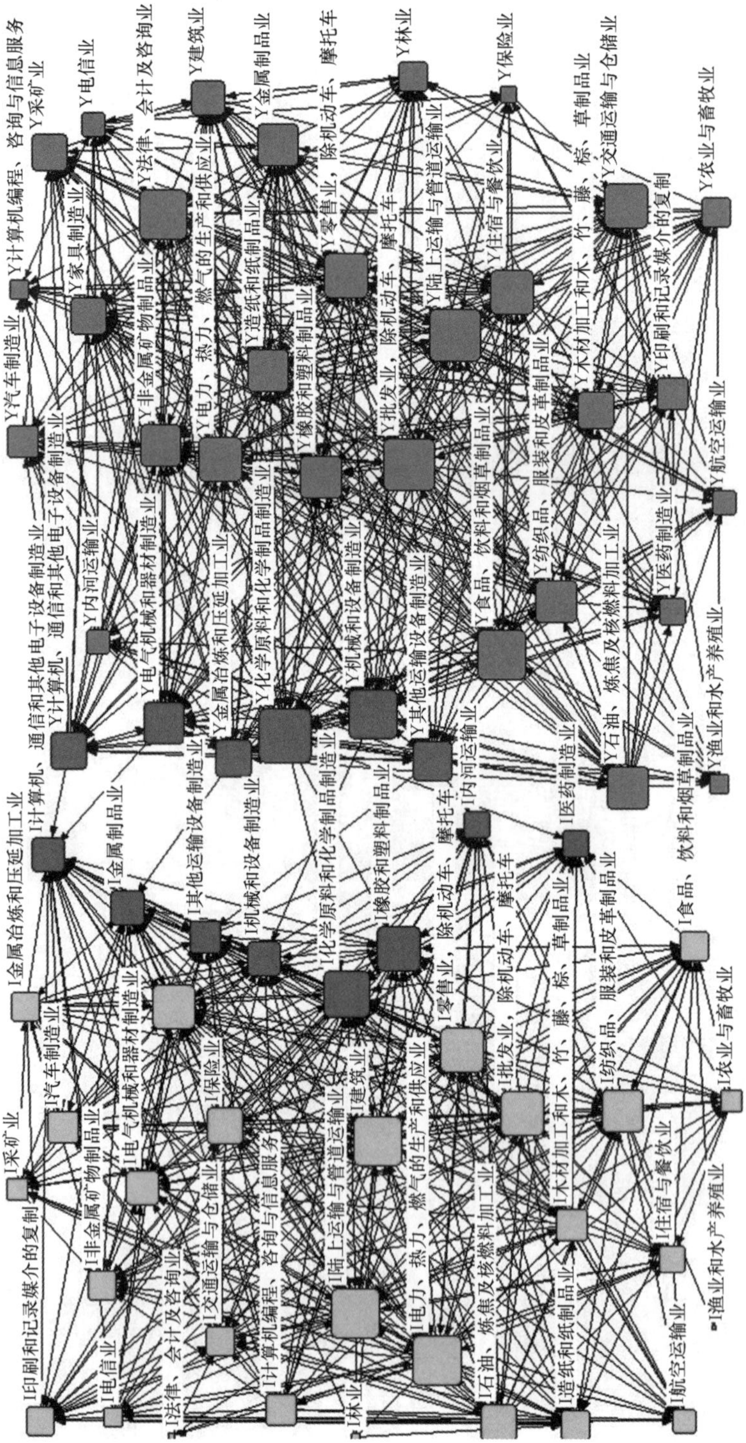

图5-12 2014年长江经济带与孟印缅经济体产业联动网络拓扑图

注：阈值为0.00357。

对比长江经济带各省份间的产业联动网络与长江经济带和孟印缅经济体的产业联动网络可知，不管是跨区域产业联动还是跨境产业联动都明显弱于区域内的产业联动，并且产业联动的枢纽多是不同区域的同类产业或是相关产业，说明目前跨区域产业联动或跨境产业联动都还存在较大的局限性，长江经济带上、中、下游间以及长江经济带与孟印缅经济体间的空间经济联系还较弱。

（二）产业的聚集力、辐射力和中介作用

根据2007—2014年的产业联动网络可知，各产业节点在网络中的作用基本没变，其中辐射力较强的产业和聚集力较强的产业目前还主要集中于长江经济带内的产业，孟印缅经济体的产业较少。辐射力较强的产业主要是Y金属冶炼和压延加工业、Y化学原料和化学制品制造业、I金属冶炼和压延加工业等；而聚集力较强的产业主要是I食品、饮料和烟草制品业、Y纺织品、服装和皮革制品业、Y电气机械和器材制造业，等等。但是在产业联动网络中起到重要枢纽作用的产业主要是孟印缅经济体的产业，长江经济带内的产业相对较少，主要是I食品、饮料和烟草制品业，I化学原料和化学制品制造业、Y食品、饮料和烟草制品业，等等。这些产业在网络中的作用相对稳定，对整个产业联动网络具有重要影响。

表5-11　长江经济带与孟印缅经济体产业网络中点出度、入度与
中间中心度前6位的产业

	2007 年	2012 年	2014 年
出度前 6 位的产业	Y 金属冶炼和压延加工业、Y 化学原料和化学制品制造业、I 陆上运输与管道运输业，Y 电力、热力、燃气的生产和供应业、Y 石油、炼焦及核燃料加工业，I 金属冶炼和压延加工业	Y 化学原料和化学制品制造业、Y 金属冶炼和压延加工业，Y 石油、炼焦及核燃料加工业，I 陆上运输与管道运输业，Y 食品、饮料和烟草制品业，I 金属冶炼和压延加工业	Y 化学原料和化学制品制造业、Y 金属冶炼和压延加工业、I 陆上运输与管道运输业，Y 石油、炼焦及核燃料加工业，Y 食品、饮料和烟草制品业，I 金属冶炼和压延加工业

续表

	2007 年	2012 年	2014 年
入度前 6 位的产业	I 食品、饮料和烟草制品业，Y 纺织品、服装和皮革制品业、Y 电气机械和器材制造业、Y 金属制品业、Y 汽车制造业、Y 食品、饮料和烟草制品业	I 食品、饮料和烟草制品业，Y 汽车制造业，Y 纺织品、服装和皮革制品业、Y 电气机械和器材制造业、Y 化学原料和化学制品制造业，Y 食品、饮料和烟草制品业	I 食品、饮料和烟草制品业，Y 纺织品、服装和皮革制品业、Y 电气机械和器材制造业、Y 汽车制造业、Y 化学原料和化学制品制造业，Y 食品、饮料和烟草制品业
中间中心度前 6 位的产业	Y 内河运输业，I 食品、饮料和烟草制品业，Y 食品、饮料和烟草制品业，I 化学原料和化学制品制造业，I 计算机、通信和其他电子设备制造业，I 其他运输设备制造业	I 食品、饮料和烟草制品业，Y 内河运输业，Y 食品、饮料和烟草制品业，I 化学原料和化学制品制造业，I 纺织品、服装和皮革制品业，I 陆上运输与管道运输业	I 食品、饮料和烟草制品业，I 化学原料和化学制品制造业，Y 食品、饮料和烟草制品业，I 纺织品、服装和皮革制品业，I 计算机、通信和其他电子设备制造业，I 陆上运输与管道运输业

二 产业贸易联动

由于在长江经济带与孟印缅经济体的产业联动网络分析中，限于数据没有考虑全面，将进一步通过具体的产业贸易进行补充与完善。长江经济带覆盖我国的 11 个省份，由于各省份发展水平及产业结构存在明显的差异，因此将分区域具体分析各区域、各省份与孟、印、缅三国的产业贸易。本部分利用 2012—2016 年各省份与孟、印、缅三国的产业贸易数据，[①] 重点分析长江经济带各省份与孟、印、缅各国间的产业贸易关系，进而分析其联动发展的重点产业，并计算产业的贸易竞争优势指数，判断各省份与孟、印、缅各国联动的优势产业，分析中明确各省份相对于境外国家的优势产业和孟、印、缅三国相对于长江经济带的优势产业，

---

① 资料来源于中国海关，由 EPS DATA 整理，分析中剔除统计数据不全的行业，最终选择 23 个产业进行分析。

以进一步揭示长江经济带与孟印缅经济体产业联动的内在特征。限于篇幅，分析结果详见附表1至附表11。

（一）长江经济带上游各省份与孟、印、缅三国的产业贸易

在与孟加拉国的产业贸易中，长江经济带上游4省份在多数制造业上具有明显的竞争优势，如家具制造业，酒、饮料和精制茶制造业，装备制造业，等等，孟加拉国在纺织业，纺织服装、服饰业，皮革、毛皮、羽毛及其制品和制鞋业上具有明显的竞争优势。整体来看，上游4省份与孟加拉国的产业贸易多数仅是单向贸易。而在与缅甸的产业贸易中，上游4省份在制造业上具有绝对优势，如纺织业、设备制造业等，但在农业，畜牧业，农、林、牧、渔服务业等方面，缅甸具有相对竞争优势，上游4省份对缅甸的产业贸易多数仅有出口贸易，双边贸易的产业较少。相对来看，经济带上游4省份与印度的产业贸易联系较紧密。上游4省份与印度的产业贸易中双向贸易居多，并且印度在非金属矿采选业，农副食品加工业，农业，林业，酒、饮料和精制茶制造业等产业上具有明显的竞争优势，而上游4省份在医药制造业、烟草制品业等上具有竞争优势。在长江经济带上游4省份与孟、印、缅三国的产业贸易中，上游4省份在农业，纺织业，纺织服装、服饰业，皮革、毛皮、羽毛及其制品和制鞋业，非金属矿采选业等方面存在一定的竞争劣势，但在多数食品制造业、加工业、采选业、制造业上，4省份具有明显的竞争优势。对比看出，4省份与孟加拉国、缅甸的多数产业都只进行单方面的贸易，双向贸易的产业较少，但在与印度的产业贸易中则相反，多数产业都是双向贸易，仅有少数产业是单向贸易，这说明上游4省份与印度的产业联动基础较好，而与孟加拉国与缅甸的产业联动基础还比较薄弱。

（二）长江经济带中游各省份与孟、印、缅三国的产业贸易

长江经济带中游4省份相对于孟加拉国，在多数产业上均具有竞争优势，仅在农业、食品制造业、农副食品加工业、废弃资源综合利用业等上处于竞争劣势，并且多数产业仅存在出口贸易，产业间的双向互动联系较弱。在与缅甸的产业贸易中，中游4省份的竞争优势明显，在多数产业上仅存在出口贸易。缅甸在农业，木材加工和木、竹、藤、棕、草制品业，非金属矿采选业等方面具有一定的竞争优势，而在多数制造业上处于竞争劣势。中游4省份与印度的产业贸易较密切，双边产业互

动明显，其中印度在农业、非金属矿采选业、纺织业、化学原料和化学制品制造业、化学纤维制造业、废弃资源综合利用业等上具有明显的竞争优势，但在制造业、造纸和纸制品业、医药制造业等方面不具有竞争优势。同样，中游4省份与孟、印、缅三国的产业贸易中，与孟加拉国、缅甸的产业贸易多数仅存在出口，而与印度的产业进出口贸易相对平衡，双向贸易相对较多，说明中游4省份与孟加拉国、缅甸的产业联动基础较弱，双向的产业互动有待加强，而与印度的产业联动基础相对较好。

（三）长江经济带下游各省份与孟、印、缅三国的产业贸易

长江经济带下游各省份与孟加拉国的产业贸易，在加工业、设备制造业上具有明显的优势，但在农业、纺织业、废弃资源综合利用业上处于竞争劣势。而在与缅甸的产业贸易中，缅甸在农业、林业、废弃资源综合利用业上相对于经济带下游各省份具有明显的竞争优势，但在制造业、加工业、设备制造业方面处于贸易劣势。经济带下游各省份与印度产业贸易联系较紧密，各省份单向贸易的产业较少，印度在纺织服装、服饰业，农业，废弃资源综合利用业等上具有明显的竞争优势，但在各种运输设备制造业、电子设备制造业上，经济带下游各省份竞争优势较大。比较来看，经济带下游各省份与印度的产业联动基础较好，而与孟加拉国及缅甸的产业联动基础较弱。总体来看，长江经济带下游各省份在农业，纺织服装、服饰业，废弃资源综合利用业等产业上处于竞争劣势，但在其余产业上竞争优势较明显，尤其是在与孟加拉国、缅甸的产业贸易中，多数产业仅存在单向的出口贸易，并没有进口，说明经济带下游各省份与孟加拉国、缅甸的产业互动联系较弱，但与印度产业的互动联系较紧密，仅有部分产业是单向贸易。比较长江经济带各省份与孟、印、缅三国的产业贸易，印度与长江经济带的产业互动联系最紧密，而孟加拉国、缅甸与长江经济带的产业互动较弱。

结合长江经济带与孟印缅经济体的产业联动网络及长江经济带各省份与孟、印、缅三国的产业贸易可知，长江经济带与印度的产业联动程度较高，而与孟加拉国、缅甸的产业联动程度较低。因此，在推进长江经济带与孟印缅经济体的产业联动发展中，应首先推进长江经济带与印度的产业联动，再通过印度的产业发展带动缅甸与孟加拉国的产业发展。目前，长江经济带在与孟印缅经济体的跨境产业联动中，发挥枢纽作用

的产业主要是纺织业，纺织服装、服饰业，机械设备制造业，医药制造业，化学原料与化学制品制造业，等等，这些产业部分是孟、印、缅三国的优势产业，部分是长江经济带的优势产业。因此，推动长江经济带与孟印缅经济体的优势产业发展，也是促进两大区域产业联动、增强区域经济联系的一种重要途径。

本章小结

本章基于复杂网络分析方法，构建了长江经济带、孟印缅经济体以及长江经济带与孟印缅经济体的产业联动网络，呈现了跨区域、跨境产业联动的网络拓扑图，并通过网络密度、入度、出度、中间中心度等统计指标，测度产业联动网络结构。此外，以产品贸易、产业贸易作为补充，充分分析跨区域、跨境产业联动的内在特征，以揭示区域间、跨境空间经济联系的特征事实。

在长江经济带各省份间、孟印缅经济体间的产业联动网络中，不同产业在网络中具有不同的控制地位，其中网络的核心产业往往是具有较高附加值的产业。不同区域的产业联动网络中都存在几个与其他产业关联关系较紧密，且在产业网络中占据主要控制地位的产业，这些产业具有很大的相似性。在长江经济带各省份间的产业联动网络中占据重要控制地位的产业是批发与零售贸易业，交通运输与仓储业，金融保险业，电力、热力的生产和供应业，化学工业，其他服务业，等等，这些产业或者具有较高的附加值，或者处于所有产业较高附加值的分工环节。例如，长江经济带下游地区的轻重工业、精密加工业、服务业等占据各产业较高的附加值环节，其在产业联动网络中具有重要影响。而在印度的产业联动网络中，具有重要控制地位的产业是陆上运输与管道运输业，金融业，电力、热力燃气的生产和供应业，建筑业，等等。不同区域的产业联动网络中，均是制造业或生产性服务业占据重要控制地位。

长江经济带各省份间的空间经济联系较弱，且远弱于各省份内的经济联系，但区际空间经济联系呈现逐渐增强的趋势。长江经济带各省份间产业联动网络的紧密度明显低于各省份内，且长江经济带下游地区的产业是上游与中游地区产业联动的枢纽，区际产业联动主要以同类产业或相关产业作为桥梁。长江经济带各省份内部的产业关联关系明显强于各省份间产业的关联关系。而从区域角度看，长江经济带上、中、下游地区内部的产业联动紧密度高于区际产业联动，且上、中、下游地区区际产业联动在地理邻近上并没有明显的优越性。一般我们认为，中游是上、中、下游区域间产业联动的枢纽，但事实是上、中、下游之间的产业联动主要靠下游地区的产业连接起来。一方面是因为下游地区的经济、产业发展水平高，产业完善，产业溢出效应强；另一方面是因为中游地区产业附加值相对较低，经济不够发达，不足以成为上、中、下游产业联动的桥梁，且下游地区与上游地区产业的发展联系存在明显的政策支持，如对口帮扶等。因此，在区际产业联动中交通成本与区域分割是重要的影响因素。

长江经济带与孟印缅经济体的产业联动目前主要局限于少数几个同类产业或是相关产业，经济联系程度较低，但参与两大区域经济联系的产业数量逐渐增多，说明两区域间的经济联系强度呈现上升的趋势。长江经济带与孟印缅经济体的产业联动程度远弱于经济带内部或经济体内部的产业联动，且经济带与经济体产业联动中主要以同类产业或相关产业联动为主。长江经济带与孟印缅经济体的产业联动主要以计算机、通信和其他电子设备制造业，其他运输设备制造业，化学原料和化学制品制造业，纺织品、服装与皮革制品业等同类产业为主，或是其余相关产业，如孟印缅经济体的采矿业、金属制品业等与长江经济带内的金属冶炼及压延加工业、其他运输设备制造业等。长江经济带与印度的产业联动程度较强，但与孟加拉国和缅甸的产业联动较弱。长江经济带各省份与孟、印、缅三国的产业贸易中，经济带各省份在农业，纺织服装、服饰业，农副食品加工业，食品制造业，废弃资源综合利用业等产业处于竞争劣势，但在其余产业上竞争优势比较明显。目前，长江经济带各省份与孟加拉国、缅甸的产业贸易，在多数产业上仅存在出口，产业的互动联系较弱，但各省份与印度的产业互动程度较高。

第六章

长江经济带与孟印缅经济体
产业联动的影响因素分析

　　基于长江经济带与孟印缅经济体产业联动的实现机理与现实特征，已经明确了境内经济带与境外经济体产业联动的作用机理及特征事实，为了解决目前长江经济带与孟印缅经济体产业联动中存在的问题，探索如何将产业联动机制更好地应用于促进境内、境外区域经济联系上，本部分将通过实证检验，探索不同区域层面产业联动的影响因素，为探讨产业联动优化路径提供依据。

　　在产业联动网络分析中，明显存在两个特征事实：一是无论是长江经济带的跨区域产业联动还是长江经济带与孟印缅经济体的跨境产业联动，其区域间产业联动水平明显低于区域内产业的联动水平，即跨区域产业联动程度较弱；二是在长江经济带与孟印缅经济体的产业联动中，产业联动的枢纽多是区域间的同类产业或相关产业，并且经济带与印度的产业联动水平明显高于与孟加拉国和缅甸的产业联动水平。因此，存在两个值得研究的问题：一是为什么跨区域的产业联动水平弱于区域内的产业联动？二是在跨境产业联动方面，为什么长江经济带与印度的产业联动水平较高？基于此，本章重点对跨区域、跨境产业联动进行实证分析，揭示不同区域层面产业联动的影响因素。分析思路：首先，从区际层面探讨跨区域产业联动较弱的影响因素；其次，从国际层面分析跨境产业联动的主要障碍；最后，探讨跨区域及跨境产业联动的优化路径。鉴于数据的可获得性，前一个层面的研究以长江经济带为主，而跨境产业联动的研究以长江经济带各省份与孟、印、缅三国为主。

第一节 跨区域产业联动的影响因素

随着社会分工的演进和产业链的延伸，产业之间的联系早已突破了区域的限制，跨区域的产业联动已成为区际经济联系的主要表现形式。由于受多种因素的影响，目前区际产业联动不够紧密，产业联动效应没有得到充分体现。因此，本部分重点从区域层面探讨影响区际产业联动的主要因素。

一 数据说明

本部分主要根据刘卫东等编著的中国 30 个省份区域间投入产出表，分析长江经济带各省份之间的产业联动关系。由于仅统计了农林牧渔业（I1）、工业（I2）、建筑业（I3）、交通运输及仓储业（I4）、批发零售业（I5）与其他服务业（I6）六大类产业，分析长江经济带各省份间产业联动的影响因素也以这几个产业为主。数据主要来源于 2007 年与 2010 年中国 30 个省份区域间的投入产出表、国家统计局、长江经济带各省份的统计年鉴以及产业联动网络的统计指标，经过筛选与匹配后最终仅以 2007 年与 2010 年的截面数据进行分析。

二 模型与变量

（一）模型设定

为了进一步揭示影响跨区域产业联动的主要因素，本部分重点从区域差异层面入手，分析区域差异如何影响区际的产业联动发展。主要模型设定如下：

$$Inter - link_{ij} = \alpha_0 + \alpha_1 Ind_{ijs} + \alpha_2 Ifad_{ijs} + \alpha_3 Edd_{js} + \beta_1 Hrd_j +$$
$$\beta_2 Rwd_j + \beta_3 Iwd_j + \gamma_1 Lpr_j + \varphi_i + \varepsilon_{ij} \qquad (6.1)$$

其中，$Inter - link_{ij}$ 表示 j 省 i 产业的联动水平，Ind_{ijs}、$Ifad_{ijs}$ 分别表示 j 省与基准点（上海市）的 i 产业发展水平与全社会人均固定资产投资的差异，Edd_{js} 表示 j 省份与上海市的经济发展水平差异。在构建差异指标时选择上海市作为基准点，主要考虑两点：一是上海市是长江经济带经济发展水平最高的地区，在区域经济协调发展下，长江经济带各省份的经济发展水平都以其为追赶目标；二是在长江经济带区际产业联动网络中，目前呈现的格局是下游地区主要承担枢纽作用，而上海市是下游地区的典型代表区域。Hrd、Rwd、Iwd 分别表示各省份的公路密度、铁路密度与内河航运密度，用其反映各省份的交通基础设施水平；[①] Lpr 表示各省份的区域分割与地方保护程度；φ_i 是行业固定效应；ε_{ij} 是随机误差项。

（二）变量说明

1. 区际产业联动水平

区际产业联动水平用长江经济带 11 个省份间投入产出表数据构建的产业联动网络中各产业节点的中间中心度来衡量。根据复杂网络中中间中心度的含义，选取产业中间中心度这一指标衡量区际产业联动水平，该指标反映一个产业处于枢纽或中介地位的程度，值越大说明其中介作用越强。由于在区际产业联动中，产业的直接联系较少，许多产业之间的关联关系是通过其他产业作为桥梁建立起来的，所以选取该指标反映区际产业联动水平。

2. 经济发展水平差异

不同区域经济发展水平差异明显，这种差异一定程度会影响区际产业的联系程度。参考研究长三角地区与长江经济带的区域经济协调发展的文献，[②] 将上海市作为"基准点"，测度长三角地区与上海市的经济协调发展水平。构建如下指标反映长江经济带 11 省份的经济发展水平差异：$Edd_{is} = y_i / y_s$，其中，Edd_{is} 是其余省份与上海市的经济发展水平差异，y_i 是 i 省份的人均 GDP，y_s 是上海市的人均 GDP。

3. 产业发展水平差异

类似经济发展水平差异的计算方法，同样以上海市为"基准点"，构建如下指标反映长江经济带 11 省份的产业发展水平差异：$Ind_{ijs} = (y_{ij}/l_{ijp})/(y_{is}/l_{isp})$，其中，$Ind_{ijs}$ 是其余省份与上海市的产业发展水平差异，y_{ij} 是 j 省份 i 产业的增加值，l_{ijp} 表示 j 省份 i 产业城镇单位的就业人员，y_{is}

[①]　由于通信基础设施（光缆线路长度、互联网普及率等）数据 2010 年才开始统计，故仅分析交通基础设施对区际产业联动的影响。

[②]　徐现祥、李郇：《市场一体化与区域协调发展》，《经济研究》2005 年第 1 期；陈启斐、巫强：《国内价值链、双重外包与区域经济协调发展：来自长江经济带的证据》，《财贸经济》2018 年第 7 期。

是上海市 i 产业的增加值，l_{isp} 是上海市 i 产业的城镇单位就业人员。

4. 产业固定资产投资差异

类似产业与经济发展水平差异的计算方法，构建如下指标反映长江经济带 11 个省份产业的全社会固定资产投资差异：$Ifad_{ijs} = (f_{ij}/l_{ijp}) / (f_{is}/l_{isp})$，其中，$Ifad_{ijs}$ 是各省份间产业的全社会固定资产投资差异，f_{ij} 是 j 省份 i 产业的全社会固定资产投资，l_{ijp} 表示 j 省份 i 产业的城镇单位就业人员，f_{is} 是上海市 i 产业全社会固定资产投资，l_{isp} 是上海市 i 产业城镇单位就业人员。

5. 基础设施水平

利用各省份的交通密度反映其基础设施水平，主要考虑公路、铁路和内河三种主要的交通运输方式，其中交通密度为单位省份面积上的公路、铁路、内河航道长度，公路密度记为 Hrd，铁路密度记为 Rwd，内河航运密度记为 Iwd。

6. 区域分割与地方保护程度

沈正平认为由于地方保护主义、交易成本等因素的影响，跨区域产业联动离不开产业政策与区域政策的支持。[①] 因此，在区际产业联动中，区域分割与地方保护是重要的影响因素。参考沈立人等对区域分割与地方保护的相关研究，[②] 可采用地方财政一般预算收入占 GDP 的比重来衡量各地区区域分割与地方保护的程度。一般来讲，巩固税基和通过各种形式分享企业利润是地方保护的重要动机之一，并且财政税收收入较高的地区，地方保护程度也较高。

7. 变量描述统计

对变量进行描述性统计以了解各变量的基本特征。对 2007 年与 2010 年的各变量进行描述，统计结果如表 6 - 1 所示。

---

① 沈正平等：《产业地域联动的测度方法及其应用探讨》，《经济地理》2007 年第 6 期。
② 沈立人、戴园晨：《我国"诸侯经济"的形成及其弊端和根源》，《经济研究》1990 年第 1 期；银温泉、才婉茹：《我国地方市场分割的成因和治理》，《经济研究》2001 年第 6 期；陈抗等：《财政集权与地方政府行为变化——从援助之手到攫取之手》，《经济学》（季刊）2002 年第 1 期；桂琦寒等：《中国国内商品市场趋于分割还是整合：基于相对价格法的分析》，《世界经济》2006 年第 2 期。

表6-1 相关变量的描述性统计

名称（单位）		观测值	均值	标准差	最小值	最大值
Inter-link	区际产业联动水平	132	9.88631	7.39458	0	30.37
Ind	产业发展水平差异	132	2.18112	3.85010	0.15078	29.46188
Ifad	产业固定资产投资差异	132	9.50339	23.9942	0.15365	172.425
Edd	经济发展水平差异	132	0.38476	0.25155	0.12698	1
Hrd	公路密度（千米/平方千米）	132	1.02434	0.38382	0.39343	1.904762
Rwd	铁路密度（千米/平方千米）	132	0.01776	0.01293	0.00600	0.063492
Iwd	内河航运密度（千米/平方千米）	132	0.08665	0.10285	0.00652	0.349206
Lpr	地方保护程度	132	0.09537	0.02834	0.06325	0.167399

三 基准回归

本部分主要从两方面进行分析：一是综合考虑各省份间产业发展水平差异、经济发展水平差异、基础设施水平及地方保护对跨区域产业联动的影响；二是跨区域产业联动主要受区域因素的影响较多，因此控制行业固定效应后，再分析各因素的影响。

回归结果可总结为如下几点。一是产业发展水平及固定资产投资差异对区际产业联动水平没有显著影响，说明跨区域产业联动的主要影响因素并不是各区域间产业本身的差异。二是区域间经济发展水平的差异对区际产业联动水平具有显著的正向影响，即区域发展差异越大，产业联动程度越高。这较好地解释了长江经济带产业联动网络中所呈现的特征事实，即长江经济带产业联动网络中上游、中游与下游三地区产业联动的桥梁是下游地区，而不是中游地区。由于上游与下游的经济发展差距明显大于上游与中游地区，所以上游与下游地区的产业联动水平大于上游与中游地区。从整个经济带来看，在长江经济带上、中、下游地区的产业联动中，下游地区是枢纽。三是各省份的基础设施建设对区际产业联动也存在显著影响，且不同基础设施的影响存在明显差异。其中，公路与内河航运基础设施对区际产业联动具有显著的正向影响，但铁路基础设施对其影响不显著，这可能与指标的设定及长江经济带铁路基础设施的用途有关。四是区域分割与地方保护程度对区际产业联动具有明显的阻碍作用，主要是因为区域分割与地方保护会增大区域经济空间联系的交易成本，所以不利于跨区域产业联动的实现。

表 6 - 2 跨区域产业联动水平的影响因素分析

	被解释变量：*Inter-link*（2007）		被解释变量：*Inter-link*（2010）	
	模型 1	模型 2	模型 1	模型 2
经济发展水平差异（*Edd*）	61. 9547 ***	60. 0424 ***	41. 6561 **	33. 1158 *
	(2. 78)	(3. 32)	(2. 00)	(1. 73)
产业发展水平差异（*Ind*）	0. 3232 *	0. 0494	0. 1935	0. 0644
	(1. 93)	(0. 41)	(1. 11)	(0. 42)
产业固定资产投资差异（*Ifad*）	− 0. 0339	− 0. 0588	0. 0020	− 0. 0521 *
	(− 1. 00)	(− 1. 58)	(0. 11)	(− 1. 97)
公路密度（*Hrd*）	10. 8988 **	11. 2257 ***	12. 7449 *	11. 1951 *
	(2. 38)	(2. 75)	(1. 75)	(1. 82)
铁路密度（*Rwd*）	− 13. 871	− 14. 7175	145. 3597	137. 8572
	(− 0. 07)	(− 0. 08)	(1. 22)	(1. 40)
内河航运密度（*Iwd*）	65. 0793 ***	62. 3996 ***	97. 2518 ***	81. 7157 ***
	(3. 25)	(3. 37)	(2. 98)	(3. 08)
区域分割与地方保护程度（*Lpr*）	− 421. 6555 ***	− 422. 0818 ***	− 198. 0225 *	− 175. 9285 **
	(− 2. 81)	(− 3. 36)	(− 1. 79)	(− 2. 04)
常数项	− 15. 2197 *	− 9. 6271	− 20. 9142	− 8. 3503
	(− 1. 98)	(− 1. 23)	(− 1. 33)	(− 0. 61)
Industry	未控制	控制	未控制	控制
样本数	66	66	66	66
调整 R^2	0. 3312	0. 6297	0. 2181	0. 5707
F	11. 49 ***	9. 03 ***	8. 56 ***	10. 31 ***
Breusch-Pagan	15. 24	8. 43	8. 39	7. 37

注：* 表示在 10% 的水平显著，** 表示在 5% 的水平显著，*** 表示在 1% 的水平显著；回归结果为异方差校正后的结果，括号内为 t 值。

四 稳健性检验

在基准回归中将长江经济带各省份当作一个整体来考虑，没有分析到具体的区域联系。由于长江经济带的空间异质性特征突出，为此可建立长江经济带上、中、下游几种区域联系，进一步检验区际产业联动的影响因素。基准回归包含长江经济带的上、中、下游地区，为保证结果的稳健性，分别分析上游与下游、中游与下游、上游与中游地区的回归结果。稳健性检验结果显示，经济发展水平差异对跨区域产业联动具有显著的正向影响，且在1%的显著性水平下显著；产业自身的发展水平差异、产业固定资本投资差异对跨区域产业联动水平没有显著影响；基础设施方面，公路基础设施与内河航运基础设施对跨区域产业联动具有显著的正向影响，均在1%的显著性水平下显著，但铁路基础设施对跨区域产业联动的影响不显著；区域分割与地方保护程度对跨区域产业联动存在明显的负向影响，且在1%的显著性水平下显著，说明地方保护程度会明显阻碍跨区域产业联动。

　　稳健性检验结果与基准回归结果一致，说明基准回归结论是稳健的，即产业自身的差异不是区际产业联动的主要影响因素，但区域间经济发展水平的差异会产生显著影响，且经济发展差距越大，越有利于区际产业联动。各地区地方政府保护会阻碍区际产业联动，这是由于地方保护增大了区际产业联动的交易成本，阻碍了信息和知识的共享，进而不利于产业跨区域联动。不同的基础设施建设对区际产业联动的影响不同，公路和内河航运基础设施水平具有显著的促进作用，但铁路运输基础设施的影响并不显著，这可能与各类基础设施的特性及主要用途有关。

表6－3　　　　　　　　　　分区域的稳健性检验结果

	被解释变量：Inter-link（2007）		被解释变量：Inter-link（2010）	
	上游—下游	中游—下游	上游—下游	上游—中游
经济发展水平差异（Edd）	77.5773 ***	254.5025 **	132.978 ***	301.5524 **
	(3.81)	(2.21)	(3.85)	(2.61)
产业发展水平差异（Ind）	－1.6572 *	－0.0036	－0.4969	0.0062
	(－1.72)	(－0.02)	(－0.83)	(0.07)
产业固定资产投资差异（Ifad）	0.0504	－0.0220	－0.0369	－0.0458
	(0.60)	(－0.51)	(－1.04)	(－1.38)
公路密度（Hrd）	15.5839 ***	14.6002 *	22.2375 **	82.1252 ***
	(3.44)	(2.04)	(2.70)	(2.85)

	被解释变量：*Inter-link*（2007）		被解释变量：*Inter-link*（2010）	
	上游—下游	中游—下游	上游—下游	上游—中游
铁路密度（*Rwd*）	-233.3064 （-0.72）	-3740.059 （-0.80）	-939.7549 *** （-3.26）	-2223.347 * （-1.91）
内河航运密度（*Iwd*）	79.3738 *** （3.93）	31.9762 ** （2.22）	137.6056 *** （4.26）	739.3844 ** （2.56）
区域分割与地方保护程度 （*Lpr*）	-479.4417 * （-1.87）	-1315.704 * （-2.01）	-261.5015 *** （-4.18）	-168.2699 * （-1.82）
常数项	-10.5357 （-1.21）	-125.3425 ** （-2.12）	-84.7123 *** （-3.26）	166.5472 ** （2.41）
Industry	控制	控制	控制	控制
样本数	42	42	42	48
调整 R^2	0.6351	0.6933	0.6758	0.6812
F	5.60 ***	7.22 ***	6.87 ***	6.52 ***
Breusch-Pagan	6.81	12.50	4.92	7.30

注：* 表示在10%的水平显著，** 表示在5%的水平显著，*** 表示在1%的水平显著；回归结果为异方差校正后的结果，括号内为 t 值。

第二节 跨境产业联动的影响因素

产业贸易是跨境产业联动的主要方式。长江经济带各省份与孟、印、缅三国的产业贸易日渐紧密，本部分主要根据长江经济带 11 个省份与孟、印、缅三国的产业贸易数据，分析影响长江经济带与孟印缅经济体产业联动的主要因素，为探讨长江经济带与孟印缅经济体产业联动的优化路径奠定基础，也为增强境内与境外空间经济联系探索路径。

一 数据说明

基于长江经济带 11 个省份与孟、印、缅三国的产业贸易统计数据，由于各省份与各国进行贸易的行业存在差异，并且存在部分数据缺失的情况，为保证各省份产业贸易数据的完整性与一致性，主要选取农业、非金属矿采选业、纺织业等 23 个产业进行实证检验。长江经济带 11 个省份与孟、印、缅三国的产业贸易数据主要来源于中国海关，数据由 EPS DATA 整理得到，其余数据主要来源于中国统计局网站、长江经济带 11 个省份的统计年鉴、世界银行、国际货币基金组织等，地理距离用各省份省会与境外国家首都的直线距离衡量，数据由 Google Earth 测量得到。由于产业贸易数据在 2012 年以前缺失比较严重，所以贸易数据及其余所有指标数据均只选取 2012—2016 年这一期间进行检验。

二　模型与变量

（一）模型设定

实证研究的目的在于检验影响长江经济带与孟印缅经济体产业联动的主要因素，因此计量模型以空间引力模型为基础，并在其基础上引入基础设施水平、制度距离、贸易开放度等变量。参考引力模型的经验研究，一般选取引力模型的对数形式，一方面是为了将引力模型公式线性化；另一方面可以减少数据中的异常点，避免数据残差的非正态分布和异方差问题。[1] 因此，构建如下线性实证模型：

$$
\begin{aligned}
\ln Exp_{ijkt} = & \; \alpha_{ij} + \beta_1 \ln Gdp_{it} + \beta_1 \ln Gdp_{jt} + \beta_3 \ln Dis_{ij} + \beta_4 \ln Rail_{jt} + \\
& \beta_5 \ln Air_{jt} + \beta_5 Internet_{jt} + \beta_6 Border + \beta_7 \ln Efd_{ij} + \\
& \beta_8 \ln Pld_{ij} + \beta_9 Open_{jt} + \theta_i + \mu_t + \varepsilon_{ijkt}
\end{aligned} \tag{6.2}
$$

$$
\begin{aligned}
\ln Imp_{ijkt} = & \; \alpha_{ij} + \beta_1 \ln Gdp_{it} + \beta_1 \ln Gdp_{jt} + \beta_3 \ln Dis_{ij} + \beta_4 \ln Rail_{jt} + \\
& \beta_5 \ln Air_{jt} + \beta_5 Internet_{jt} + \beta_6 Border + \beta_7 \ln Efd_{ij} + \\
& \beta_8 \ln Pld_{ij} + \beta_9 Open_{jt} + \theta_i + \mu_t + \varepsilon_{ijkt}
\end{aligned} \tag{6.3}
$$

其中，i 表示长江经济带的 11 个省份，j 表示孟印缅经济体，t 表示时间，k 表示产业，θ_i、μ_t 分别表示非观测的产业和时间固定效应，ε_{ijkt} 为随机误差项。

（二）变量说明

1. 被解释变量

Exp_{ijkt} 与 Imp_{ijkt} 分别表示长江经济带 11 个省份与孟、印、缅三国 23 个

---

[1]　张海森、谢杰：《中国—东欧农产品贸易：基于引力模型的实证研究》，《中国农村经济》2008 年第 10 期。

产业的出口贸易额和进口贸易额，由于跨境产业联动主要通过产业贸易来实现，因此可采用产业跨境贸易额来衡量产业联动水平。由于个别产业的出口贸易额或进口贸易额为 0，因此对进出口贸易额取对数前，在每个产业的进出口贸易额上分别加上 1。

2. 其余解释变量

（1）长江经济带各省份的经济规模（Gdp_{it}）根据世界银行公布的 2011 年的官方汇率折算为美元，孟、印、缅三国的经济规模（Gdp_{jt}）为以世界银行公布的 2011 年的美元不变价经 PPP 换算的生产总值；（2）地理距离（Dis_{ij}）用长江经济带各省份省会到境外孟、印、缅三国首都的距离来衡量；（3）铁路基础设施（$Rail_{jt}$）用境外国家的铁路线长度表示，航空基础设施（Air_{jt}）用境外国家在全球注册的航空公司数量来衡量，通信基础设施（$Internet_{jt}$）用境外国家每百万人拥有的安全服务器数量来衡量；（4）是否接壤（$Border$），当长江经济带各省份与境外国家接壤时，取 1，反之取 0；（5）对外开放程度（$Open_{jt}$）用境外国家对全世界的进出口总额与国内生产总值的比值来表示；（6）经济制度距离（Efd_{ij}）和管制制度距离（Pld_{ij}），[①] 参考阎大颖对制度距离的衡量，[②] 利用美国传统基金会公布的全球经济自由度指数（EFI 指数）和世界银行开发的全球治理指数（WGI 指数）的指标数据，构建经济制度距离（Efd）与管制制度距离（Pld）两个变量。为尽量保证分析的全面性和完整性，利用 EFI 指数和 WGI 指数中数据可得的所有指标反映经济制度质量和管制制度质量。经济制度质量的衡量指标是贸易政策、政府财政负担、政府对经济的干预、货币政策、资本流动与外国投资、金融业、工资及价格、产权保护、政府规制、信息市场等，这些指标比较全面地衡量了一国或地区的经济制度质量；而选取民主议政程度、政治稳定性、政府管制效率、管制环境和腐败控制等指标衡量管制制度质量，这些指标较全面地反映了一国或地区行政和司法的规制质量。参照祁春凌等对经济制度距离与

---

① 由于 Hofstede 指数没有统计缅甸的数据，且现有统计的文化指标数据缺失严重，所以没有考虑文化距离。

② 阎大颖：《制度距离、国际经验与中国企业海外并购的成败问题研究》，《南开经济研究》2011 年第 5 期。

管制制度距离的计算方法，① 分别对我国与孟、印、缅三国各年份 EFI 指数、WGI 指数中的各单项指标进行求和，然后计算我国与孟、印、缅三国在 EFI 指数、WGI 指数上的绝对差异，并分别以此来表示我国与孟、印、缅三国的经济制度距离和管制制度距离。假定我国各区域间的制度质量相等，因此长江经济带各省份与孟、印、缅三国的经济制度距离与管制制度距离就是中国与孟、印、缅三国的经济制度距离与管制制度距离。

3. 变量的描述性统计

根据变量的设定及测算说明，将各变量的统计特征描述如下。

表 6－4　　　　　　　2012—2016 年相关变量的描述性统计

	名称（单位）	观测值	均值	标准差	最小值	最大值
$\ln Exp$	出口贸易额 +1 的对数（万美元）	3795	5.490994	2.785371	0	12.7267
$\ln Imp$	进口贸易额 +1 的对数（万美元）	3795	1.753429	2.770144	0	12.84396
$\ln Gdp1$	各省份生产总值对数（亿美元）	3795	8.143465	0.5452546	6.96647	9.390735
$\ln Gdp2$	境外国家生产总值对数（亿美元）	3795	9.143169	1.451887	7.656941	11.29871
$\ln Dis$	地理距离的对数（千千米）	3795	0.891058	0.3739835	−0.1051961	1.448298
$\ln Rail$	铁路基础设施的对数（千千米）	3795	2.143204	1.443952	1.042042	4.190109
$\ln Air$	航空基础设施的对数（万个）	3795	2.504206	1.307604	0.9931036	4.519204
$Internet$	互联网服务器拥有量（每百万人）	3795	7.965225	10.76396	0.0980651	38.30547

① 祁春凌、邹超：《东道国制度质量、制度距离与中国的对外直接投资区位》，《当代财经》2013 年第 7 期。

续表

	名称（单位）	观测值	均值	标准差	最小值	最大值
Border	是否接壤	3795	0.0060606	0.0776239	0	1
Open	贸易开放度	3795	0.385738	0.0607511	0.2718204	0.492207
ln*Efd*	经济制度距离的对数	3795	3.420283	0.7929015	2.00148	4.83866
ln*Pld*	管制制度距离的对数	3795	0.7189509	0.6889322	−.4990654	1.633335

三　基准回归

本部分的实证检验从以下几方面展开：首先，考虑产业贸易的方向性，利用产业贸易数据检验引力模型；其次，引入不同的基础设施变量，分析基础设施水平对产业联动的影响；再次，引入制度距离变量，分析制度差异对产业联动的影响；最后，不考虑产业联动的方向性，利用产业的总贸易额进行检验。

为了获得最优的回归模型，分别进行随机效应和固定效应回归，利用豪斯曼（Hausman）检验，确定是选择随机效应模型还是固定效应模型。经 Hausman 检验，本书选择固定效应模型进行估计。由于产业联动是一个互动过程，因此考虑产业贸易的方向性，将分别利用产业的进口贸易、出口贸易以及进出口贸易总额进行实证检验。基准回归结果显示，长江经济带各省份和孟、印、缅三国的产业进出口贸易与双方经济规模成正比，与地理距离成反比，这符合贸易引力模型的经济含义。此外，长江经济带各省份的经济规模对产业进出口贸易的影响较大，出口贸易中地理距离的影响强于进口贸易。双方产业进出口贸易的其余影响因素可总结为如下三点。一是孟、印、缅国家的贸易开放度对双边产业联动具有显著的正向影响，即境外国家的对外开放程度越高，越有利于促进双边的产业联动。地理上是否毗邻也是双边产业联动的重要影响因素，拥有共同边界会减少贸易成本，促进双边的产业联动。二是从基础设施的影响来看，不同的基础设施建设对双边产业联动影响程度存在明显差异，其中铁路基础设施的影响强于航空基础设施，航空基础设施的影响强于通信基础设施，进口贸易中三者系数的关系：0.6210＞0.4999＞0.0080，出口贸易中三者的关系：0.5517＞0.3988＞0.0176。三是从制度差异的影响来看，管制制度距离对双边产业联动具有明显的阻碍作用，而经济制度距离的影响不显著，说明随着国际区域合作的深化，目前各国的贸易政策、货币政策、财政政策等差异对双边产业联动的影响不显著，但双边的政府管制政策差异对产业联动具有显著的负向影响，说明双边管制环境等的差异不利于跨境产业联动。可见，在长江经济带与孟印缅经济体的产业联动中，基础设施互联互通建设尤为重要。交通基础设施建设具有明显的经济增长效应，主要体现在降低运输成本、促进区域经济联系方面。交通基础设施是不同区域间的重要连接通道，基础设施建设在促进不同区域市场融合的同时，不断促进境内外的产业联动，进而强化区域间的经济联系。

表 6-5　　　　　　　　　跨境产业联动的影响因素分析

	产业进口贸易			产业出口贸易		
	模型 1	模型 2	模型 3	模型 1	模型 2	模型 3
各省份生产总值 （lnGdp1）	1.2561 *** (16.90)	1.3275 *** (17.25)	1.2707 *** (17.14)	1.7758 *** (27.52)	1.8256 *** (27.32)	1.7847 *** (27.71)
境外国家生产总值 （lnGdp2）	0.9712 *** (28.68)	0.5611 *** (4.65)	1.1042 *** (10.74)	0.4396 *** (14.95)	0.7095 * (1.95)	0.6711 *** (7.52)
地理距离 （lnDis）	-0.4142 *** (-2.87)	-0.3215 ** (-2.18)	-0.4079 *** (-2.83)	-0.8471 *** (-6.76)	-0.7773 *** (-6.08)	-0.8435 *** (-6.75)
铁路基础设施 （lnRail）	—	0.6210 *** (4.41)	—	—	0.5517 * (1.76)	—
航空基础设施 （lnAir）	—	0.4999 *** (2.67)	—	—	0.3988 ** (2.52)	—
通信基础设施 （Internet）	—	0.0080 * (1.81)	—	—	0.0176 *** (4.58)	—
是否接壤 （Border）	3.0918 *** (6.92)	2.6333 *** (5.83)	2.7997 *** (6.23)	4.1347 *** (10.65)	3.7551 *** (9.57)	3.8863 *** (9.95)
贸易开放度 （Open）	3.0172 *** (5.17)	1.9159 ** (2.84)	2.8762 *** (4.34)	1.9027 *** (3.76)	1.9204 *** (2.60)	1.3491 ** (2.34)
经济制度距离 （lnEfd）	—	—	0.2669 (1.13)	—	—	0.0424 (0.74)

续表

	产业进口贸易			产业出口贸易		
	模型1	模型2	模型3	模型1	模型2	模型3
管制制度距离（lnPld）	—	—	-0.1665 ** (-2.51)	—	—	-0.5243 *** (-2.56)
Constant	-18.907 *** (-24.73)	-16.030 *** (-14.14)	-20.942 *** (-19.10)	-14.504 *** (-21.85)	-11.516 *** (-11.70)	-16.997 *** (-17.84)
Industry FE	Yes	Yes	Yes	Yes	Yes	Yes
Year FE	Yes	Yes	Yes	Yes	Yes	Yes
观测值数	3795	3795	3795	3795	3795	3795
R^2	0.3505	0.3559	0.3545	0.2439	0.2481	0.2464
F	481.99 ***	308.72 ***	350.69 ***	449.81 ***	288.79 ***	326.49 ***

注：＊表示在10%的水平显著，＊＊表示在5%的水平显著，＊＊＊表示在1%的水平显著；括号内为 t 值。

表6-6　　　　　　　　　跨境产业联动的影响因素分析

	产业进出口贸易总额		
	模型1	模型2	模型3
各省份生产总值（lnGdp1）	1.7846 *** (27.73)	1.8324 *** (27.53)	1.7966 *** (28.03)
境外国家生产总值（lnGdp2）	0.5026 *** (17.14)	0.4901 *** (16.87)	0.7820 *** (8.80)
地理距离（lnDis）	-0.9391 *** (-7.51)	-0.8769 *** (-6.88)	-0.9341 *** (-7.51)
铁路基础设施（lnRail）	—	0.3474 ** (2.21)	—
航空基础设施（lnAir）	—	0.2720 ** (2.24)	—
通信基础设施（Internet）	—	0.0153 *** (3.99)	—
是否接壤（Border）	4.5372 *** (11.72)	4.1023 *** (10.50)	4.2163 *** (10.85)

续表

	产业进出口贸易总额		
	模型1	模型2	模型3
贸易开放度（Open）	2.6757 ***	1.0568 *	2.0325 ***
	(5.30)	(1.81)	(3.54)
经济制度距离（lnEfd）	—	—	0.0712
			(1.24)
管制制度距离（lnPld）	—	—	−0.6279 ***
			(−3.08)
Constant	−15.2117 ***	−11.3956 ***	−18.3054 ***
	(−22.97)	(−11.63)	(−19.30)
Industry FE	Yes	Yes	Yes
Year FE	Yes	Yes	Yes
观测值数	3795	3795	3795
R^2	0.3028	0.3086	0.3075
F	506.44 ***	326.64 ***	371.05 ***

注：＊表示在10%的水平显著，＊＊表示在5%的水平显著，＊＊＊表示在1%的水平显著；括号内为 t 值。

无论是产业的进口贸易、出口贸易还是进出口贸易，回归检验得出的结论基本一致。首先，检验结果均符合引力模型的经济含义，且长江经济带各省份经济规模的影响较大；其次，孟加拉国、印度、缅甸三国的贸易开放度对双边的产业联动具有明显的促进作用，并且长江经济带各省份与境外国家地理上毗邻会促进双边产业联动；再次，基础设施建设依然是双边产业联动的重要影响因素，且不同基础设施的影响程度不同；最后，经济制度差异对双边产业联动没有显著影响，但管制制度差异对长江经济带与孟印缅经济体产业联动具有显著的负向影响。

四　稳健性检验

基准回归中不考虑区域性，将长江经济带与孟印缅经济体均当作一个整体。由于长江经济带包含的省份众多，并且各省份的地域特征差异明显，因此，将分区域作进一步的检验，以验证基准回归结果的稳健性。可考虑对长江经济带中上游（或上游、下游）各省份与孟印缅经济体的产业联动进行检验，其中经济带中上游各省份（或上游、下游各省份）与孟印缅经济体产业联动的检验结果基本一致，限于篇幅，本书仅呈现前者的回归结果。

表6-7 分区域的稳健性检验结果

	产业进口贸易			产业出口贸易		
	模型1	模型2	模型3	模型1	模型2	模型3
各省份生产总值（$\ln Gdp1$）	0.8535 ***	0.9312 ***	0.8794 ***	1.2146 ***	1.2484 ***	1.2343 ***
	(9.81)	(10.22)	(10.15)	(13.56)	(13.34)	(13.83)
境外国家生产总值（$\ln Gdp2$）	0.8589 ***	0.3672 ***	1.0017 ***	0.5503 ***	0.9463 ***	0.8911 ***
	(24.57)	(3.06)	(9.84)	(15.29)	(28.52)	(8.50)
地理距离（$\ln Dis$）	-0.5632 ***	-0.6182 ***	-0.5649 ***	-0.2604 *	-0.2826 *	-0.2616 *
	(-3.99)	(-4.31)	(-4.03)	(-1.79)	(-1.92)	(-1.81)
铁路基础设施（$\ln Rail$）	—	0.6242 ***	—	—	0.7294 ***	—
		(4.48)			(3.94)	
航空基础设施（$\ln Air$）	—	0.3254 **	—	—	0.6469 ***	—
		(2.09)			(3.56)	
通信基础设施（$Internet$）	—	0.0108 ***	—	—	0.0186 ***	—
		(2.82)			(4.13)	
是否接壤（$Border$）	2.0536 ***	1.6249 ***	1.7438 ***	3.2524 ***	2.8209 ***	2.9057 ***
	(5.39)	(4.21)	(4.55)	(8.29)	(7.11)	(7.36)
贸易开放度（$Open$）	2.6040 ***	1.6103 **	2.4259 ***	1.9376 ***	2.0172 ***	1.4901 *
	(4.49)	(2.40)	(3.69)	(3.25)	(4.17)	(1.67)
经济制度距离（$\ln Efd$）	—	—	0.2909	—	—	0.0432
			(1.25)			(0.64)
管制制度距离（$\ln Pld$）	—	—	-0.1761 ***	—	—	-0.7798 ***
			(-2.70)			(-3.25)
Constant	-14.025 ***	-10.732 ***	-16.275 ***	-10.457 ***	-5.498 ***	-14.100 ***
	(-16.61)	(-8.98)	(-14.23)	(-12.03)	(-4.48)	(-11.97)
Industry FE	Yes	Yes	Yes	Yes	Yes	Yes
Year FE	Yes	Yes	Yes	Yes	Yes	Yes

续表

	产业进口贸易			产业出口贸易		
	模型 1	模型 2	模型 3	模型 1	模型 2	模型 3
观测值数	2760	2760	2760	2760	2760	2760
R^2	0.2559	0.2646	0.2633	0.1154	0.1242	0.1213
F	224.92 ***	147.24 ***	167.15 ***	128.53 ***	87.93 ***	97.62 ***

注：* 表示在 10% 的水平显著，** 表示在 5% 的水平显著，*** 表示在 1% 的水平显著；括号内为 t 值。

表 6 – 8　　　　　　　　　分区域的稳健性检验结果

	产业进出口贸易总额		
	模型 1	模型 2	模型 3
各省份生产总值（$\ln Gdp1$）	1.2470 *** (14.27)	1.2812 *** (14.06)	1.2735 *** (14.68)
境外国家生产总值（$\ln Gdp2$）	0.6256 *** (17.81)	0.2594 ** (2.18)	0.9950 *** (9.76)
地理距离（$\ln Dis$）	− 0.3290 ** (− 2.32)	− 0.3429 ** (− 2.39)	− 0.3306 ** (− 2.35)
铁路基础设施（$\ln Rail$）	—	0.6406 *** (3.56)	—
航空基础设施（$\ln Air$）	—	0.2919 ** (2.10)	—
通信基础设施（$Internet$）	—	0.0155 *** (3.53)	—
是否接壤（$Border$）	3.5671 *** (9.32)	3.0720 *** (7.96)	3.1433 *** (8.19)
贸易开放度（$Open$）	2.6936 *** (4.62)	1.3491 ** (2.34)	1.8086 *** (2.75)
经济制度距离（$\ln Efd$）	—	—	0.0930 (1.42)
管制制度距离（$\ln Pld$）	—	—	− 0.8348 *** (− 3.58)

续表

	产业进出口贸易总额		
	模型1	模型2	模型3
Constant	−11.3574 ***	−5.5148 ***	−15.5175 ***
	(−13.39)	(−4.61)	(−13.55)
Industry FE	Yes	Yes	Yes
Year FE	Yes	Yes	Yes
观测值数	2760	2760	2760
R²	0.1538	0.1660	0.1639
F	159.57 ***	110.05 ***	123.70 ***

注：** 表示在 5% 的水平显著，*** 表示在 1% 的水平显著；括号内为 t 值。

　　稳健性检验与基准回归结果一致，说明基准回归结果具有稳健性。长江经济带与孟印缅经济体通过产业贸易开展产业联动的主要影响因素可归结为以下几点：一是从经济发展水平来看，长江经济带各省份与孟、印、缅三国的经济发展水平均对跨境产业联动具有明显的促进作用；二是地理毗邻与地理距离对双边产业联动具有显著影响，并且地理毗邻会促进跨境产业联动，但地理距离会阻碍跨境产业联动，即地理上相邻的地区较容易开展产业联动；三是孟、印、缅三国的贸易开放度能明显促进长江经济带与孟印缅经济体的产业联动；四是基础设施建设对长江经济带与孟印缅经济体的产业联动具有显著影响，并且不同基础设施的影响程度存在明显差异，铁路基础设施的影响明显强于航空基础设施，航空基础设施的影响又强于通信基础设施；五是长江经济带与孟印缅经济体的产业联动还受双边制度差异的影响，双边的管制制度距离对产业联动具有显著负向影响，但经济制度距离的影响并不显著。对这些影响因素的检验，为探讨长江经济带与孟印缅经济体产业联动的优化路径提供了依据。

本章小结

　　本章分别从长江经济带内部、长江经济带与孟印缅经济体两个层面分析产业联动的影响因素，不同区域层面的研究发现总结如下。

在长江经济带各省份间产业联动的影响因素分析中，重点从区域差异出发，研究显示区域发展差异对区际产业联动具有显著的正向影响，即两区域的经济发展水平差异越大，其产业联动水平越高；而在区域经济发展水平相似的地区，区域竞争多于合作，不利于产业联动。这也解释了在长江经济带上、中、下游组成的产业联动网络中，上游与下游的产业联动程度强于上游与中游的产业联动，下游是经济带产业联动的桥梁。从产业的差异来看，区际产业联动中，产业间的差异对区际产业联动没有显著的影响。此外，在区际产业联动中，地方保护带来的区域分割对区际产业联动具有显著的负向影响，即地方保护会阻碍区际产业联动。关于基础设施建设的影响，分析得出不同的基础设施由于特性差异，对产业联动的影响也存在差异。其中，公路和内河航运基础设施能明显促进区际产业联动，铁路基础设施的影响不显著。由此可知，长江经济带各省份间的产业联动，重点应建立区域合作关系，以降低区域分割对产业联动的影响。

在长江经济带与孟印缅经济体跨境产业联动的影响因素分析中，重点分析经济规模、地理距离、地理上是否接壤、境外国家的对外开放度、基础设施水平以及双边制度差异等因素对跨境产业联动的影响。分析中主要得出如下结论：一是长江经济带各省份与孟、印、缅三国的经济规模对双边产业联动具有显著的正向影响，且经济带各省份的影响程度较大，地理距离对产业联动具有负面影响，地理上毗邻能够明显促进跨境产业联动；二是境外国家的对外开放度和基础设施水平对跨境产业联动具有明显的促进作用，且不同的基础设施建设影响程度不一致，铁路运输明显强于航空运输，航空运输又强于通信设施；三是双边管制制度差异不利于跨境产业联动的实现，但经济制度差异的影响不显著。因此，长江经济带与孟印缅经济体的跨境产业联动应重点以基础设施建设、政策协调等方式推进。

第 七 章

长江经济带与孟印缅经济体
产业联动的优化路径

　　基于长江经济带与孟印缅经济体之间产业联动的理论机理、联动网络的结构特征及产业联动影响因素的分析，进一步探讨长江经济带与孟印缅经济体间产业联动的优化路径，以促进长江经济带与孟印缅经济体之间的空间经济联系。本部分主要从两个层面探讨产业联动的优化路径：一是长江经济带上、中、下游之间的区际产业联动，二是长江经济带与孟印缅经济体之间的跨境产业联动。两个层面产业联动的优化路径探讨，旨在从产业层面寻求促进长江经济带与孟印缅经济体空间经济联系的主要路径。

第一节　跨区域产业联动的优化路径

　　区际产业联动的主体主要是企业和政府，按照企业主导和政府主导两个维度，结合长江经济带区际产业联动影响因素的检验结果，长江经济带区际产业联动可选择产业转移、总部—生产基地、区域共建产业园、供应商合作伙伴关系等模式，在推进长江经济带上、中、下游产业联动的进程中，也促进了长江经济带各省份的空间经济联系，对促进长江经济带各省份的协同发展具有重要意义。

一　推进产业转移

基于长江经济带上、中、下游之间的资源禀赋差异，推进产业转移。

由于长江经济带上游、中游与下游地区的经济发展梯度明显，区域间的资源禀赋差异大，产业发展水平也存在明显差异，这种区域发展差异及产业发展差异不利于长江经济带的协调发展，也不利于全面提升产业联动发展水平。因此可将长江经济带下游地区的产业转移到中上游地区，这种产业转移带动了要素、资金、信息、政策、人才的流动，一方面促进了长江经济带上、中、下游之间的产业联动，另一方面也对中上游省份经济发展水平的提高具有明显的促进作用。产业空间联动是区域经济利益要素在空间上的具体表现，是突破单个区域资源和生产率制约的有效途径，是区域经济合作发展最为实质性的内容，也是生产要素的区际流动和重新配置。产业空间联动的主体是产业，而生产要素又是影响产业生产和布局的关键。由传统的经济增长理论可知，要素的跨区域流动通过提高要素的边际生产效率，成为经济增长的深层次原因。要素区际流动可以重构一个区域的要素结构，因此可通过产业转移带动要素的区际流动进而促进长江经济带产业联动发展。

　　"产业转移型"区际产业联动涉及区域、产业链和企业三个维度。区域层面上，长江经济带不同省份由于资源禀赋存在差异，所能够支撑发展的产业各有不同，随着区域经济一体化的推进，产业转移成为长江经济带区域经济协调发展的重要方面。区域间的产业转移主要是由区域资源禀赋的差异明显或者区域产业转型升级的需要引起，长江经济带上游各省份生物资源丰富、生态基础较好，中下游各省份人才、技术等资源密集且丰富，两者之间具有明显的互补性。长江经济带各省份间的产业转移可促进各省份之间资源的合理配置，提高资源的空间利用率，促进区域经济协调发展。长江经济带中下游地区的高科技产业与制造业发展基础较好，而中上游地区主要是劳动密集型产业等科技含量较低的产业，通过引导中下游地区的高新技术产业、资本密集型产业转移到中上游地区，有利于改善长江经济带上游地区的产业结构，提升长江经济带的产业发展水平。产业链层面上，主要是由产业链间关联关系的紧密程度决定，长江经济带各省份内或不同区域的不同产业之间都存在投入产出联系，这种投入产出联系形成了产业之间的上下游关系，可通过加强不同区域、不同产业之间的关联关系，增强区域间的产业联动。企业层面上，主要是企业之间合作关系的转变。在企业的合作关系上，由于区域差异、运输成本等的影响，企业之间的合作关系更多是集中于区域内的。目前由于区域合作的加深和基础设施日益完善，企业之间的合作关系逐步突破区域边界，实现跨区域的企业合作。长江经济带各省份的发展差异决定了各省份主要的企业类型，由于资源禀赋、产业基础上的互补性，在企业层面，长江经济带各省份之间也具有重要的合作基础。

长江经济带的产业转移主要是引导中下游地区的产业向上游地区转移，通过产业转移推进产业联动，进而促进各省份的协调发展。产业转移是由于资源的吸引作用，通过核心企业的载体和衍生作用及资本跨区域流动的纽带作用，促使产业集聚及产业链间逐渐紧密，最后在区域形成新吸引力，增强了产业转型的内生力量。在这一过程中，长江经济带中下游地区的制造业很难达到自发转移的内生边界，产业转移只能较多地依赖政府政策的推动。因此，相关政府部门可以联合建立产业转移示范区，通过产业转移示范区的示范效应来促进长江经济带中下游地区的资本密集型产业或高新技术产业向上游地区转移，以实现长江经济带各省份产业结构的优化及区域经济的协调发展。通过产业转移所带来的要素注入、知识溢出、结构优化、关联带动等效应也有助于推动长江经济带上游地区经济高质量发展。

二 建立总部—生产基地模式

总部—生产基地模式在一定程度上可以破除区域分割引起的障碍。由于长江经济带各省份的产业发展互补性强，较发达的省份基于市场拓展、生产成本等需要，会在欠发达地区建立其生产基地，而欠发达地区基于市场需求，也会鼓励与支持这种产业发展模式。总部—生产基地模式一般是由大型企业的产业链布局所引起。这种联动模式的前提是区域间的资源、区位和环境容量等要素的差异，比如一些地区处于特殊区位，拥有产业发展相关的重要资源，区域外的大型企业为了获取这些资源，就会将相应的生产环节配置到这些区域。在这种总部与生产基地的区际联动关系中，双方的主体地位存在一种动态均衡。跨区域发展的大型核心企业拥有资金实力、研发能力、信息能力、产业嵌入关系和协调能力，而欠发达区域则拥有无可替代的区位优势，对于企业来说，这种区位优势往往具有很强的吸引力，直接决定了企业的生产成本，甚至企业的发展壮大。因此，区域间较强的互补性是形成总部—生产基地模式的根本原因。

比较常见的总部—生产基地模式有以下几种，而且都已有实践案例。一是制造加工型总部—生产基地模式，这一模式主要是交通便利，易于原材料、成品等运输；市政设施水平较高，水、电、能源等有特殊要求；有明显的政策支持和标杆企业带动，形成相关的产业链，这一模式的实践案例如北京星网工业园、济南时代总部基地。二是空港型总部—生产基地模式，这一模式主要靠近机场，基础设施完善，交通发达，占地面积广阔，依托交通优势发展，这一模式的典型案例如哥本哈根机场商务花园与成都空港总部花园。三是研发及高科技型总部—生产基地模式，这一模式表现为产业集聚效应突出，基础设施（特别是电信IT设施）先进，有优厚的税收政策，交通发达，有标杆企业带动，这一模式的成功案例如慕尼黑宝马中心。四是企业内脑型总部—生产基地模式，这一模式表现为有良好的商务基础，多种交通方式到达市区，环境优美，人力资源基础好，建设高速信息网络，有标杆企业带动，这一模式的实践案例如剑桥商务花园、新加坡商务花园等。五是后台服务型总部—生产基地模式，这一模式主要在城市中心，具有发达的城市交通，人流量密集，有最高的地价和租金，购物、餐饮、休闲配套齐全，主要是大型金融、商贸等服务型企业入驻，这一模式的实践案例如巴黎拉德方斯、纽约曼哈顿。

与传统的园区模式相比，总部—生产基地模式具有明显的创新性，通过总部充分地引进外资机制、民营企业机制和市场运作机制，不单纯依赖政府，而是政府运用市场机制去开发园区、发展产业，并采用市场化运作方式。总部—生产基地模式充分考虑了市场需求，以市场机制来配置资源。长江经济带11个省份的发展差异明显，各自的区域优势、产业优势及交通优势不一样，如上游地区具有沿边优势和自然资源优势，而下游地区具有沿海优势和高新技术产业优势。根据不同的区位资源优势选取适合的总部—生产基地模式，通过不同的总部—生产基地模式引领创新长江经济带的经济发展模式，优化产业资源，充分发挥产业的集聚效应与示范效应。结合长江经济带上、中、下游地区的发展特点，在下游地区可采用研发及高科技型总部—生产基地模式、后台服务型总

部—生产基地模式及企业内脑型总部—生产基地模式，在中游地区可采
用制造加工型总部—生产基地模式，在上游地区可采用空港型总部—生
产基地模式。通过不同区域的总部—生产基地模式协同作用，共同促进
长江经济带的产业结构优化与产业联动发展。

三 共建产业园

充分利用政府政策，各区域间共建工业园能在很大程度上降低区域
分割对跨区域产业联动的影响。长江经济带各省份所处区域不同，政策
支持也不同，但近几年统筹长江经济带发展的政策越来越多。在政府政
策的支持下，区域间的经济联系日益加深，共建工业园是促进长江经济
带产业联动快速实现的有效途径。这一产业联动模式在很大程度上依靠
政府政策的支持，而政府推动这种产业联动的目的有两个：一是欠发达
地区引入企业，培养产业增长点，学习借鉴发达地区的管理经验和模式，
加快工业化进程，推进跨越式发展；二是发达地区缓解经济发展的压力，
进一步拓展发展空间，在更大范围内优化资源配置，增强创新优势，提
升竞争力。区域间共建产业园，一般是发达区域和欠发达区域间，通过
共建工业园载体，将欠发达区域的资源、成本、优惠政策等优势，与发
达区域资本、技术、人才、管理及开发区品牌等优势紧密结合起来，实
现优势互补、共同发展。

与发达国家的内生型经济开发区不同，我国目前的产业园区多以资
本集聚和制度革新为原动力，且其已成为我国参与全球分工、带动产业
发展的主要动力。长江经济带横跨我国东、中、西部地区的 11 个省份，
经济带内经济发展差异明显，产业关联性与互补性较强，跨区域的合作
共建产业园主要是通过制度空间的建构，引导资本、产业等生产要素的
转移和集聚，以此带动落后地区的经济发展，促进长江经济带的产业联
动发展与经济协调发展。长江经济带要共建产业园区，一是依赖于政府
主导进行前期物质空间的开发，使产业、技术、劳动力、理念等内在的
资本要素加速转移、集聚，形成不同的产业集群；二是取决于政府对资
本转移与运作的调配，相关的财税政策和优惠政策是不同区域间共建工
业园区的比较优势。政府运用权力有效调配相关的平台资源，可以迅速
完成产业园共建的原始资本积累，可以在短时间内完成成本高、收益低

的基础设施、生产配套建设等前期物质空间的开发，这在产业园发展与壮大过程中意义重大。政府主导的跨区域共建产业园可以打破行政壁垒、区域分割，促进产业等要素转移，推动区域产业联动发展与区域协调发展。

共建产业园是长江经济带产业联动发展的重要突破口和抓手，通过集中选一些有特色、有条件的承载地，让它们率先产生成果，发挥示范和集聚作用。根据长江经济带上、中、下游各省份的资源禀赋，可结合区域优势与产业优势，建立相应的产业园区。比如，结合上游地区的生物资源优势，可选择建立相应的生物医药产业园；根据中游地区的制造业优势，可建立具有明显优势的制造业产业园；发挥下游地区的高新技术优势，可建立相应的创新产业园。根据各区域的资源禀赋优势建立适合的产业园，通过发挥产业园的示范效应与集群效应，带动长江经济带产业之间协同发展。在共建产业园上，相关政府部门可结合各区域发展制定切实可行的政策，助推各类产业园的建立和集群效应的发挥，也可以通过一些政策性的引导，对于一些适当的产业项目（如一般性产业疏解、科技成果转化或产能扩张），鼓励企业面向经济带进行跨区域布局，这会在一定程度上促进经济带上、中、下游间产业的协同发展。对于建立产业园的承接地，政府部门需要提供相应的扶持政策，如一些配套的基础设施建设、财税支持政策等，也亟须制定区域扶持的倾斜性政策，做好各区域产业园区建设的保障工作，才能实现产业园的共建及长江经济带上、中、下游产业的联动发展。

四　建立供应商合作伙伴关系

长江经济带区际产业联动的主体除了政府与产业外，企业也是产业联动中的重要主体。建立供应商与合作伙伴关系就是以企业为主导的产业联动模式，这种模式在长江经济带产业联动中比较常见。由于长江经济带各区域资源禀赋差异大，而许多中下游地区的制造商为了节约生产成本或是寻求固定的原材料供应渠道，通常在上游地区选择供应商。长江经济带中下游地区的企业资金、技术、信息资源丰富，具有明显的生产优势；而长江经济带上游地区的资源型要素丰富，是中下游地区重要的原材料供应地。在长江经济带基础设施日渐完善的条件下，中下游地区的制造商与上游地区的供应商建立合作伙伴关系，对长江经济带的产业联动具有重要意义。这种产业联动模式在满足不同区域发展需求的同时，可以促进区域间产业的联动发展，进而提升长江经济带的发展水平，促进长江经济带的空间经济联系。这种联动方式一般是核心企业形成跨区域的产业链关系，包括供应商合作伙伴关系、股权关系等，通过纵向合作发挥协同效应，逐步实现产品创新能力、市场销售能力和品牌认知度的提升，形成产业链空间布局和区际连接关系。

长江经济带产业的联动发展离不开企业的参与。在当前的社会主义市场经济中，尽管各省份的经济发展差异明显，但其中任何一家企业都没有能力将所有技术与原材料资源完全掌握，因而企业和供应商就能在各自所擅长的领域中建立战略伙伴关系。供应商合作伙伴关系的重要意义主要体现在四个方面。一是有助于塑造可持续的竞争优势。通过上下游企业建立的供应商合作关系最主要的目的是提升自身的核心优势，这要求企业和供应商都具有各自特殊的竞争优势，这种竞争优势可能是掌握新技术，可能是拥有重要的原材料，或是开发某种新产品等。二是有助于降低企业面临的风险。企业生产经营中，通常会面临有限的资源或是核心技术不足的现象，通过建立供应商战略合作伙伴关系，使双方在合作过程中获取对方的技术和资源，又不会因组织庞大而给企业带来负担，进而减少企业的经营管理风险。三是有助于提高企业声誉。从企业的角度看，企业可借助供应商的产品质量来提升自己的市场声誉，树立良好的企业形象。四是有助于实现互利共赢、长期合作。企业与供应商之间的战略合作伙伴关系是一种长期的互利共赢、相互扶持、利益共享、风险共担关系，双方所提供的技术支持、优质服务与原材料或中间产品，增强了企业在技术、服务、成本等方面的实力，有利于提升企业的核心竞争力。

与传统的合作伙伴关系相比，典型的供应商合作伙伴关系是战略性原材料联盟、先进技术发展伙伴关系及供应商早期参与流程设计的技术联盟，每种战略合作关系都有所侧重，或是原材料，或是技术，或是产品研发等。由于长江经济带上游、中游与下游地区的资源禀赋与发展条件存在差异，可以因地制宜，建立适合的供应商合作伙伴关系。例如，基于上游地区丰富的原材料资源，可以在中上游地区或上游与下游地区之间建立原材料联盟的战略合作关系，一方面弥补了中下游地区原材料不足的缺陷，另一方面带动上游地区的产业发展。根据中下游地区先进的技术发展水平及相对成熟的制造业和高新技术产业，可以在中上游、中下游、上游与下游地区之间建立技术联盟或是先进技术发展伙伴关系，通过不同地区、不同企业之间联合致力于某一技术或产品的研发，能够更快地实现技术突破和适应市场竞争，实现优势互补或加强联合。随着区域经济协调发展的推进，长江经济带上、中、下游之间的供应商合作伙伴关系日益明显，这有利于经济带各省份之间的资源互补与技术协同创新，进而推进长江经济带的产业结构不断优化，实现区际不同产业的联动发展。

五 构建产业联动发展通道

基础设施作为产业联动发展的重要通道，长江经济带各省份联合做好基础设施建设的布局与规划，是促进长江经济带产业联动发展与经济协调发展的重要保障。长江经济带各省份应结合自身交通基础设施建设情况，强化交通基础设施的规划布局，建设长江经济带内基础设施互联互通的带内通道。众所周知，产业联动所引起的要素、资金、人员等的流动，如果没有顺畅的交通通道，无法实现跨区域的流动与布局，所以在推进长江经济带产业联动发展中，基础设施建设是重要基础也是关键一环。长江经济带 11 个省份主要的交通通道是公路、铁路、空运及内河航运，每一类通道的建设都不是孤立的，需要做好全局的规划与布局，以保证经济带沿线的交通网络的通达性和运输效率的提升。比较来看，长江经济带下游地区基础设施网络最完善，中上游地区的设施网络相对薄弱。在对长江经济带基础设施进行规划与布局的过程中，要综合考虑各省份的经济发展特点、交通基础设施建设的主要瓶颈等方面，在不影响经济带各省份经济高质量发展目标实现的基础上，强化基础设施规划与布局，构建经济带产业联动发展的大通道。

在长江经济带经济产业布局中，基础设施建设一直是推动经济发展与改善民生的重点领域之一，做好经济带基础设施建设布局与规划，加大公共设施和基础设施的有效供给，以促进经济社会持续健康发展及区域经济协调发展。对长江经济带基础设施的布局与规划，主要内容包括信息、能源、电信、水利等基础设施，由铁路、公路、水运、民航、管道、邮政等构成的综合交通基础设施网络，城市供水、供电、供气地下管网和防洪、防涝设施等方面，布局规划中要与培育发展新动力、深入实施创新驱动发展战略、构建产业体系等主要任务一并考虑，重点围绕以下目标展开。一是提升长江经济带基础设施现代化水平，重点完善综合交通基础设施网络，构建由高速铁路、城际铁路、高速公路、民航机场等构成的快速交通网，提升基础设施品质与效率；构建由干线铁路、普通国省道、内河高等级航道及主要港口等构成的高效率干线交通网，完善基础设施网络结构，提升运输服务能力；推动邮政和快递处理中心与铁路、公路、航空枢纽同步建设，推进机场、铁路站场、公路站场、港口码头、邮政和快递功能区等设施建设。二是促进长江经济带基础设施平衡发展结构的形成，要推动基础设施区域协调发展，继续实施区域发展总体战略，加大中上游地区基础设施投入和国家支持力度，支持中游地区改善基础设施，支持下游地区率先实现创新发展，更好辐射带动其他地区；构建长江经济带综合立体交通走廊，引导产业优化布局和分工协作。三是提升长江经济带基础设施互联互通水平，主要是加快基础设施互联互通和经济带大通道建设，共同推进经济带经济合作走廊建设，加强跨区域物流体系和走廊建设，推动形成跨区域物流大通道。

第二节　跨境产业联动的优化路径

长江经济带与孟印缅经济体之间的产业联动能够产生优化境内外的产业结构、扩大贸易规模等经济效应，并促进孟、中、印、缅四国的空间经济联系。目前这两大区域的产业联动还面临许多阻碍，产业联动水平不高。基于长江经济带与孟印缅经济体丰富的自然资源、较强的产业关联性和互补性以及优越的地理区位，这两大区域之间的产业联动基础好，并且通过产业联动带来的经济效益可观。因此，探索长江经济带与孟印缅经济体产业联动的优化路径具有重要的现实意义。本书从跨境产业合作园区、基础设施互联互通建设、产业合作模式、相关保障机制等方面探索促进长江经济带与孟印缅经济体产业联动的优化路径。

一　建立跨境产业合作园区

跨境产业合作园区是跨境产业联动的载体，建立跨境产业合作园区是促进长江经济带与孟印缅经济体产业联动的重要基础。孟、中、印、缅四国间的跨境产业合作园区建设，目前主要表现在产品加工区与自由贸易区的建设上。在产品加工区方面，孟、中、印、缅四国原材料、木材、农产品资源丰富，劳动力富足，技术上存在一定的互补性。针对各国优势，建立不同的产品加工区，其中比较适宜且具有较好发展市场的是农产品加工区。四国在农业上的合作较多，且孟、印、缅三国的农业发展相对落后，通过建立农产品加工区，一方面满足各国居民多样化的农产品需求，另一方面促进农业发展水平的提高。此外，长江经济带的制造业发展水平相对较高，而孟印缅经济体对制成品的需求较大，可重点建立专业化水平较高的制成品加工区，对一些基础产品进行跨国深加工，提升产品技术附加值。这一方面促进长江经济带制造业的发展；另一方面满足孟印缅经济体对高技术制成品的需求，进而促进两大区域产业联动。在自由贸易区方面，目前孟、中、印、缅四国间的综合保税区与互市贸易区相对成熟，为建立自由贸易区奠定了基础，四国间应共同协商，制定政策协调机制，在商品贸易、通关便利化、贸易效率、跨境结算等方面达成共识，通过共建自由贸易区，提升贸易便利化水平，在促进产品、产业贸易中推进长江经济带与孟印缅经济体的产业联动。

长江经济带与孟印缅经济体间跨境产业合作园区的建立是促进长江经济带与各经济体间空间经济联系和互利共赢的重要载体。产业园区是旨在为了促进相关产业发展而建立的特殊区域环境，是培育新兴产业、聚集创新资源的重要载体，常见的产业园区有物流园区、科技园区、生态农业园等。长江经济带各省份的经济发展优势差异明显，可基于各省份的经济发展优势与孟、印、缅三国之间建立各种类型的跨境产业园区，比如长江经济带下游地区可与孟、印、缅三国建立科技产业园，中游地区可与孟、印、缅经济体建立物流园区、制造业产业园区，上游地区可与孟、印、缅三国建立生态农业园、农产品加工区等跨境产业园区。对于跨境产业园区的合作模式，目前国内外已经有相对比较成熟的合作模式可以借鉴。一是政府主导模式，这是大多数跨境产业园区通常采用的模式，此种模式合作动向与目标均由政府来主导，或由政府成立专门的相关部门管理维持园区的正常运行，并为企业入驻、发展提供相关的服务。这种模式的优越性在于政策、财政等政府资源的支持，运营主体明确，可避免责任不清的问题，即便是在市场机制失灵时，政府均可以进行有效调控，如提供相应的公共物品、消除区域间的行政壁垒等。这种模式的主要不足在于受境内外国家政府的影响程度大，容易导致跨境区域间的横向经济联系受阻，加重区域分割。二是互补型合作模式，这种模式主要是投资或贸易双方利用自身盈余，通过合作来实现规模经济效应和资源最优配置，这就是互补型的合作关系，主要包括产品互补、优势互补、资源互补等。当前跨境产业合作园区通过将两国（地区）的自然资源、产品和优势互补，并重新整合，形成全面完整的产业链、供应链，使跨境两国（地区）都能实现共赢。三是共通合作模式，这种合作模式主要是不同行政区域间通过一体化的合作平台，实现资源共享、联合行动等。由于跨国境的合作只靠市场机制很难实现资源的最优配置，必须依赖政府来构建一体化合作平台，以实现交通、信息和管理的跨境共享。基于这些不同的合作模式和长江经济带明显的区域差异，在长江经济带不同区域与孟印缅经济体间所建立的跨境产业合作园区，其合作模式也应该有所差异。无论采用何种合作模式，其宗旨都是促进长江经济带与孟印缅经济体间产业联动发展。

跨境产业合作园区作为推动长江经济带与孟印缅经济体产业联动发展的重要枢纽，为了实现跨境产业园区的合作成效，需要事先明确跨境产业园区的合作模式、产业定位、园区规划、区位选择等方面的问题。在合作模式的选择上，可根据跨境产业园区的类型与规模来选择相应的合作模式，比如对于科技产业园或是规模较大的产业园区，可选用政府主导模式；对于物流产业园，可选用共通合作模式；对于农产品加工区、生态农业园等跨境产业园区，可采用互补性合作模式。在产业定位上，可根据区域产业特点与发展需求进行明确。在园区规划方面，需要明确跨境产业园区的主要发展目标，并围绕发展目标进行规划。在区位选择方面，除了区位优势外，还应重点关注跨境产业园区的周边市场、自然资源、行业发展、制度环境等因素。随着全球经济一体化的加深，长江经济带与孟印缅经济体之间应加快推进跨境产业合作园区建设，建设大宗特色商品期现联动交易平台，开展跨境金融创新改革和国际数字经济合作。

二 构建内外联动的跨境产业体系

由于长江经济带与孟印缅经济体各自都有其独立的产业体系，因此内外联动跨境产业体系的建立是实现境内区域与境外区域产业联动的关键。首先，建立跨境产业体系可以统筹境内、境外资源与市场优势，增强经济合作的多元性，大力发展产业内贸易，密切境内外的产业联系。其次，优化开放平台和产业的空间布局，为构建跨境产业链奠定基础。长江经济带与孟印缅经济体的接壤区域——云南省应立足境外与境内的资源与市场优势，着力推进特色产业发展，并通过延伸产业链、打造供应链进而培育跨境产业体系，推进境内、境外区域的产业合作。最后，打造跨境产业链，促进境内外相关产业形成优势互补的产业链条，跨境产业链的形成有利于充分利用境内、境外不同市场、不同资源，促进境内区域与境外区域在更大程度上互利共赢，密切双边的产业合作，将各区域的经济优势与合作潜力转化为合作动力。总之，要因地制宜，充分发挥各区域的要素禀赋优势，发挥龙头企业的带动作用，构建境内、境外联动的跨境产业体系，深化境内外的经济合作。

长江经济带与孟印缅经济体产业联动发展，突出了"陆海内外联动、东西双向互济"全面开放新格局的鲜明特色，境内外经济带之间构建新型跨境产业链、供应链、价值链，在通关、认证认可、计量标准等方面深入开展国际合作，加快推动贸易、投资、金融、运输、人员往来自由化、便利化。构建内外联动的跨境产业体系，重点要发展外贸新业态，扩大跨境电商、市场采购、数字贸易、供应链金融规模，发展离岸贸易、转口贸易、跨境贸易等。推动先进制造业和现代服务业集聚壮大、融合发展。重点打造电子信息、绿色化工、汽车、特色产品加工等硬核产业集群，引入和培育一批领军企业，推动更多总部经济落户。同时，实行更加积极有效的人才政策，鼓励外籍人才和优秀留学生就业创业。

长江经济带与孟印缅经济体构建内外联动的跨境产业体系的重点，可集中于形成较完善的跨境电商行业产业链。跨境电子商务作为一种新型的贸易模式，它与传统贸易方式的流程、交易媒介、交易渠道都不一样。一般贸易主要是针对大宗商品，通过海运或空运方式报关、进口；跨境电子商务主要采用小批量、多批次的方式，其主要面临海关通关、检验检疫等方面的问题。跨境电商行业产业链较长，以跨境电商（含平台、商户）为核心，上下游企业参与者众多，上游供应商、下游消费者以及众多服务商（包括物流、仓储公司、第三方支付公司、外贸综合服务平台、代运营公司、银行等），分别参与"货物流、资金流、信息流、商流"多个环节。当前跨境电商的发展已经具有一定的基础，相关政策法规逐步完善，对跨境电商产业链的平台建设、物流快递、配套支付业务、进口政策等进行规范。跨境电商产业链的参与主体主要有四类：跨境电商外贸企业、跨境电商平台企业、跨境电商物流企业和第三方跨境服务企业。跨境电商生态链上的各类服务得到整合，从营销培训到物流、终端报税、资金流等一系列服务逐渐实现体系化、平台化、集约化、智能化，中小企业进入国际市场的门槛进一步降低，未来跨境电商的发展趋势也必定是这样的整合型服务平台。

推进长江经济带与孟印缅经济体间跨境电商产业链的形成，需要从以下几方面着手。一是全力推进长江经济带各省份与孟、印、缅三国的产业链合作。以长江经济带上游地区的云南省为重点，加快发展跨境生物产业链；推动长江经济带中下游地区和孟、印、缅三国的产业链合作，大力发展跨境电子信息产业链；依托长江经济带下游地区的高新技术产业，打造面向孟、印、缅三国的跨境高新技术产业链；以云南省、贵州省为重点，大力发展跨境特色产品加工产业链。二是加快培育面向孟、印、缅三国的跨境服务链。依托国际陆海新通道建设，创新构建海陆空立体化现代跨境物流服务链；依托面向东南亚国家的金融开放门户建设，创新构建高效便捷的跨境金融服务链；依托中国—东盟信息港建设，创新构建跨境数字经济合作服务链。三是积极开展产业大招商活动和引进外资企业专项行动。长江经济带各省份围绕主导产业，创新开展市场化招商、产业链招商和第三方招商。四是加快重大项目建设。加快长江经济带与孟、印、缅三国的经贸中心建设，推动主要板块入驻运营；推动大宗商品交易中心、跨境金融促进服务中心等重大项目建设。

三　创新产业合作模式

产业合作模式决定着产业联动的方向。随着长江经济带与孟印缅经济体的发展，其产业结构也在不断地调整，传统的产业合作已经不能满足区域产业升级的要求。因此，要实现长江经济带与孟印缅经济体产业联动的有效性，需要适时调整产业合作模式。首先，从长江经济带各区域内部出发，由于各区域的产业发展现状存在差异，应有针对性地提出，长江经济带下游地区的产业合作重点是服务业，而中游地区的产业合作重点是制造业，上游地区的产业合作重点是资源密集型产业。其次，根据孟印缅经济体的产业结构，与各国进行产业合作的重点也有差异，缅甸主要是进行农业方面的合作，而孟加拉国的重点是纺织业，印度的重点是 IT 产业和金融业等。最后，从长江经济带与孟印缅经济体的整体出发，全面布局，如长江经济带上游地区是产业联动的地理枢纽，应探讨如何布局使其能够承接国内的产业转移，对接境外的产业发展；长江经济带中下游地区如何发挥自身优势，带动上游与孟印缅经济体的产业升级；孟印缅经济体如何支持与配合产业间的承接与转移。通过全方位、多层次的产业布局，创新产业合作模式，有效而持续地推进长江经济带与孟印缅经济体的产业联动。

随着"一带一路"建设的推进及全球经济一体化的深入，长江经济带与孟印缅经济体间的产业合作日益深化，产业合作也面临前所未有的机遇。长江经济带的区域差异性及孟印缅经济体之间的发展差异决定了产业合作模式亟须创新，才能更好地推进双方的产业合作。在创新产业合作模式上，可考虑建立产业合作示范区，根据长江经济带上游、中游、下游地区的资源禀赋与优势产业，选择建立相应的产业合作示范区。在产业合作示范区的建立上，需要进行相关的机制改革和政策创新，突破行政边界限制，寻求全球经济一体化发展的具体实践。产业合作示范区的建立，由各国政府共同建立相应的管理机构，共同编制区域协同发展的新规划。产业合作示范区可以利用一些优惠政策，招商引资，吸引高端产业入驻，带动示范区内其他相关产业的发展，发挥产业合作示范区的示范效应，为实现各国产业联动发展奠定基础。此外，可借助"一带一路"建设中的"点轴带动"发展模式，即以核心城市为节点，在核心城市建立产业园区。由于核心城市连接综合交通运输干线，因此可以其为发展轴线，带动长江经济带与孟印缅经济体发展。由于长江经济带上、中、下游地区的资源禀赋与优势产业差异明显，对于这一模式的实施，可分别针对长江经济带上、中、下游地区选择相应的核心城市，建立优势产业的产业园区，进而促进长江经济带不同区域与孟印缅国家间的产业合作，最终实现长江经济带与孟印缅经济体的产业联动。

长江经济带与孟印缅经济体间的技术发展与市场具有明显的互补性，在创新产业合作模式上，需要搭建平台，发挥优势，促进长江经济带与孟印缅经济体间产业联动的持续稳定发展。具体可以从以下几方面着手，以实现新的产业合作模式下的产业联动的持续稳定发展。一是构建长效产业合作机制。加强孟、中、印、缅四国间各级政府相关部门之间的联系与沟通，探索建立交流合作的长效机制，推动产业合作新突破，实现产业联动。二是搭建交流协商平台。通过举办相关产业合作论坛等重要活动，各国交流合作、发展和管理经验，还可定期举行一些培训活动，对产业合作的管理与技术等进行专门的培训。三是推动实质合作。积极将创新的产业合作模式应用于实践中，通过不断实践与研讨，持续不断地创新相应的合作模式，尽可能发挥产业合作的示范效应。

四 建立产业联动国际通道

基础设施互联互通是长江经济带与孟印缅经济体产业联动的重要前提，要促进这两大区域的产业联动，首先需要依赖基础设施建设打通通道。研究结果显示，基础设施建设对这两大区域的产业联动具有显著的促进作用，并且铁路基础设施的作用强于航空和通信基础设施。因此，在基础设施互联互通建设中，除了整体上注重基础设施网络的完善，还应有序地推进基础设施建设，如推进各国铁路基础设施以及航空与通信基础设施的建设。在基础设施建设中，铁路、公路、航空、水路、通信等基础设施并不是孤立的，而是构建成了综合交通网络，所以基础设施互联互通建设中，除了根据区域特点有所侧重外，还应具有大局意识，构建起区域间的综合交通运输体系。长江经济带与孟印缅经济体还应注意基础设施建设的对接，如铁路轨道对接、公路等级的统一等，以促进跨境基础设施网络的畅通。在港口建设上，尤其是缅甸，应对港口进行扩建，增加港口的吞吐量，完善其他配套设施建设；在航空网络建设上，目前孟、中、印、缅四国的航空网络基本联通，但是相对稀疏，并且航空运输主要集中应用于跨境旅游，效益也主要体现在旅游业上，各国均应扩大和完善机场设施、增设航空路线，将航空运输应用于其他产业的发展。最后，孟、中、印、缅四国应联手建立综合性国际交通运输网络，实现基础设施的互联互通，为四国的产业联动建立国际通道。

基础设施互联互通是"一带一路"建设的重要方面，是我国与共建"一带一路"合作国家产能合作、经贸产业合作区建设的重要保障。基础设施互联互通对全球贸易与经济增长意义重大，长江经济带与孟、印、缅经济体的产业联动离不开基础设施互联互通的支撑，基础设施互联互通是跨境产业联动的国际通道。整体而言，目前我国与孟印缅三国的基础设施互联互通建设尚不完善，这不利于长江经济带与孟印缅经济体产业联动的实现，因此完善基础设施互联互通建设是推进长江经济带与各经济体间产业合作与联动发展的重要基础，并且为了保证要素、资金、信息在长江经济带与孟印缅经济体之间的自由流动，需要同时关注交通、能源和通信基础设施的互联互通建设。整体上，孟、中、印、缅四国在基础设施互联互通建设上需要达成一致协议，从以下几方面共同努力，共建互联互通的基础设施。一是达成共识。基础设施建设投入大、周期长，相关融资风险大、成本高，各国需达成共建共享的共识，充分认识到基础设施互联互通建设的重要性，在抓好国内基础设施建设的基础上，着力推进跨境基础设施互联互通建设，降低物流和相关交易成本，为货物、人员往来和产业合作提供便利。二是共同解决资金问题。基础设施互联互通建设面临巨大的投资缺口，各相关国家要创新基础设施项目融资模式，推动多边开发银行发挥比较优势，降低投资风险，提高项目回报，以政府和社会资本合作等方式吸引更多私营部门资金参与。三是遵循合理标准。由于基础设施互联互通涉及多国，各国发展需要与实际情况不一样，所以在基础设施互联互通建设中要相互尊重、共同讨论，推动各国开展基础设施规划与标准规范对接，以对经济发展水平不高的国家的基础设施发展起到服务的作用。四是形成国际聚力。目前各国都重视基础设施互联互通建设，国际上也有大量的合作倡议和规划，但还需要各国力量共同参与，达成合作共识，形成国际聚力，为基础设施互联互通建设提供强大政治动力。

　　具体的，我国与孟印缅经济体的基础设施互联互通网络建设，需重点关注的是交通、能源、通信基础设施的建设，为长江经济带与孟印缅经济体产业联动的实现搭建桥梁。首先，在交通基础设施建设上，需结合各国资源禀赋优势，做好航空、铁路、公路等基础设施的规划与建设，以融入全球产业链为目标，增强各国交通网络的安全性、开放性和可靠性，促进全球产能合作，降低物流成本。各国的交通运输部要深化务实合作，聚焦重大项目的合作，建设高质量的互联互通基础设施，以推动资源要素畅通，实现互利共赢。其次，在能源基础设施上，需结合各国的能源优势，如水力、电力、石油、天然气等能源禀赋优势，以及已有的能源基础、设施基础，如中缅油气管道等的建设情况，以促进要素的自由流动、实现各国间能源行业的联动发展为目标，进行合理的规划。最后，在通信基础设施互联互通建设上，主要集中在光网、电信等服务质量的提升方面，如各国的通信能力、光纤接入端口占比、固定互联网宽带接入端口数量、移动电话基站总数等的提升。通信基础设施的互联互通旨在促进各国信息共享，为各国的合作交流提供便利，也为双方信息技术产业的合作创造条件，最终实现各国间相关产业的联动发展。通过不断完善孟、中、印、缅四国的交通、能源、通信等基础设施的互联互通建设，促进相关产业联动发展，也为其他产业实现联动建立了国际通道。

五　建立政策协调机制

　　长江经济带与孟印缅经济体的产业联动涉及区域多，各国政策体制差异明显，制定相关政策与协调机制是产业联动顺利推进的重要保障。首先，从国家层面，孟、中、印、缅四国应根据各国产业发展现状，制定相应的产业发展政策，明确各国对内、对外产业联动中涉及的重点产业；其次，在区域层面建立相应的组织机构和协调机制，如区域联动发展协调委员会、区域联动发展监管机构等；再次，制定具体的产业联动发展政策，明确产业联动中的问题、利益分配机制、解决方式等，为区域间共同推进产业联动提供保障；最后，各国、各区域在制定相应的联动政策与协调机制后，还应采取一些激励措施，对产业联动推进较成功的国家或区域进行奖励，以鼓励通过产业联动带动区域经济发展。此外，在长江经济带与孟印缅经济体产业联动中，关键的隐性因素是双方互信不足，为保障产业联动的顺利推进，建立双方互信机制是必要的。只有双方相互信任，才能增强联动意愿，产业联动才能发挥积极效应，促进双方共同发展。通过制定相关政策，建立协调机制和互信机制，才能顺利推进跨区域产业联动，并实现产业联动的经济效益与社会效益。

在长江经济带与孟印缅经济体的产业联动中，由于边境的阻隔与干扰，不同区域间的分割与离散现象普遍存在，不同境内的政策与制度的相互冲突与矛盾突出，这就需要制定相关的政策协调机制。政策协调的目的主要是防止各国政策出现冲突，政策协调就包含两个层面的含义：一方面是不同政府部门政策制定中的协调，另一方面是不同政策建议演进成为一项共识。通过政策协调，不同政府部门可以相互交流信息，进行利益协调并达成共识，实现跨境政策的融合。在构建跨境政策协调机制中，重点从以下几方面着手。一是激活各国政策在产业联动中的作用。长江经济带与孟印缅经济体产业联动是一项长期的、复杂的系统工程，需要各国政府共同在联动发展的政策和机制上积极探路布局。具体的，应明确产业联动的作用机制，制定和完善相关政策法规，破除联动发展中的制度障碍；加强各国政府间的沟通、交流互动，对接相关政策，如统筹设定相关标准等，解决制度衔接问题；建立协调推进机制，确保实施中能够全方位有效地互动协作。二是完善产业联动中的协商机制和利益分配机制。长江经济带与孟印缅经济体的产业联动可根据各区域的发展特征，适时推进产业密集带的发展，建立不同主体的利益分配机制，将产业密集带作为产业联动的骨架，联动不同区域的产业共同发展，并建立合理有效的产业空间组织系统，形成产业联动发展的辐射效应。三是建立产业联动的跨区域利益平衡机制，完善区域发展的政策体系，破除要素跨境流动的各项阻碍。

为了充分发挥政策协调机制在推进长江经济带与孟印缅经济体产业联动中的重要作用，切实推进跨境产业联动的有效实施，还需要孟、中、印、缅四国的共同努力。一方面需要孟、中、印、缅四国进一步提高对外开放水平，破除跨境合作中的各项障碍。在"一带一路"倡议下，开放度的高低决定了国家间经济合作的进度，所以为了更好地实现长江经济带与孟印缅经济体的产业联动，需要在政策、资金、设施等方面顺利实现相通，配合高效的经济政策和切实可行的规划方案，构建完善的市场经济秩序。此外，还需要进一步破除投融资障碍和贸易壁垒，增强贸易自由化程度。进一步推进国家间的交流与合作，推动信用体系、投资体系等的建设。加强人文交流与合作，促进融合与融入，扩展各国在信息、文化、科技产业等方面的合作空间。另一方面需要孟、中、印、缅四国共同发挥协同作用，保障跨境产业联动高效演进。这就需要理顺不同区域的产业分工与协作关系，促进产业合作主体间的相互交往，推动国内和国际市场联动发展、高度融合；注重产品和产业结构的合理优化，提升其在国际市场价值链中的地位，大力发展自身优势产业，带动其他产业协同发展；开展多渠道、多层面的协商与交流，改革创新经济合作机制，同时要保障合作机制和保护多方协调成果；扩大协同效应范围，推动长江经济带与孟印缅经济体产业联动的实现和经济合作的深化。

本章小结

为了促进长江经济带与孟印缅经济体的产业联动，本章探讨了长江经济带与孟印缅经济体间产业联动的优化路径，主要从两个层面展开。一是长江经济带上、中、下游产业联动的优化路径。长江经济带区际产业联动可选择产业转移、总部—生产基地、区域共建产业园、供应商合作伙伴关系等来推进经济带上、中、下游实现产业联动，进而促进区域经济协调发展。二是长江经济带与孟印缅经济体之间跨境产业联动的优化路径。从跨境产业合作园区、跨境产业体系构建、产业合作模式、基础设施互联互通建设、相关保障机制等方面探索促进长江经济带与孟印缅经济体产业联动的优化路径，这些路径的实施不仅促进长江经济带与孟印缅经济体的空间经济联系，也深化了长江经济带与孟印缅经济体之间的产业合作。

第 八 章

结论与启示

随着区域内、区域间经济联系的日益紧密，产业联动行为日益增多，产业联动的相关研究也越来越多，研究的广度与深度也逐渐拓展。本书以产业联动为主线，分析长江经济带与孟印缅经济体的空间经济联系。首先，基于地理优势、经济发展差异、产业关联性与互补性等，分析长江经济带与孟印缅经济体之间产业联动的现实条件；其次，结合空间经济理论模型，揭示产业联动的实现机理；再次，利用复杂网络分析法构建产业联动网络并对其结构特征进行分析，揭示产业联动呈现的空间经济联系；最后，根据产业联动网络呈现的结构特征，进一步对产业联动的影响因素进行实证检验，并探讨不同区域层面产业联动的优化路径，为探讨产业联动促进长江经济带与孟印缅经济体空间经济联系的对策建议提供依据。

第一节　主要结论

地理上毗邻，丰富的自然资源禀赋，是长江经济带与孟中印缅经济走廊产业联动发展的先天优势。长江经济带内产业的趋同性强，且上、中、下游地区之间特色产业和优势产业存在差异，而重点发展的产业具有很大的关联性，上游地区与孟中印缅经济走廊地区产业联系紧密、产业互补性强，这是经济带和经济走廊产业联动发展的重要基础。长江经济带的基础设施日渐完善，孟、中、印、缅四国的合作也因基础设施的互联互通建设而日渐加深，这为长江经济带与孟印缅经济体产业联动的发展提供了重要的客观条件。此外，制度环境的相似性和包容性为长江经济带和孟中印缅经济走廊地区的产业联动提供了坚实的保障。

长江经济带与孟印缅经济体产业联动的机理分析显示，无论资本在长江经济带上跨区域流动，还是在长江经济带与孟印缅经济体间跨境流动，资本的跨区域流动影响区域的资本份额，而资本份额与产业份额同向变化，区域间产业份额的变化相互影响、相互制约，从而实现区域间的产业联动。在这一过程中，贸易成本与资本流动成本的影响明显，其中较低资本流动成本可通过提升资本份额和产业份额，或促进资本匮乏地区的经济增长率来实现区域间的产业联动。贸易成本的影响相对复杂，一定资本份额下，贸易成本对产业份额的影响存在一个资本阈值，资本份额低于阈值时，贸易成本与产业份额同向变化，即较高的贸易成本对应较高的产业份额，这种情形不利于实现区域间的产业联动；但当资本份额高于阈值时，贸易成本与产业份额反向变化，贸易成本越低，对应的产业份额越大，此时较容易实现区域间的产业联动。当资本仅在长江经济带上、中、下游地区流动时，对应的资本阈值较高，说明贸易成本对要素区际流动与跨境流动的影响存在差异。

长江经济带与孟印缅经济体这两大区域间的空间经济联系较弱，目前通过产业联动所呈现的明显特征是，区际空间经济联系明显弱于区域内部，但区际空间经济联系呈现逐步增强的态势。在长江经济带各省份间、孟印缅经济体内部的产业联动网络中，不同产业在网络中具有不同的控制地位，其中网络的核心产业往往是附加值较高的产业，并且跨区域产业联动的紧密度明显低于区域内部。长江经济带产业联动的基础是农业与工业，重点是服务业；但孟印缅经济体内部产业联动的基础是农业，重点是制造业。目前，长江经济带与孟印缅经济体内部已经形成明显的产业联动网络，并且两大区域间产业联动具有明显的相通性与互补性，说明长江经济带与孟印缅经济体具有实现产业联动的可行性与现实必然性。

长江经济带各省份间的区际经济联系较弱，并且下游地区在整个经济带的空间经济联系中发挥着主导作用，但中游地区的枢纽作用也逐渐凸显。长江经济带各省份间的产业联动水平明显低于各省份内部，且经济带下游地区的产业是上游与中游地区产业联动的枢纽，这主要是受区域经济发展差异、区域分割等因素的影响。其中区域经济发展差异促进区域间的产业联动，但区域分割引起的地方保护会阻碍区际产业联动。长江经济带区际产业联动网络显示，各省份内部产业之间的联动关系紧密度明显高于各省份间的产业联动关系紧密度。在地理区位上，长江经济带中游地区是连接经济带上游和下游地区的枢纽，但区际产业联动网络显示，经济带下游地区的产业是连接上游和中游地区产业的枢纽。基于这一反事实特征，进一步分析得出区域经济发展水平会促进产业的空间联系，即经济发展水平差异越大，区际产业联动程度越高，所以长江经济带上游的产业和中游的产业靠下游地区的产业连接起来。而区际产业联动弱于区域内产业联动，主要是受区域分割的影响，区域分割引起的地方保护使得区域内的产业联动较强，但区际产业联动水平较低。此外，各省份的基础设施建设对区际产业联动也具有影响，其中公路和内河航运基础设施能显著促进区际产业联动。在区际产业联动上，可采用产业转移、总部—生产基地、共建产业园及企业间的供应商与合作伙伴关系的路径。

　　长江经济带与孟印缅经济体通过产业联动所呈现的空间经济联系较弱，目前两大区域间的空间经济联系还主要局限于少数同类产业或是相关产业，但呈现出逐渐增强的趋势。在长江经济带与孟印缅经济体的产业联动网络中，目前起重要枢纽作用的产业有纺织业，纺织服装、服饰业，机械设备制造业，医药制造业，化学原料与化学制品制造业，等等，这些产业主要是长江经济带与孟印缅经济体的优势产业或是互补性较强的产业，并且长江经济带与孟印缅经济体的产业联动紧密度远低于长江经济带或孟印缅经济体内部的产业联动。长江经济带与印度的产业联动水平较高，产业互动程度深，但与孟加拉国及缅甸的产业联动较弱。在长江经济带与孟印缅经济体跨境产业联动的实证检验中，双边的经济规模对产业联动具有显著的正向影响，且长江经济带各省份的经济规模影响程度更大，地理毗邻能显著促进双边产业联动，但地理距离会削弱产业联动。孟、印、缅三国的贸易开放度与基础设施水平对双边产业联动具有明显的促进作用，并且铁路运输的作用强于航空运输与通信运输网络。双边管制制度距离不利于跨境产业联动。因此，在跨境产业联动中，可采用建立跨境产业合作园区、构建内外联动的跨境产业体系、完善基础设施网络、创新产业合作模式、制定相关政策和协调机制等路径。

第二节　对策建议与启示

一　对策建议

我国长江经济带产业网络规模庞大、密度较高，是经济带主要空间经济联系的重要基础。长江经济带各省份与孟印缅经济体间的产业联动也较密切，各种产品交换、技术交流、生产过程的分工与协作、人才与资金的流动等，都以产业联动为载体。为促进长江经济带与孟印缅经济体的空间经济联系，本书提出如下对策。

（一）重点培育主导产业，密切产业空间经济联系

在产业联动网络中，主导产业在增强产业空间经济联系上发挥着主导作用，不同层面的产业联动网络均表现出这一特征。因此，重点培育长江经济带与孟印缅经济体产业联动网络中的主导产业，进而带动区域内其余产业的发展，切实推进东西双向互济。例如，在长江经济带各省份间重点培育化学工业、金属冶炼及制品业、建筑业、交通运输设备制造业、采选业、电气机械及电子通信设备制造业等，这些产业在产业联动网络中具有较强的聚集力和辐射力，是增进跨区域产业联动发展的重要支撑；在孟、印、缅三个国家中，由于印度的经济发展水平较高，在三国产业空间经济联系中发挥着主导作用，所以重点培育印度的陆上运输与管道运输业、化学原料和化学制品制造业、金属冶炼及压延加工业、零售业、金融业等，以这些产业为抓手，不断完善和密切孟、印、缅三国间的产业联系；在跨境产业联动中，重点培育金属冶炼和压延加工业，化学原料和化学制品制造业，陆上运输与管道运输业，电力、热力、燃气的生产和供应业，石油、炼焦及核燃料加工业等，并建立相应的跨境产业园区，增强产业的跨境经济联系。长江经济带与孟印缅经济体产业联动网络中的核心产业，既有共同之处，又有差异。各区域内拥有各自的主导产业和优势产业，在区域内部的产业联动中，应对产业进行合理布局，在重点发展主导产业的同时，兼顾其他产业的协同发展，通过主导产业带动其他产业共同发展。推进长江经济带与孟印缅经济体在主导、支柱产业中实现协作分工，实施主导产业差别化发展。长江经济带各省份，孟、印、缅三国应根据自身的产业基础与资源优势，培育自身核心

产业的同时，也应注重与其余省份或国家的协调，避免产业趋同引起的恶性竞争、重复建设与资源浪费。最后，长江经济带与孟印缅经济体内部均应通过产业联动，形成良性互动、共同发展的态势，实现经济发展的东西双向互济。

（二）实施区域联动发展政策，促进不同区域协同发展

从产业联动影响因素的实证检验中可知，区域分割对跨区域产业联动具有明显的负向影响。由于区域分割的存在，不同区域间资源优势、产业优势在经济发展中难以发挥最大效用。例如，长江经济带上游地区丰富的生物资源、原材料等正是经济带下游地区发展的重要基础，下游地区的资金、技术、资本等是上游地区发展的重要支撑，但是由于区域分割的存在，这种区域之间的互补性发展需求亟须建立合作机制。从跨区域层面看，长江经济带产业联动需要制定和实施一体化的产业政策。首先，由于农业是其共同的基础产业，可优先实施共同的农业政策，稳固与保障各省份基础产业的发展，如对农产品流通实行统一的零流通关税、零过路费以及共同的农业补贴；实施共同的工业园区产业集群支持政策，支持围绕工业园主导产业发展的相关配套产业；实施共同的旅游政策，对重要旅游景点联动开发、统一规划等。其次，要制定并实施产业一体化空间优化政策。除共同制定区域性差异化产业政策外，还应制定鼓励长江经济带各省份错位发展的区域政策，共同制定长江经济带落后边远地区的开放政策。最后，长江经济带各省份之间应该定期召开区域经贸产业协调会或产业对接会，协调相互间的产业发展规划，共建互联互通的道路、物流设施，共建边界省份的消费品和生产资料市场，等等。对于孟印缅经济体之间，三国产业结构比较相似，但印度经济发展水平相对较高，在制定联动发展政策时，主要以印度为中心，制定共同的农业发展政策，推动制造业深化合作，开拓服务业领域的合作路径，通过产业合作与联动发展，深化三国之间的空间经济联系。从跨境产业联动层面，在制定联动发展政策时，应充分发挥地理区位优势和经济发展优势，长江经济带与孟印缅经济体涉及的区域面广，这一区域内经济发展水平差异明显，具有联动发展的必然性和长期性。在地理区位优势上，重点是发挥长江经济带上游地区的联动枢纽作用，经济带上游地区是经济带中下游地区与孟印缅经济体之间实现地理联动的枢纽，可通过

联动枢纽构建基础设施互联互通网络,进而促进经济发展的联动。在经济发展优势上,长江经济带上游、中下游地区之间经济发展互补性强,经济带上游地区与孟印缅经济体之间经济合作基础好,因此制定联动发展政策时,重点围绕已有的经济合作基础与产业互补优势,构建跨境产业合作园区、跨境经济合作区等,推动实行互利合作、共商共建的联动政策。

(三)建立全方位、多层次、多领域的联动协调机制,健全相应制度体系

长江经济带与孟印缅经济体的产业联动,涉及地理、经济发展、发展政策等方面的连通合作,这就需要构建相对全面的联动协调机制,制定长江经济带与孟印缅经济体产业联动的制度保障体系。长江经济带与孟印缅经济体的产业联动,应借助协调机制、制度保障体系等打造长江经济带上游地区的重要区位优势,发挥其重要的枢纽作用,以实现经济带与孟印缅经济体的产业一体化,最终形成陆海内外联动的发展格局。长江经济带上游地区地理区位优势明显,但要把这种区位优势转化为联动优势,还需要相关的协调机制与保障制度。首先,可通过补贴或资金扶持,鼓励与支持长江经济带上游地区与孟印缅经济体进行紧密合作,提升其对外开放水平;其次,通过政策支持加强长江经济带上游地区与长江经济带中下游地区开展产业合作,以提升上游地区的经济发展水平;最后,通过制度保障促进长江经济带上游地区与孟印缅经济体进行产业对接,并加强其对中下游地区产业转移的承接能力,将经济带上游地区的地理区位优势转化为对外开放与对内合作的经济优势,进而降低长江经济带与孟印缅经济体经济联系的交易成本。同时,认准发展定位,制定相应的政策,充分发挥云南省的辐射中心作用,以云南省为长江经济带与孟印缅经济体产业对接的桥梁和纽带,来促进长江经济带其余省份与孟印缅经济体的产业联动,并实现长江经济带与孟印缅经济体的产业一体化,最终实现陆海内外联动的经济发展格局。此外,长江经济带与孟印缅经济体产业联动涉及区域广,难免会面临各种各样的利益冲突,因此需要建立全方位的协调机制,可具体到产业层面的协调、经济发展层面的协调、政策制定的协同等方面,构建相应的制度保障体系,为长江经济带与孟印缅经济体产业联动的顺利推进及促进陆海内外联动经济

发展格局的构建提供制度保障。

二 启示

(一)境内经济带与境外经济体有效衔接的启示

目前,我国区域间的发展差距还在进一步拉大,学界对区域经济协调发展的研究较多,且研究视角较广。本书国内区域以长江经济带为研究对象,旨在探究促进长江经济带上游、中游和下游各省份间经济联系的路径,可扩展为对境内经济带的研究,而对外将长江经济带与孟印缅经济体结合起来,孟印缅经济体地理上连接成了一条境外经济带,所以本书可扩展为对境内经济带与境外经济体的研究,而这两个区域在地理上能够实现融合。因此,本书的研究对分析境内经济带与境外经济体如何实现联动发展具有启发意义。产业联动是区域空间经济联系的重要着力点,国内、国际产业联动能够缩小区域间的经济发展差异,进而增进区域经济一体化。最后,可从产业层面总结出几点促进境内经济带与境外经济体有效对接的启示。

1. 产业联动是实现境内经济带与境外经济体对接的重要途径

一国内部区域与区域之间的产业存在趋同与差异,国家与国家之间也存在趋同与差异。产业联动一方面是产业之间共同发展的需要,另一方面是区域之间促进经济联系、加深合作的关键。市场供求规模与产业分工是国内、国际联动发展的基础,而市场竞争是推动国内、国际联动发展的重要力量,微观主体企业在其中发挥着重要作用。通过企业的"引进来"与"走出去"促进国内、国际要素市场与产品市场的融合,而各类企业将价值链或产业链延伸到国内外的要素市场与产品市场,进而促进要素或产品的生产经营活动实现境内经济带、境外经济体的联动发展。而产业间和产业内分工格局的变化,对国内、国际联动发展产生影响。产业联动会促使区域间和国内外产品市场和要素市场的不断融合,最终形成产品市场一体化、要素市场一体化及产业一体化,进而促进境内经济带与境外经济体的空间经济联系。

2. 产业联动政策与政策协调机制是实现跨境产业联动的重要保障

由于各区域的产业空间网络存在明显的区域聚集特征,各区域之间的产业联动密度远远低于区域内部,说明产业联动还在很大程度上受限于区域边界，各产业集群之间缺乏合作与分工，导致产业发展上的恶性竞争，不利于产业的协同发展。区域间或国家间的产业合作均受到空间距离、区域分割等的影响，所以无论是国内还是国际，制定相应的联动发展政策和政策协调机制是促进产业联动的关键。从政府层面上，应建立跨区域经济协调机构，促进不同区域之间顺利实现经济合作，实现区域间优势互补；建立跨区域行业协会，组织产业跨区域协调发展，引导不同地区有关产业集群的联系、分工与合作，实现规模经济，提供公平有序的市场环境；建立跨区域产学研联盟，将各区域企业、科研机构和高校组成的跨区域技术联盟汇聚起来，增强科研能力和资金实力。从企业层面上，建立跨区域战略性合作关系，通过不同区域间企业的联系带动区域间的产业联动；建立跨区域销售网络，将自身的品牌与产品打入全国市场，提升自身在产业网络中的地位。不同层面的产业联动政策与区域协调机制的制定，在促进区域内外或国内外产业联动发展的同时，也在助推境内经济带与境外经济体的联动发展。

（二）推进孟中印缅经济走廊建设的政策启示

孟中印缅经济走廊建设自提出以来，推进进程缓慢，各国之间难以达成共识，导致经济走廊建设没有得到切实推进。本书的研究对象已经包含了孟中印缅经济走廊的大部分区域，并且对长江经济带的分析包括云南省。基于本书的研究，推进长江经济带与孟印缅经济体之间的产业联动，可以深化孟、中、印、缅四国的经济联系。首先，在推进孟中印缅经济走廊建设中，产业联动的探索是一种较好的路径。经济走廊覆盖区域内各国都有其独特的优势产业，也有许多关联性与互补性较强的产业，构建经济走廊沿线区域的产业链，实现产业联动发展，通过产业联动促进区域内经济联系的同时，也提升了经济走廊的发展水平。其次，研究中强调政策协调性、互信机制的建立，孟中印缅经济走廊建设推进进程缓慢的一大原因是各方之间的政治互信不足，缺乏有效的互信机制，基于此可将政策协调机制与互信机制的建立作为重点。最后，区域之间共同发展的基础是基础设施网络的互联互通建设，只有经济走廊沿线的基础设施实现互联互通，才能切实推进经济走廊的建设进程，并且基础设施的建设被有序而全面地推进。

第三节 研究展望

本书还存在拓展空间，未来的研究可从以下几方面展开。

一是研究主线的拓展。空间经济联系体现在许多方面，如城市或城市群、产业、企业等。比较常见的分析是从城市或城市群层面展开，而从更微观的角度，基于企业层面的空间经济联系更持久与稳定。本书仅聚焦于产业层面，未来的研究可拓展为从城市、企业等层面进行分析。

二是研究对象的拓展。本书以长江经济带和孟印缅经济体为分析对象，得出的研究结论也是针对这一区域。若选择其他区域作为研究对象，由于区域产业发展差异和经济发展水平的差异，其结论应该有所不同。我国地理形势复杂，周边国家众多，各区域间的经济联系也日渐紧密，无论是研究区域间的产业联动还是研究跨境产业联动，研究对象存在较大的扩展空间。

三是研究层面的进一步细化。考虑数据的可得性，本书主要从省级层面加以分析，在数据可得或有相应替代数据的情况下，可从城市层面进行分析。现有的行政单元之间，城市的联系远远多于省份与省份之间的联系，从城市层面进行分析的现实意义更强。

四是产业联动的主体一般是产业或企业。本书仅仅分析以产业为主体的产业联动网络，且是对多种产业的系统分析。若在数据可得的情况下，可从企业的角度分析特定产业的产业链条及联动发展情况，若能够揭示区域间各个产业内企业的关联关系，这对产业联动的研究将是一大突破。

五是随着产业联动研究的日益成熟及现实中区域间产业联动的成功实践，可进一步分析产业联动效应。由于目前关于产业联动效应的研究，学界还没有形成统一的学术观点，这一内容将是未来研究的一个重要方向。

主要参考文献

一 中文文献

曹华：《西部大开发中西南区域内经济联动发展战略研究》，民族出版社 2010 年版。

陈建军：《长三角地区的产业分工和产业转移——兼论泛长三角经济区的形成》，安徽大学出版社 2009 年版。

《地理学词典》编辑委员会：《地理学词典》，上海辞书出版社 1983 年版。

范恒山等：《中国区域协调发展研究》，商务印书馆 2012 年版。

范剑勇：《产业集聚与区域经济协调发展》，人民出版社 2013 年版。

付保宗：《中国产业区域转移机制问题研究》，中国市场出版社 2008 年版。

葛剑雄等：《改变世界经济地理的"一带一路"》，上海交通大学出版社 2015 年版。

胡艳：《长江经济带联动发展与绿色开发研究》，经济管理出版社 2016 年版。

雷敏等：《复杂网络的度分布及其仿真算法》，同济大学出版社 2016 年版。

黎鹏：《产业协调与产业功能区研究》，人民出版社 2011 年版。

梁双陆：《边疆经济学：国际区域经济一体化与中国边疆经济发展》，人民出版社 2009 年版。

刘军：《整体网分析讲义：UCINET 软件实用指南》，格致出版社 2009 年版。

刘卫东等:《2010 年中国 30 省区市区域间投入产出表》,中国统计出版社 2014 年版。

刘卫东等:《中国 2007 年 30 省区市区域间投入产出表编制理论与实践》,中国统计出版社 2012 年版。

刘志彪:《产业经济学》,南京大学出版社 1996 年版。.

世界银行:《2009 年世界发展报告:重塑世界经济地理》,胡光宇等译,清华大学出版社 2009 年版。

孙玺菁等:《复杂网络算法与应用》,国防工业出版社 2015 年版。

王正毅、张岩贵:《国际政治经济学:理论范式与现实经验研究》,商务印书馆 2003 年版。

邢李志:《基于复杂社会网络理论的产业结构研究》,科学出版社 2013 年版。

叶森:《区域产业联动的理论与实践》,经济科学出版社 2012 年版。

袁树人等:《世界政治经济与国际关系》,吉林人民出版社 1990 年版。

钟业喜、冯兴华:《长江经济带区域空间结构演化研究》,经济管理出版社 2018 年版。

周一星:《城市地理学》,商务印书馆 1995 年版。

安虎森、颜银根:《贸易自由化、工业化与企业区位——新经济地理视角中国 FDI 流入的研究》,《世界经济研究》2011 年第 2 期。

安虎森、郑文光:《亚欧"世界岛"和重塑国内外经济地理》,《甘肃社会科学》2015 年第 6 期。

安树伟:《"一带一路"对我国区域经济发展的影响及格局重塑》,《经济问题》2015 年第 4 期。

曹华、刘瑞:《区域联动发展的经济政策创新研究——以我国西南六省区市经济联动发展的政策创新为例》,《经济问题探索》2010 年第 2 期。

曹华、刘瑞:《我国西南区域内经济联动发展的动力机制研究》,《云南民族大学学报》(哲学社会科学版)2008 年第 6 期。

车冰清等:《基于产业联动的区域经济合作潜力研究——以淮海经济区为例》,《地域研究与开发》2009 年第 4 期。

陈安平:《我国区域经济的溢出效应研究》,《经济科学》2007 年第 2 期。

陈国亮、陈建军:《产业关联,空间地理与二三产业共同集聚——来自中国 212 个城市的经验考察》,《管理世界》2012 年第 4 期。

陈建军:《中国现阶段产业区域转移的实证研究——结合浙江 105 家企业的问卷调查报告的分析》,《管理世界》2002 年第 6 期。

陈抗等:《财政集权与地方政府行为变化——从援助之手到攫取之手》,《经济学》(季刊) 2002 年第 1 期。

陈利君:《建设孟中印缅经济走廊的前景与对策》,《云南社会科学》2014 年第 1 期。

陈利君:《孟中印缅经济走廊与"一带一路"建设》,《东南亚南亚研究》2015 年第 4 期。

陈良文、杨开忠:《集聚与分散:新经济地理学模型与城市内部空间结构、外部规模经济效应的整合研究》,《经济学》(季刊) 2007 年第 1 期。

陈启斐、巫强:《国内价值链、双重外包与区域经济协调发展:来自长江经济带的证据》,《财贸经济》2018 年第 7 期。

陈喜强等:《区域经济合作与发展中的相关前沿问题研究》,《经济研究》2008 年第 8 期。

陈明星等:《经济地理学视角下中国经济新常态的格局与类型划分》,《地理科学》2016 年第 7 期。

董千里:《基于"一带一路"跨境物流网络构建的产业联动发展——集成场理论的顶层设计思路》,《中国流通经济》2015 年第 10 期。

董晓菲等:《东北地区沿海经济带与腹地海陆产业联动发展》,《经济地理》2009 年第 1 期。

段巍、吴福象:《开放格局、区域一体化与重塑经济地理——基于"一带一路"、长江经济带的新经济地理学分析》,《国际贸易问题》2018 年第 5 期。

樊杰等:《中国经济与人口重心的耦合态势及其对区域发展的影响》,《地理科学进展》2010 年第 1 期。

范恒山:《国家区域发展战略的实践与走向》,《区域经济评论》2017 年第 1 期。

范剑勇:《市场一体化、地区专业化与产业集聚趋势——兼谈对地区差距的影响》,《中国社会科学》2004 年第 6 期。

方俊智、文淑惠：《大湄公河次区域城市群空间经济联系分析》，《地域研究与开发》2017 年第 6 期。

高新才：《丝绸之路经济带与长江经济带的互联互通》，《中国流通经济》2015 年第 9 期。

高伟等：《基于区际产业联动的协同创新过程研究》，《科学学研究》2012 年第 2 期。

高伟、聂锐：《基于嵌入关系的企业网络链接模型研究》，《科技进步与对策》2010 年第 10 期。

高伟：《区际产业联动的内涵、模式与调控》，《高校理论战线》2012 年第 7 期。

葛立成等：《长三角地区联动发展新思路研究》，《浙江学刊》2004 年第 3 期。

桂琦寒等：《中国国内商品市场趋于分割还是整合：基于相对价格法的分析》，《世界经济》2006 年第 2 期。

郭明杉、张陆洋：《高新技术产业集群的区域经济一体化效应分析》，《哈尔滨工业大学学报》（社会科学版）2007 年第 1 期。

何雄浪、杨继瑞：《企业异质、产业集聚与区域发展差异——新新经济地理学的理论解释与拓展》，《学术月刊》2012 年第 7 期。

侯赟慧等：《长三角区域经济一体化进程的社会网络分析》，《中国软科学》2009 年第 12 期。

胡鞍钢等：《重塑中国经济地理：从 1.0 版到 4.0 版》，《经济地理》2015 年第 12 期。

胡鲜等：《企业竞争关系演变的复杂网络分析——以广东省软件产业为例》，《软科学》2008 年第 6 期。

黄玖立、冼国明：《人力资本与中国省区的产业增长》，《世界经济》2009 年第 5 期。

黄勇等：《城镇商业街道空间网络模型构建及方法研究——以重庆磁器口为例》，《城市规划》2016 年第 6 期。

黄勇等：《基于社会网络分析法的城镇基础设施健康评价研究——以重庆万州城区电力基础设施为例》，《中国科学：技术科学》2015 年第 1 期。

黄昱然：《粤港澳与中部地区产业联动发展的实证研究——基于湘南承接产业转移视角》，《湖南社会科学》2013 年第 4 期。

韩会然等：《皖江城市带空间经济联系的网络特征及优化方向研究》，《人文地理》2011 年第 2 期。

贾根良：《国内经济一体化：扩大内需战略的必由之路》，《社会科学战线》2012 年第 2 期。

江小国等：《皖江城市带和长三角地区产业联动性研究——基于空间引力模型》，《经济与管理评论》2017 年第 1 期。

姜博等：《"十五"时期环渤海城市群经济联系分析》，《地理科学》2009 年第 3 期。

姜霞：《论武汉城市圈的产业联动》，《开放导报》2012 年第 6 期。

蒋天颖等：《基于引力模型的区域创新产出空间联系研究——以浙江省为例》，《地理科学》2014 年第 11 期。

金志云：《国内区域经济一体化进程中的矛盾与路径选择》，《理论探讨》2007 年第 6 期。

李春芬：《区际联系——区域地理学的近期前沿》，《地理学报》1995 年第 6 期。

李钢等：《"一带一路"倡议与中国全域发展》，《中国软科学》2016 年第 7 期。

李国平等：《深圳与珠江三角洲区域经济联系的测度及分析》，《经济地理》2001 年第 1 期。

李国平、王立明：《深圳与珠江三角洲区域经济联系的测度及分析》，《经济地理》2001 年第 1 期。

李敬等：《"一带一路"沿线国家货物贸易的竞争互补关系及动态变化冰——基于网络分析方法》，《管理世界》2017 年第 4 期。

梁经伟等：《"一带一路"倡议下中国与周边国家经济联动关系研究》，《地域研究与开发》2016 年第 3 期。

梁琦、詹亦军：《地方专业化、技术进步和产业升级：来自长三角的证据》，《经济理论与经济管理》2006 年第 1 期。

梁双陆、梁巧玲：《"一带一路"新常态下如何加快孟中印缅经济走廊建设——基于产业国际分工与布局的研究》，《天府新论》2015 年第

5 期。

林兰等：《长江三角洲区域产业联动发展研究》，《经济地理》2010 年第
1 期。

刘刚、郭敏：《中国宏观经济多部门网络及其性质的实证研究》，《经济问
题》2009 年第 2 期。

刘慧等：《"一带一路"战略对中国国土开发空间格局的影响》，《地理科
学进展》2015 年第 5 期。

刘静玉等：《中原经济区城市间相互作用时空格局演变研究》，《地理科
学》2014 年第 9 期。

刘宁宁等：《区域产业联动的主要机制研究》，《商业时代》2008 年第
31 期。

刘钊：《区域产业联动网络测度研究——以环渤海区域为例》，《安徽大学
学报》（哲学社会科学版）2011 年第 2 期。

刘新争：《区域产业联动与产业转移——基于内生比较优势的视角》，《江
汉论坛》2016 年第 12 期。

卢光盛等：《GMS 经济走廊建设的经验教训及其对孟中印缅经济走廊的启
示》，《东南亚研究》2016 年第 3 期。

卢伟、李大伟：《"一带一路"背景下大国崛起的差异化发展策略》，《中
国软科学》2016 年第 10 期。

吕涛、聂锐：《产业联动的内涵理论依据及表现形式》，《工业技术经济》
2007 年第 5 期。

毛子骏等：《关联基础设施网络模型研究综述》，《计算机科学》2009 年
第 3 期。

梅志雄等：《近 20 年珠三角城市群城市空间相互作用时空演变》，《地理
科学》2012 年第 6 期。

孟德友、陆玉麒：《高速铁路对河南沿线城市可达性及经济联系的影响》，
《地理科学》2011 年第 5 期。

孟德友、陆玉麒：《基于引力模型的江苏区域经济联系强度与方向》，《地
理科学进展》2009 年第 5 期。

苗长虹、王海江：《河南省城市的经济联系方向与强度——兼论中原城市
群的形成与对外联系》，《地理研究》2006 年第 2 期。

倪金星等：《基于 DMSP/OLS 夜间灯光数据的中国经济空间格局》，《华中师范大学学报》（自然科学版）2016 年第 6 期。

聂锐、高伟：《区际生产要素流动的网络模型研究》，《财经研究》2008 年第 7 期。

牛恩慧、孟庆民：《甘肃与毗邻省区区域经济联系研究》，《经济地理》1998 年第 3 期。

佩鲁：《增长极概念》，《经济学译丛》1988 年第 9 期。

祁春凌、邹超：《东道国制度质量、制度距离与中国的对外直接投资区位》，《当代财经》2013 年第 7 期。

任佳：《孟中印缅地区经济合作与经济走廊建设构想》，《东南亚南亚研究》2014 年第 1 期。

沈立人、戴园晨：《我国"诸侯经济"的形成及其弊端和根源》，《经济研究》1990 年第 1 期。

沈正平等：《产业地域联动的测度方法及其应用探讨》，《经济地理》2007 年第 6 期。

石碧华：《长三角城市群产业联动协同转型的机制与对策》，《南京社会科学》2014 年第 11 期。

石亚灵等：《历史文化名镇的社会网络保护量化研究初探——以重庆宁厂镇为例》，《西部人居环境学刊》2016 年第 6 期。

隋鹏飞、任建兰：《山东省海陆产业联动发展探讨》，《地域研究与开发》2015 年第 3 期。

孙东琪等：《基于产业空间联系的"大都市阴影区"形成机制解析——长三角城市群与京津冀城市群的比较研究》，《地理科学》2013 年第 9 期。

孙久文：《重塑中国经济地理的方向与途径研究》，《南京社会科学》2016 年第 6 期。

孙铁山等：《中国经济空间格局演化与区域产业变迁——基于 1952～2010 年省区经济份额变动的实证分析》，《地理科学》2015 年第 1 期。

孙喜勤：《论云南省与孟印缅的农业合作》，《东南亚南亚研究》2014 年第 4 期。

陶永亮、赵婷：《大国开放路径及影响研究——兼论"一带一路"和长江经济带战略对空间经济绩效的影响》，《经济问题探索》2018 年第 8 期。

王珏等：《基于社会网络分析的长三角地区人口迁移及演化》，《地理研究》2014 年第 2 期。

王德利、方创琳：《中国跨区域产业分工与联动特征》，《地理研究》2010 年第 8 期。

王德忠、庄仁兴：《区域经济联系定量分析初探：以上海与苏锡常地区经济联系为例》，《地理科学》1996 年第 1 期。

邬丽萍：《城市群空间演进与产业联动——以广西北部湾城市群为例》，《经济问题探索》2013 年第 3 期。

吴福象、段巍：《国际产能合作与重塑中国经济地理》，《中国社会科学》2017 年第 2 期。

吴晓波、姜雁斌：《经济转型：基于网络分析的产业部门角色演化》，《科学学研究》2010 年第 2 期。

吴玉鸣：《空间计量经济模型在省域研发与创新中的应用研究》，《数量经济技术经济研究》2006 年第 5 期。

吴意云、朱希伟：《中国为何过早进入再分散：产业政策与经济地理》，《世界经济》2015 年第 2 期。

向云波等：《上海与长江经济带经济联系研究》，《长江流域资源与环境》2009 年第 6 期。

谢宜章等：《经济梯度、俱乐部合作与区域协调新机制》，《经济地理》2018 年第 7 期。

徐现祥、李郇：《市场一体化与区域协调发展》，《经济研究》2005 年第 1 期。

徐子青：《区域联动发展指标体系与评价方法探讨》，《福建师范大学学报》（哲学社会科学版）2009 年第 2 期。

许露元、李红：《城市空间经济联系变化的网络特征及机理——以珠三角及北部湾地区为例》，《城市问题》2015 年第 5 期。

宣昌勇、晏维龙：《FTA 背景下市场规模、产品差异与关税保护——基于空间经济学模型的解析》，《国际贸易问题》2012 年第 8 期。

阎大颖：《制度距离、国际经验与中国企业海外并购的成败问题研究》，

《南开经济研究》2011 年第 5 期。

杨文武等:《中印缅孟经济走廊建设研究》,《南亚研究季刊》2016 年第
　　4 期。

杨先明等:《中国开放进程中的统筹发展问题》,《思想战线》2004 年第
　　6 期。

易苗、周申:《经济开放对国内劳动力流动影响的新经济地理学解析》,
　　《现代财经》(天津财经学院学报) 2011 年第 3 期。

殷为华:《新时期长江三角洲区域联动发展的战略性思考》,《地理与地理
　　信息科学》2004 年第 5 期。

银温泉、才婉茹:《我国地方市场分割的成因和治理》,《经济研究》2001
　　年第 6 期。

余菜花、崔维军:《安徽省城市空间经济联系的网络特征分析》,《华东经
　　济管理》2012 年第 9 期。

袁新涛:《"一带一路"建设的国家战略分析》,《理论月刊》2014 年第
　　11 期。

袁伟平等:《跨区域合作下云南沟通"廊""带"的区域战略研究》,《经
　　济问题探索》2018 年第 2 期。

袁象、孙玉美:《基于产业联动理论的长三角海洋产业发展研究》,《现代
　　管理科学》2016 年第 4 期。

张海森、谢杰:《中国—东欧农产品贸易:基于引力模型的实证研究》,
　　《中国农村经济》2008 年第 10 期。

张利华、徐晓新:《区域一体化协调机制比较研究》,《中国软科学》2010
　　年第 5 期。

张润君等:《中国区域经济的空间联系:1997—2007》,《统计研究》2011
　　年第 10 期。

张世均:《新常态下西南民族地区参与孟中印缅经济走廊建设的路径与对
　　策研究》,《西南民族大学学报》(人文社会科学版) 2016 年第 2 期。

张许杰、刘刚:《基于复杂网络的英国产业结构网络分析》,《商场现代
　　化》2008 年第 10 期。

张勋、乔坤元:《中国区域间经济互动的来源:知识溢出还是技术扩
　　散?》,《经济学》(季刊) 2016 年第 3 期。

张益丰等:《"一带一路"与"中心—外围"产业格局的重构——兼论山东省的产业发展定位》,《烟台大学学报》(哲学社会科学版)2016年第4期。

张幼文:《新时代中国国际地位新特点和世界共同发展新动力》,《世界经济研究》2017年第12期。

张玉新等:《国际区域经济一体化背景下中国沿边城市经济空间分布与影响因素》,《管理世界》2014年第10期。

赵纯凤等:《湖南区域经济的空间联系和空间组织》,《经济地理》2015年第8期。

赵东霞等:《东北地区城市经济联系的空间格局及其演化》,《地理科学》2016年第6期。

赵璐、赵作权:《中国经济空间转型与新时代全国经济东西向布局》,《城市发展研究》2018年第7期。

赵伟:《区域开放:中国的独特模式及其未来发展趋势》,《浙江学刊》2001年第2期。

赵伟、徐朝晖:《测度中国省域经济"二重"开放》,《中国软科学》2005年第8期。

赵伟、张萃:《市场一体化与中国制造业区域集聚变化趋势研究》,《数量经济技术经济研究》2009年第2期。

郑国、赵群毅:《山东半岛城市群主要经济联系方向研究》,《地域研究与开发》2004年第5期。

郑志来:《"一带一路"战略实施背景、路径与对策研究》,《湖湘论坛》2016年第1期。

中国投入产出学会课题组等:《我国目前产业关联度分析——2002年投入产出表系列分析报告之一》,《统计研究》2006年第11期。

钟业喜、陆玉麒:《基于空间联系的城市腹地范围划分——以江苏省为例》,《地理科学》2012年第5期。

周婷等:《淮海经济区产业联系空间特征分析》,《地理科学》2010年第6期。

周一星:《主要经济联系方向论》,《城市规划》1998年第2期。

二 英文文献

A. Cesar et al., "A Network View of Economic Development", *Development Alternatives*, *Vol.* 12, No. 1, 2008.

A. G. Hoare, "Industrial Linkages and the Dual Economy: The Case of Northern Ireland", *Regional Studies*, Vol. 12, No. 2, Feb. 1978.

A. K. Dixit, J. E. Stiglitz, "Monopolistic Competition and Optimum Product Diversity", *The American Economic Review*, Vol. 67, No. 3, 1977.

A. L. Barabási, R. Albert, "Emergence of Scaling in Random Networks", *Science*, Vol. 286, No. 5439, 1999.

L. A. N. Amaral, B. Uzzi, "Complex Systems—A New Paradigm for the Integrative Study of Management, Physical, and Technological Systems", *Management Science*, Vol. 53, No. 7, 2007.

A. Marshall, *Principles of Economics*, London: Palgrave Macmillan, 1920.

A. O. Hirschtman, *The Strategy of Economic Development*, New Haven: Yale University Press, 1958.

A. Reggiani, D. Fabbri, *Network Development in Economic Spatial Systems: New Perspectives*, Aldershot: Ashgate, 1990.

A. Young, "The Razor's Edge: Distortions and Incremental Reform in the People's Republic of China", *The Quarterly Journal of Economics*, Vol. 115, No. 4, April 2000.

B. Chen et al., "Global Energy Flows Embodied in International Trade: A Combination of Environmentally Extended Input-Output Analysis and Complex Network Analysis", *Applied Energy*, No. 210, 2018.

B. J. Aitken, A. E. Harrison, "Do Domestic Firms Benefit from Direct Foreign Investment? Evidence from Venezuela", *American Economic Review*, Vol. 89, No. 3, 1999.

B. S. Javorcik, "Does Foreign Direct Investment Increase the Productivity of Domestic Firms? In Search of Spillovers Through Backward Linkages", *American Economic Review*, Vol. 94, No. 3, 2004.

D. J. Watts, S. H. Strogatz, "Collective Dynamics of 'Small-world' Net-

works", *Nature*, Vol. 393, No. 6684, 1998.

D. Parsley, S. J. Wei, "Explaining the Border Effect: The Role of Exchange rate Variability, Shipping Costs, and Geography", *Journal of International Economics*, Vol. 55, No. 1, January 2001.

D. Peter, "The Multiplant Business Enterprise and Geographical Space: Some Issues in the Study of External Control and Regional Development", *Regional Studies*, No. 10, 1976.

D. Quah, "The Global Economy's Shifting Centre of Gravity", *Global Policy*, Vol. 2, No. 1, January 2011.

D. R. Meyer, "A Dynamic Model of the Integration of Frontier Urban Places into the United States System of Cities", *Economic Geography*, Vol. 56, No. 2, 1980.

Edward M. Bergman, Edward J. Feser, "Industrial and Regional Clusters: Concepts and Comparative Applications", Regional Research Institute, West Virginia University, 1999.

F. H. Liang, "Does Foreign Direct Investment Improve the Productivity of Domestic Firms? Technology Spillovers, Industry Linkages, and Firm Capabilities", *Research Policy*, Vol. 46, No. 1, 2017.

G. Blalock, P. J. Gertler, "Welfare Gains from Foreign Direct Investment through Technology Transfer to Local Suppliers", *Journal of International Economics*, Vol. 74, No. 2, 2008.

G. K. Zipf, "The PIP2 /D Hypothesis: On the Intercity Movement of Persons", *American Sociological Review*, Vol. 1, No. 12, 1946.

H. Matsumoto, "International Urban Systems and Air Passenger and Cargo Flows some Calculations", *Journal of Air Transport Management*, Vol. 35, No. 10, 2004.

H. Schmitz, "Global Competition and Local Cooperation: Success and Failure in the Sinos Valley, Brazil", *World Development*, Vol. 27, No. 9, 1999.

K. J. Arrow, "The Economic Implications of Learning by Doing", *The Review of Economic Studies*, Vol. 29, No. 3, 1962.

L. Edward, "Glaeser Learning in Cities", *Journal of Urban Economics*, Vol. 46, No. 2, 1999.

M. Doreen, "In What Sense A Regional Problem?", *Regional Studies*, No. 13, 1979.

M. Doreen, *Spatial Divisions of Labour: Social Struttnres and the Geography of Production*, London: Macmillan, 1984.

M. Fujita, D. Hu, "Regional disparity in China 1985 – 1994: The Effects of Globalization and Economic Liberalization", *The Annals of Regional Science*, Vol. 35, No. 1, 2001.

M. G. Russon, F. Vakil, "Population, Convenience and Distance Decay in a Short-haul Model of United States air Transportation", *Journal of Transpot Geography*, Vol. 3, No. 3, 1995.

M. J. Moseley, P. Townroe, "Linkage Adjustment Following Industrial Movement", *Tijdschrift Voor Economische en Sociale Geografie*, Vol. 64, No. 2, Feb. 1973.

N. Hanaki et al., "Cooperation in Evolving Social Networks", *Management Science*, Vol. 53, No. 7, 2007.

P. Krugman, "Scale Economies, Product Differentiation, and the Pattern of Trade", *The American Economic Review*, Vol. 70, No. 5, 1980.

P. Martin, G. I. P. Ottaviano, "Growing Locations: Industry Location in a Model of Endogenous Growth", *European Economic Review*, Vol. 43, No. 2, 1999.

P. M. Romer, "Human Capital and Growth: Theory and Evidence", *Carnegie-rochester Conference Series on Public Policy*, 1990.

P. M. Romer, "Increasing Returns and Long-run Growth", *Journal of Political Economy*, Vol. 94, No. 5, 1962.

Qian Li et al., "MNCs' Industrial Linkages and Environmental Spillovers in E-merging Economies: The case of China", *International Journal of Production Economics*, No. 196, 2018.

R. Capello, "Spatial Spillovers and Regional Growth: A Cognitive Approach", *European Planning Studies*, Vol. 17, No. 5, 2009.

R. E. Baldwin et al., "Global Income Divergence, Trade, and Industrialization: The Geography of Growth Take-offs", *Journal of Economic Growth*, Vol. 6, No. 1, 2001.

R. G. Funderburg, M. G. Boarnet, "Agglomeration Potential: The Spatial Scale of Industry Linkages in the Southern California Economy", *Growth and Change*, Vol. 39, No. 1, 2008.

Sandra Poncet, "A Fragmented China: Measure and Determinants of Chinese Domestic Market Disintegration", *Review of international Economics*, Vol. 14, No. 1, March 2005.

Sandra Poncet, "Measuring Chinese Domestic and International Integration", *China Economic Review*, Vol. 14, No. 1, January 2003.

D. A. Smith, "Interaction within a Fragmented State: The Example of Hawaii", *Economic Geography*, Vol. 39, No. 3, 1963.

W. Hou et al., "Structure and Patterns of the International Rare Earths Trade: A Complex Network Analysis", *Resources Policy*, No. 55, 2018.

W. J. Reilly, "Methods for the Study of Retail Relationships", Texas: Bureau of Business Research, 1959.

W. Oh, S. Jeon, "Membership Herding and Network Stability in the Open Source Community: The Ising Perspective", *Management Science*, Vol. 53, No. 7, 2007.

W. W. Powell, "Learning from Collaboration: Knowledge and Networks in the Biotechnology and Pharmaceutical Industries", *California Management Review*, Vol. 40, No. 3, 1998.

W. W. Rostow, *Concept and Controversy: Sixty Years of Taking Ideas to Market*, University of Texas Press, 2003.

Y. Fujiwara, H. Aoyama, "Large-scale Structure of a Nation-wide Production Network", *The European Physical Journal B*, Vol. 77, No. 4, 2010.

Y. S. Tong, "Vertical Specialisation or Linkage Development for Agro-Commodity Value Chain Upgrading? The case of Malaysian palm oil", *Land Use Policy*, No. 68, 2017.

附　　　录

附表1　　　云南省对孟印缅经济体的产业贸易竞争优势指数

	产业名称	2012 年	2013 年	2014 年	2015 年	2016 年
	农业	0.907	1.000	1.000	1.000	1.000
	渔业	−1.000	−1.000	−1.000	−1.000	−1.000
	农副食品加工业	−1.000	−1.000	−1.000	−1.000	−1.000
	食品制造业	1.000	1.000	1.000	1.000	1.000
	酒、饮料和精制茶制造业	1.000	1.000	1.000	1.000	1.000
	纺织业	0.988	0.559	0.909	0.948	0.911
	纺织服装、服饰业	0.918	1.000	0.996	0.983	0.985
	皮革、毛皮、羽毛及其制品和制鞋业	−1.000	0.984	0.993	1.000	0.996
	家具制造业	1.000	1.000	1.000	1.000	1.000
	造纸和纸制品业	1.000	1.000	1.000	1.000	1.000
孟加拉国	印刷和记录媒介的复制	0.995	1.000	0.992	1.000	1.000
	文教、工美、体育和娱乐用品制造业	1.000	1.000	1.000	1.000	1.000
	化学原料和化学制品制造业	0.999	1.000	0.997	1.000	1.000
	医药制造业	1.000	1.000	1.000	1.000	1.000
	橡胶和塑料制品业	1.000	1.000	1.000	1.000	1.000
	非金属矿物制品业	1.000	0.695	0.384	0.931	1.000
	黑色金属冶炼和压延加工业	1.000	1.000	1.000	1.000	1.000
	有色金属冶炼和压延加工业	1.000	1.000	1.000	1.000	1.000
	金属制品业	1.000	1.000	1.000	1.000	1.000
	通用设备制造业	1.000	1.000	1.000	1.000	1.000
	专用设备制造业	1.000	1.000	1.000	1.000	1.000
	汽车制造业	1.000	1.000	1.000	1.000	1.000

续表

产业名称	2012 年	2013 年	2014 年	2015 年	2016 年
铁路、船舶、航空航天和其他运输设备制造业	1.000	1.000	1.000	1.000	1.000
电气机械和器材制造业	1.000	1.000	1.000	1.000	1.000
计算机、通信和其他电子设备制造业	1.000	1.000	1.000	1.000	1.000
仪器仪表制造业	1.000	1.000	0.956	1.000	1.000
其他制造业	−0.235	0.625	−0.070	−0.827	−0.778
废弃资源综合利用业	1.000	1.000	1.000	1.000	1.000
农业	−0.993	−0.931	0.259	−0.899	−0.685
林业	−1.000	−1.000	−1.000	−1.000	−0.999
畜牧业	1.000	1.000	1.000	1.000	1.000
渔业	−1.000	−1.000	−1.000	−1.000	−1.000
农、林、牧、渔服务业	−0.824	−0.448	−0.273	−0.217	−0.832
煤炭开采和洗选业	0.959	1.000	0.812	0.823	1.000
石油和天然气开采业	1.000	−0.979	−0.988	−0.994	−0.996
黑色金属矿采选业	−1.000	−1.000	−0.996	−1.000	−1.000
有色金属矿采选业	−1.000	−1.000	−1.000	−1.000	−1.000
非金属矿采选业	−0.960	−0.119	0.060	−0.409	−0.969
农副食品加工业	−0.971	−0.969	−0.933	−0.747	−0.961
食品制造业	1.000	0.997	0.982	1.000	1.000
酒、饮料和精制茶制造业	0.956	0.953	0.952	0.931	0.982
烟草制品业	0.948	0.977	1.000	1.000	1.000
纺织业	1.000	1.000	1.000	1.000	1.000
纺织服装、服饰业	1.000	1.000	1.000	1.000	1.000
皮革、毛皮、羽毛及其制品和制鞋业	0.757	1.000	1.000	1.000	1.000
木材加工和木、竹、藤、棕、草制品业	−0.969	−0.964	−0.922	−0.942	−0.885
家具制造业	0.982	1.000	0.997	1.000	1.000
造纸和纸制品业	1.000	1.000	1.000	1.000	1.000
印刷和记录媒介的复制	1.000	1.000	1.000	1.000	1.000
文教、工美、体育和娱乐用品制造业	0.482	0.787	−0.027	−0.001	0.009
石油、炼焦及核燃料加工业	1.000	1.000	1.000	1.000	1.000
化学原料和化学制品制造业	0.671	0.560	0.614	0.467	0.820
医药制造业	1.000	1.000	1.000	1.000	1.000

孟加拉国

缅甸

续表

	产业名称	2012 年	2013 年	2014 年	2015 年	2016 年
缅甸	橡胶和塑料制品业	0.999	1.000	1.000	1.000	1.000
	非金属矿物制品业	0.540	0.807	0.747	0.915	0.913
	黑色金属冶炼和压延加工业	1.000	1.000	1.000	1.000	1.000
	有色金属冶炼和压延加工业	1.000	1.000	1.000	0.612	0.399
	金属制品业	1.000	1.000	1.000	1.000	1.000
	通用设备制造业	1.000	1.000	1.000	1.000	1.000
	专用设备制造业	1.000	1.000	1.000	1.000	1.000
	汽车制造业	1.000	1.000	1.000	1.000	1.000
	铁路、船舶、航空航天和其他运输设备制造业	1.000	1.000	1.000	1.000	1.000
	电气机械和器材制造业	1.000	1.000	0.928	1.000	1.000
	计算机、通信和其他电子设备制造业	1.000	1.000	1.000	1.000	1.000
	仪器仪表制造业	1.000	1.000	1.000	1.000	1.000
	其他制造业	1.000	1.000	1.000	1.000	1.000
	电力、热力生产和供应业	− 0.863	− 0.809	− 0.509	− 0.474	− 0.246
印度	农业	− 0.078	0.998	0.670	0.744	0.912
	林业	1.000	0.892	0.954	0.297	− 0.989
	畜牧业	1.000	1.000	1.000	1.000	1.000
	渔业	− 1.000	− 1.000	− 1.000	− 1.000	− 1.000
	农、林、牧、渔服务业	− 1.000	− 1.000	1.000	1.000	1.000
	黑色金属矿采选业	− 1.000	− 1.000	− 1.000	− 1.000	− 1.000
	非金属矿采选业	− 1.000	− 1.000	− 0.998	− 0.997	1.000
	农副食品加工业	− 1.000	− 1.000	− 1.000	− 1.000	− 1.000
	食品制造业	1.000	1.000	1.000	1.000	1.000
	酒、饮料和精制茶制造业	1.000	1.000	1.000	1.000	1.000
	烟草制品业	1.000	1.000	1.000	1.000	1.000
	纺织业	0.990	0.955	0.994	0.976	0.998
	纺织服装、服饰业	0.895	0.988	0.996	0.982	0.994
	皮革、毛皮、羽毛及其制品和制鞋业	− 1.000	1.000	0.999	1.000	0.974
	木材加工和木、竹、藤、棕、草制品业	1.000	1.000	1.000	0.999	− 1.000
	家具制造业	0.968	1.000	1.000	1.000	0.950
	造纸和纸制品业	0.895	0.999	0.999	0.407	0.567

续表

	产业名称	2012 年	2013 年	2014 年	2015 年	2016 年
印度	印刷和记录媒介的复制	1.000	0.991	0.974	1.000	0.992
	文教、工美、体育和娱乐用品制造业	−1.000	0.977	0.988	0.999	0.883
	石油、炼焦及核燃料加工业	1.000	1.000	1.000	1.000	1.000
	化学原料和化学制品制造业	0.981	0.991	0.989	0.998	0.989
	医药制造业	1.000	1.000	1.000	1.000	1.000
	橡胶和塑料制品业	0.901	1.000	0.962	0.996	0.997
	非金属矿物制品业	0.258	0.999	0.999	1.000	0.999
	黑色金属冶炼和压延加工业	0.997	0.962	1.000	1.000	1.000
	有色金属冶炼和压延加工业	1.000	−0.875	−0.359	1.000	0.122
	金属制品业	0.427	0.992	0.991	0.997	0.982
	通用设备制造业	−0.096	−0.188	0.483	0.762	0.537
	专用设备制造业	0.051	0.303	0.319	0.859	−0.610
	汽车制造业	1.000	0.551	1.000	1.000	1.000
	铁路、船舶、航空航天和其他运输设备制造业	1.000	1.000	1.000	1.000	1.000
	电气机械和器材制造业	0.920	0.999	1.000	1.000	0.992
	计算机、通信和其他电子设备制造业	1.000	1.000	1.000	1.000	1.000
	仪器仪表制造业	−0.809	−0.633	−0.622	0.427	0.007
	其他制造业	0.639	0.698	0.402	−0.269	−0.860

注：根据 EPS DATA 整理的数据计算长江经济带各省份对孟印缅经济体的产业贸易竞争优势指数，下同。

附表 2 贵州省对孟印缅经济体的产业贸易竞争优势指数

	产业名称	2012 年	2013 年	2014 年	2015 年	2016 年
孟加拉国	农业	−1.000	−1.000	−1.000	−1.000	−1.000
	非金属矿采选业	1.000	1.000	1.000	1.000	1.000
	纺织业	−0.754	−0.821	−0.865	−0.890	−0.963
	纺织服装、服饰业	1.000	1.000	0.992	0.091	1.000
	皮革、毛皮、羽毛及其制品和制鞋业	1.000	1.000	1.000	1.000	1.000
	家具制造业	1.000	1.000	1.000	1.000	1.000
	造纸和纸制品业	1.000	1.000	1.000	1.000	1.000
	印刷和记录媒介的复制	1.000	1.000	1.000	1.000	1.000

续表

	产业名称	2012 年	2013 年	2014 年	2015 年	2016 年
孟加拉国	文教、工美、体育和娱乐用品制造业	1.000	1.000	1.000	1.000	1.000
	化学原料和化学制品制造业	1.000	1.000	1.000	1.000	1.000
	橡胶和塑料制品业	1.000	1.000	1.000	1.000	1.000
	非金属矿物制品业	1.000	1.000	1.000	1.000	1.000
	黑色金属冶炼和压延加工业	1.000	1.000	1.000	1.000	1.000
	金属制品业	1.000	1.000	1.000	1.000	1.000
	通用设备制造业	1.000	1.000	1.000	1.000	1.000
	专用设备制造业	1.000	1.000	1.000	1.000	1.000
	汽车制造业	1.000	1.000	1.000	1.000	1.000
	铁路、船舶、航空航天和其他运输设备制造业	1.000	1.000	1.000	1.000	1.000
	电气机械和器材制造业	1.000	1.000	1.000	1.000	1.000
	计算机、通信和其他电子设备制造业	1.000	1.000	1.000	1.000	1.000
	仪器仪表制造业	1.000	1.000	1.000	1.000	1.000
	其他制造业	1.000	1.000	1.000	1.000	1.000
缅甸	农业	1.000	1.000	1.000	1.000	1.000
	煤炭开采和洗选业	1.000	1.000	1.000	1.000	1.000
	食品制造业	1.000	1.000	1.000	1.000	1.000
	酒、饮料和精制茶制造业	1.000	1.000	1.000	1.000	0.999
	烟草制品业	1.000	1.000	1.000	1.000	1.000
	纺织业	1.000	1.000	1.000	1.000	1.000
	皮革、毛皮、羽毛及其制品和制鞋业	1.000	1.000	1.000	1.000	1.000
	化学原料和化学制品制造业	1.000	1.000	1.000	1.000	1.000
	医药制造业	1.000	1.000	1.000	1.000	1.000
	橡胶和塑料制品业	1.000	1.000	1.000	1.000	1.000
	非金属矿物制品业	1.000	1.000	1.000	1.000	1.000
	黑色金属冶炼和压延加工业	1.000	1.000	1.000	1.000	1.000
	有色金属冶炼和压延加工业	1.000	1.000	1.000	1.000	1.000
	金属制品业	1.000	1.000	1.000	1.000	1.000
	通用设备制造业	1.000	1.000	1.000	1.000	1.000
	专用设备制造业	1.000	1.000	1.000	1.000	1.000
	汽车制造业	1.000	1.000	1.000	1.000	1.000

续表

	产业名称	2012 年	2013 年	2014 年	2015 年	2016 年
缅甸	电气机械和器材制造业	1.000	1.000	1.000	1.000	1.000
	计算机、通信和其他电子设备制造业	1.000	1.000	1.000	1.000	1.000
	其他制造业	1.000	1.000	1.000	1.000	1.000
印度	农业	− 0.838	1.000	1.000	1.000	1.000
	非金属矿采选业	− 0.793	− 0.843	− 0.411	− 0.859	− 0.699
	农副食品加工业	1.000	1.000	1.000	1.000	1.000
	食品制造业	1.000	1.000	1.000	1.000	− 0.171
	酒、饮料和精制茶制造业	1.000	1.000	1.000	1.000	1.000
	纺织业	1.000	1.000	1.000	1.000	1.000
	纺织服装、服饰业	0.974	1.000	1.000	0.931	0.859
	皮革、毛皮、羽毛及其制品和制鞋业	1.000	0.998	0.834	− 0.257	1.000
	家具制造业	1.000	1.000	1.000	0.986	1.000
	造纸和纸制品业	1.000	1.000	1.000	1.000	1.000
	印刷和记录媒介的复制	1.000	1.000	1.000	1.000	1.000
	文教、工美、体育和娱乐用品制造业	1.000	1.000	1.000	0.996	1.000
	化学原料和化学制品制造业	1.000	1.000	1.000	1.000	1.000
	橡胶和塑料制品业	0.996	0.706	0.320	− 0.504	0.309
	非金属矿物制品业	1.000	1.000	1.000	0.917	0.997
	黑色金属冶炼和压延加工业	1.000	1.000	1.000	1.000	1.000
	有色金属冶炼和压延加工业	1.000	1.000	1.000	1.000	1.000
	金属制品业	1.000	1.000	0.998	0.990	0.971
	通用设备制造业	0.971	1.000	0.943	0.994	0.988
	专用设备制造业	0.980	0.499	0.408	1.000	1.000
	汽车制造业	1.000	1.000	1.000	1.000	0.999
	铁路、船舶、航空航天和其他运输设备制造业	1.000	1.000	1.000	1.000	1.000
	电气机械和器材制造业	0.983	1.000	0.995	0.970	0.990
	计算机、通信和其他电子设备制造业	0.998	0.959	1.000	1.000	1.000
	仪器仪表制造业	1.000	1.000	0.984	0.406	1.000
	其他制造业	1.000	1.000	1.000	1.000	1.000

附表3　　　四川省对孟印缅经济体的产业贸易竞争优势指数

	产业名称	2012 年	2013 年	2014 年	2015 年	2016 年
孟加拉国	农业	1.000	1.000	1.000	1.000	1.000
	非金属矿采选业	1.000	1.000	1.000	1.000	1.000
	食品制造业	1.000	1.000	1.000	1.000	1.000
	纺织业	1.000	1.000	1.000	1.000	0.978
	纺织服装、服饰业	−1.000	0.850	0.970	0.961	−1.000
	皮革、毛皮、羽毛及其制品和制鞋业	−1.000	0.752	−0.310	0.739	−0.475
	家具制造业	1.000	1.000	1.000	1.000	−1.000
	造纸和纸制品业	1.000	1.000	1.000	1.000	1.000
	印刷和记录媒介的复制	1.000	1.000	1.000	1.000	−0.052
	文教、工美、体育和娱乐用品制造业	1.000	1.000	1.000	1.000	1.000
	化学原料和化学制品制造业	1.000	1.000	1.000	1.000	1.000
	医药制造业	1.000	1.000	1.000	1.000	1.000
	化学纤维制造业	1.000	1.000	1.000	1.000	1.000
	橡胶和塑料制品业	1.000	1.000	1.000	1.000	1.000
	非金属矿物制品业	1.000	1.000	1.000	1.000	1.000
	黑色金属冶炼和压延加工业	1.000	1.000	1.000	1.000	1.000
	有色金属冶炼和压延加工业	1.000	1.000	1.000	1.000	1.000
	金属制品业	1.000	1.000	1.000	1.000	1.000
	通用设备制造业	1.000	1.000	1.000	1.000	1.000
	专用设备制造业	1.000	1.000	1.000	1.000	1.000
	汽车制造业	1.000	1.000	1.000	1.000	1.000
	铁路、船舶、航空航天和其他运输设备制造业	1.000	1.000	1.000	1.000	1.000
	电气机械和器材制造业	1.000	1.000	1.000	1.000	1.000
	计算机、通信和其他电子设备制造业	1.000	1.000	1.000	1.000	1.000
	仪器仪表制造业	1.000	0.979	1.000	1.000	1.000
	其他制造业	1.000	0.990	1.000	1.000	1.000
缅甸	食品制造业	1.000	1.000	1.000	1.000	1.000
	酒、饮料和精制茶制造业	1.000	1.000	1.000	1.000	0.925
	烟草制品业	1.000	1.000	1.000	1.000	1.000
	纺织业	1.000	1.000	1.000	1.000	1.000
	纺织服装、服饰业	1.000	1.000	0.932	1.000	0.972

续表

	产业名称	2012 年	2013 年	2014 年	2015 年	2016 年
缅甸	皮革、毛皮、羽毛及其制品和制鞋业	1.000	1.000	1.000	1.000	0.997
	木材加工和木、竹、藤、棕、草制品业	1.000	1.000	1.000	0.856	0.713
	家具制造业	1.000	1.000	1.000	1.000	1.000
	造纸和纸制品业	1.000	1.000	1.000	1.000	1.000
	印刷和记录媒介的复制	1.000	1.000	1.000	1.000	1.000
	文教、工美、体育和娱乐用品制造业	1.000	1.000	1.000	1.000	1.000
	石油、炼焦及核燃料加工业	1.000	1.000	1.000	1.000	1.000
	化学原料和化学制品制造业	1.000	1.000	0.997	1.000	1.000
	医药制造业	1.000	1.000	1.000	1.000	1.000
	化学纤维制造业	1.000	1.000	1.000	1.000	1.000
	橡胶和塑料制品业	1.000	1.000	1.000	1.000	1.000
	非金属矿物制品业	1.000	1.000	1.000	1.000	1.000
	黑色金属冶炼和压延加工业	1.000	1.000	1.000	-0.958	1.000
	有色金属冶炼和压延加工业	1.000	1.000	1.000	1.000	1.000
	金属制品业	1.000	1.000	1.000	1.000	1.000
	通用设备制造业	1.000	1.000	1.000	1.000	1.000
	专用设备制造业	1.000	1.000	1.000	1.000	1.000
	汽车制造业	1.000	1.000	1.000	1.000	1.000
	铁路、船舶、航空航天和其他运输设备制造业	1.000	1.000	1.000	0.996	1.000
	电气机械和器材制造业	1.000	1.000	1.000	1.000	1.000
	计算机、通信和其他电子设备制造业	1.000	1.000	1.000	1.000	1.000
	仪器仪表制造业	1.000	1.000	1.000	1.000	1.000
	其他制造业	1.000	1.000	1.000	1.000	1.000
印度	农业	-0.647	-0.829	-0.737	-0.404	-0.958
	林业	-0.543	-0.466	-0.317	0.399	0.646
	畜牧业	1.000	1.000	1.000	1.000	1.000
	非金属矿采选业	0.076	-0.190	-0.695	-0.420	-0.905
	农副食品加工业	1.000	0.860	1.000	1.000	1.000
	食品制造业	1.000	1.000	1.000	1.000	1.000
	酒、饮料和精制茶制造业	-1.000	-0.861	-1.000	1.000	1.000
	纺织业	0.937	0.941	0.994	0.894	0.878

续表

产业名称	2012 年	2013 年	2014 年	2015 年	2016 年
纺织服装、服饰业	0.711	0.841	0.882	0.652	0.499
皮革、毛皮、羽毛及其制品和制鞋业	−0.725	−0.867	−0.779	−0.842	−0.883
木材加工和木、竹、藤、棕、草制品业	0.858	0.899	0.615	−1.000	−0.322
家具制造业	0.966	0.917	0.813	0.835	0.840
造纸和纸制品业	0.940	0.977	0.989	0.997	0.993
印刷和记录媒介的复制	0.846	0.909	0.926	0.221	0.815
文教、工美、体育和娱乐用品制造业	0.725	0.594	0.408	0.197	0.375
化学原料和化学制品制造业	0.969	0.925	0.958	0.955	0.957
医药制造业	1.000	0.996	0.990	0.999	0.998
化学纤维制造业	1.000	1.000	1.000	1.000	1.000
橡胶和塑料制品业	0.989	0.963	0.985	0.970	0.971
非金属矿物制品业	0.977	0.938	0.893	0.766	0.968
黑色金属冶炼和压延加工业	0.998	0.998	0.993	0.986	0.991
有色金属冶炼和压延加工业	0.999	1.000	0.600	1.000	1.000
金属制品业	0.989	0.990	0.935	0.975	0.971
通用设备制造业	0.983	0.986	0.861	0.671	0.913
专用设备制造业	0.960	0.980	0.844	0.906	0.696
汽车制造业	0.994	0.998	0.969	0.961	0.833
铁路、船舶、航空航天和其他运输设备制造业	0.995	1.000	0.963	0.949	0.156
电气机械和器材制造业	0.977	0.986	0.921	0.888	0.981
计算机、通信和其他电子设备制造业	0.998	0.996	0.999	0.995	0.999
仪器仪表制造业	0.475	0.613	0.640	0.830	0.859
其他制造业	0.226	−0.908	−0.392	−0.958	−0.980
废弃资源综合利用业	1.000	1.000	1.000	1.000	1.000

（左侧竖排：印度）

附表 4　　重庆市对孟印缅经济体的产业贸易竞争优势指数

产业名称	2012 年	2013 年	2014 年	2015 年	2016 年
农业	1.000	1.000	1.000	1.000	1.000
纺织业	0.834	1.000	1.000	1.000	1.000
纺织服装、服饰业	0.462	0.924	0.731	0.983	0.726
皮革、毛皮、羽毛及其制品和制鞋业	1.000	1.000	0.995	0.999	0.996

（左侧竖排：孟加拉国）

续表

	产业名称	2012 年	2013 年	2014 年	2015 年	2016 年
孟加拉国	家具制造业	1.000	1.000	1.000	1.000	1.000
	造纸和纸制品业	1.000	1.000	1.000	1.000	1.000
	印刷和记录媒介的复制	1.000	1.000	1.000	1.000	1.000
	文教、工美、体育和娱乐用品制造业	1.000	1.000	1.000	1.000	1.000
	化学原料和化学制品制造业	1.000	1.000	1.000	1.000	1.000
	医药制造业	1.000	1.000	1.000	1.000	1.000
	橡胶和塑料制品业	1.000	1.000	1.000	1.000	1.000
	非金属矿物制品业	1.000	1.000	1.000	1.000	1.000
	黑色金属冶炼和压延加工业	1.000	1.000	1.000	1.000	1.000
	有色金属冶炼和压延加工业	1.000	1.000	1.000	1.000	1.000
	金属制品业	1.000	1.000	1.000	1.000	1.000
	通用设备制造业	1.000	1.000	1.000	1.000	1.000
	专用设备制造业	1.000	1.000	1.000	1.000	1.000
	汽车制造业	1.000	1.000	1.000	1.000	1.000
	铁路、船舶、航空航天和其他运输设备制造业	1.000	1.000	1.000	1.000	1.000
	电气机械和器材制造业	1.000	1.000	1.000	1.000	1.000
	计算机、通信和其他电子设备制造业	1.000	1.000	1.000	1.000	1.000
	仪器仪表制造业	1.000	1.000	1.000	1.000	1.000
	其他制造业	1.000	1.000	1.000	1.000	1.000
缅甸	食品制造业	1.000	1.000	1.000	1.000	1.000
	纺织业	1.000	1.000	1.000	1.000	1.000
	纺织服装、服饰业	1.000	1.000	0.992	0.664	0.424
	皮革、毛皮、羽毛及其制品和制鞋业	1.000	1.000	1.000	0.999	0.954
	家具制造业	1.000	1.000	1.000	1.000	1.000
	造纸和纸制品业	1.000	1.000	1.000	1.000	1.000
	印刷和记录媒介的复制	1.000	1.000	1.000	1.000	1.000
	化学原料和化学制品制造业	1.000	1.000	1.000	1.000	1.000
	医药制造业	1.000	1.000	1.000	1.000	1.000
	橡胶和塑料制品业	1.000	1.000	1.000	1.000	1.000
	非金属矿物制品业	1.000	1.000	1.000	1.000	1.000
	黑色金属冶炼和压延加工业	1.000	1.000	1.000	1.000	1.000

	产业名称	2012 年	2013 年	2014 年	2015 年	2016 年
缅甸	有色金属冶炼和压延加工业	1.000	1.000	1.000	1.000	1.000
	金属制品业	1.000	1.000	1.000	1.000	1.000
	通用设备制造业	1.000	1.000	1.000	1.000	1.000
	专用设备制造业	1.000	1.000	1.000	1.000	1.000
	汽车制造业	1.000	1.000	1.000	1.000	1.000
	铁路、船舶、航空航天和其他运输设备制造业	1.000	1.000	1.000	1.000	1.000
	电气机械和器材制造业	1.000	1.000	1.000	1.000	1.000
	计算机、通信和其他电子设备制造业	1.000	1.000	1.000	1.000	0.998
	仪器仪表制造业	1.000	1.000	1.000	1.000	1.000
	其他制造业	1.000	1.000	1.000	1.000	1.000
印度	农业	−1.000	−1.000	−1.000	−1.000	−1.000
	畜牧业	1.000	1.000	1.000	1.000	1.000
	农、林、牧、渔服务业	−1.000	−1.000	−1.000	−1.000	−1.000
	非金属矿采选业	−1.000	0.801	1.000	0.466	−1.000
	农副食品加工业	1.000	1.000	−1.000	−1.000	1.000
	纺织业	0.998	0.977	0.990	0.936	0.937
	纺织服装、服饰业	0.950	0.883	0.521	0.958	0.710
	皮革、毛皮、羽毛及其制品和制鞋业	0.507	0.940	0.934	0.958	0.827
	家具制造业	0.988	0.645	0.322	0.752	0.794
	造纸和纸制品业	0.977	0.895	0.736	0.982	0.987
	印刷和记录媒介的复制	1.000	0.964	1.000	1.000	0.992
	文教、工美、体育和娱乐用品制造业	0.996	0.983	0.799	0.977	0.695
	化学原料和化学制品制造业	0.991	0.918	0.971	0.981	0.960
	医药制造业	0.543	0.474	0.449	0.423	0.726
	化学纤维制造业	1.000	1.000	1.000	1.000	1.000
	橡胶和塑料制品业	0.988	0.935	0.966	0.975	0.960
	非金属矿物制品业	0.999	0.979	0.967	0.999	0.985
	黑色金属冶炼和压延加工业	1.000	1.000	0.960	0.976	0.800
	有色金属冶炼和压延加工业	1.000	1.000	1.000	1.000	0.999
	金属制品业	0.924	0.975	0.949	0.980	0.980
	通用设备制造业	0.685	0.643	0.628	0.773	0.750

	产业名称	2012 年	2013 年	2014 年	2015 年	2016 年
印度	专用设备制造业	0.846	0.976	0.990	0.998	0.999
	汽车制造业	0.784	0.801	0.839	0.804	0.932
	铁路、船舶、航空航天和其他运输设备制造业	0.999	0.999	1.000	0.998	0.999
	电气机械和器材制造业	0.912	0.748	0.566	0.866	0.649
	计算机、通信和其他电子设备制造业	0.998	0.999	1.000	1.000	0.999
	仪器仪表制造业	0.969	0.980	0.971	0.968	0.939
	其他制造业	1.000	0.997	0.966	1.000	0.980

附表 5　　安徽省对孟印缅经济体的产业贸易竞争优势指数

	产业名称	2012 年	2013 年	2014 年	2015 年	2016 年
孟加拉国	农业	0.592	−0.398	−0.680	0.848	0.590
	农副食品加工业	1.000	1.000	1.000	1.000	−0.919
	食品制造业	1.000	1.000	−0.317	−0.248	−0.556
	纺织业	1.000	1.000	0.958	0.954	0.948
	纺织服装、服饰业	1.000	0.997	1.000	1.000	1.000
	皮革、毛皮、羽毛及其制品和制鞋业	1.000	1.000	1.000	0.945	0.097
	木材加工和木、竹、藤、棕、草制品业	1.000	1.000	1.000	1.000	1.000
	家具制造业	1.000	1.000	1.000	1.000	1.000
	造纸和纸制品业	1.000	1.000	1.000	1.000	1.000
	印刷和记录媒介的复制	1.000	1.000	1.000	1.000	0.977
	文教、工美、体育和娱乐用品制造业	1.000	1.000	1.000	1.000	1.000
	化学原料和化学制品制造业	0.996	0.929	0.919	0.933	0.995
	医药制造业	1.000	1.000	1.000	1.000	1.000
	化学纤维制造业	−0.991	−0.801	−1.000	−1.000	−1.000
	橡胶和塑料制品业	1.000	1.000	1.000	1.000	1.000
	非金属矿物制品业	1.000	1.000	1.000	0.999	1.000
	黑色金属冶炼和压延加工业	1.000	1.000	1.000	1.000	1.000
	有色金属冶炼和压延加工业	1.000	1.000	1.000	1.000	1.000
	金属制品业	1.000	1.000	1.000	1.000	1.000
	通用设备制造业	1.000	0.995	0.903	1.000	1.000
	专用设备制造业	1.000	1.000	1.000	1.000	1.000

	产业名称	2012 年	2013 年	2014 年	2015 年	2016 年
孟加拉国	汽车制造业	1.000	1.000	1.000	1.000	1.000
	铁路、船舶、航空航天和其他运输设备制造业	1.000	1.000	1.000	1.000	1.000
	电气机械和器材制造业	1.000	1.000	1.000	1.000	1.000
	计算机、通信和其他电子设备制造业	1.000	1.000	1.000	1.000	1.000
	仪器仪表制造业	1.000	1.000	1.000	1.000	1.000
	其他制造业	1.000	1.000	1.000	1.000	1.000
	废弃资源综合利用业	-1.000	-1.000	-0.984	-1.000	-1.000
缅甸	农业	-0.800	-1.000	-1.000	-1.000	-1.000
	农、林、牧、渔服务业	1.000	1.000	1.000	1.000	1.000
	非金属矿采选业	1.000	1.000	1.000	1.000	1.000
	农副食品加工业	1.000	1.000	1.000	1.000	1.000
	食品制造业	1.000	1.000	1.000	1.000	1.000
	酒、饮料和精制茶制造业	1.000	1.000	1.000	1.000	1.000
	烟草制品业	1.000	1.000	1.000	1.000	1.000
	纺织业	1.000	1.000	1.000	1.000	1.000
	纺织服装、服饰业	1.000	1.000	1.000	1.000	1.000
	皮革、毛皮、羽毛及其制品和制鞋业	1.000	1.000	1.000	1.000	1.000
	木材加工和木、竹、藤、棕、草制品业	1.000	-1.000	1.000	1.000	1.000
	家具制造业	1.000	1.000	1.000	1.000	1.000
	造纸和纸制品业	1.000	1.000	1.000	1.000	1.000
	印刷和记录媒介的复制	1.000	1.000	1.000	1.000	1.000
	文教、工美、体育和娱乐用品制造业	1.000	0.775	1.000	1.000	1.000
	化学原料和化学制品制造业	1.000	1.000	1.000	1.000	1.000
	医药制造业	1.000	1.000	1.000	1.000	1.000
	橡胶和塑料制品业	1.000	1.000	1.000	1.000	1.000
	非金属矿物制品业	1.000	1.000	1.000	1.000	1.000
	黑色金属冶炼和压延加工业	1.000	1.000	1.000	1.000	1.000
	有色金属冶炼和压延加工业	1.000	1.000	1.000	1.000	1.000
	金属制品业	1.000	1.000	1.000	1.000	1.000
	通用设备制造业	1.000	1.000	1.000	1.000	1.000
	专用设备制造业	1.000	1.000	0.999	1.000	1.000

续表

	产业名称	2012 年	2013 年	2014 年	2015 年	2016 年
缅甸	汽车制造业	1.000	1.000	1.000	1.000	1.000
	铁路、船舶、航空航天和其他运输设备制造业	1.000	1.000	1.000	1.000	1.000
	电气机械和器材制造业	1.000	1.000	1.000	1.000	1.000
	计算机、通信和其他电子设备制造业	1.000	1.000	1.000	1.000	1.000
	仪器仪表制造业	1.000	1.000	1.000	1.000	1.000
	其他制造业	1.000	1.000	1.000	1.000	1.000
印度	农业	−0.968	−0.927	−0.981	−0.808	−0.659
	畜牧业	1.000	1.000	1.000	1.000	1.000
	农、林、牧、渔服务业	1.000	1.000	−1.000	1.000	1.000
	黑色金属矿采选业	−1.000	−1.000	−1.000	−1.000	−1.000
	有色金属矿采选业	−1.000	−1.000	−1.000	−1.000	−1.000
	非金属矿采选业	−0.776	−0.099	−0.116	0.112	−0.270
	农副食品加工业	0.457	0.953	0.983	0.986	1.000
	食品制造业	1.000	1.000	1.000	1.000	1.000
	酒、饮料和精制茶制造业	0.818	−0.885	1.000	−0.867	−0.917
	纺织业	0.664	−0.043	−0.161	−0.360	−0.266
	纺织服装、服饰业	1.000	1.000	1.000	1.000	1.000
	皮革、毛皮、羽毛及其制品和制鞋业	0.980	0.990	0.990	0.981	0.993
	木材加工和木、竹、藤、棕、草制品业	1.000	1.000	1.000	1.000	1.000
	家具制造业	1.000	1.000	1.000	1.000	0.998
	造纸和纸制品业	1.000	1.000	0.750	1.000	0.993
	印刷和记录媒介的复制	1.000	0.999	0.964	0.992	0.975
	文教、工美、体育和娱乐用品制造业	1.000	0.999	1.000	1.000	0.851
	石油、炼焦及核燃料加工业	1.000	1.000	1.000	0.000	1.000
	化学原料和化学制品制造业	−0.513	−0.669	−0.490	−0.012	−0.116
	医药制造业	1.000	0.993	0.990	0.846	0.854
	化学纤维制造业	0.062	1.000	1.000	−0.882	0.205
	橡胶和塑料制品业	0.920	0.918	0.923	0.912	0.880
	非金属矿物制品业	0.990	0.993	0.996	0.999	0.997
	黑色金属冶炼和压延加工业	0.763	0.199	0.192	0.984	0.998
	有色金属冶炼和压延加工业	1.000	−0.783	−0.367	−0.798	0.075

续表

	产业名称	2012 年	2013 年	2014 年	2015 年	2016 年
印度	金属制品业	0.905	0.857	0.961	0.988	0.929
	通用设备制造业	0.793	0.754	0.760	0.827	0.856
	专用设备制造业	0.984	0.933	0.905	0.960	0.988
	汽车制造业	0.990	0.997	0.986	0.989	0.998
	铁路、船舶、航空航天和其他运输设备制造业	1.000	1.000	1.000	1.000	1.000
	电气机械和器材制造业	0.743	0.859	0.901	0.900	0.910
	计算机、通信和其他电子设备制造业	0.949	0.966	0.999	1.000	1.000
	仪器仪表制造业	0.997	0.857	0.851	0.964	0.895
	其他制造业	−0.674	−0.679	−0.855	−0.749	−0.873
	废弃资源综合利用业	−1.000	−1.000	−1.000	−1.000	−1.000

附表 6   湖北省对孟印缅经济体的产业贸易竞争优势指数

	产业名称	2012 年	2013 年	2014 年	2015 年	2016 年
孟加拉国	农业	0.157	−0.916	−0.866	−0.659	−0.928
	非金属矿采选业	0.995	0.955	0.990	0.996	1.000
	农副食品加工业	1.000	0.196	1.000	−0.725	−0.961
	食品制造业	1.000	1.000	1.000	1.000	1.000
	纺织业	0.990	0.981	0.985	0.992	0.993
	纺织服装、服饰业	0.992	0.939	0.987	0.984	0.979
	皮革、毛皮、羽毛及其制品和制鞋业	1.000	0.975	0.992	0.987	0.902
	木材加工和木、竹、藤、棕、草制品业	1.000	1.000	1.000	1.000	1.000
	家具制造业	1.000	1.000	1.000	1.000	1.000
	造纸和纸制品业	1.000	1.000	1.000	1.000	1.000
	印刷和记录媒介的复制	1.000	1.000	1.000	1.000	1.000
	文教、工美、体育和娱乐用品制造业	1.000	1.000	1.000	1.000	1.000
	化学原料和化学制品制造业	1.000	0.983	0.995	1.000	1.000
	医药制造业	1.000	1.000	1.000	1.000	1.000
	化学纤维制造业	1.000	1.000	1.000	1.000	1.000
	橡胶和塑料制品业	1.000	1.000	1.000	1.000	1.000
	非金属矿物制品业	1.000	1.000	1.000	0.989	1.000
	黑色金属冶炼和压延加工业	1.000	1.000	1.000	1.000	1.000

续表

	产业名称	2012 年	2013 年	2014 年	2015 年	2016 年
孟加拉国	有色金属冶炼和压延加工业	1.000	1.000	1.000	1.000	1.000
	金属制品业	1.000	1.000	1.000	1.000	1.000
	通用设备制造业	1.000	1.000	1.000	1.000	1.000
	专用设备制造业	1.000	1.000	1.000	1.000	1.000
	汽车制造业	1.000	1.000	1.000	1.000	1.000
	铁路、船舶、航空航天和其他运输设备制造业	1.000	1.000	1.000	1.000	1.000
	电气机械和器材制造业	1.000	1.000	1.000	1.000	1.000
	计算机、通信和其他电子设备制造业	1.000	1.000	1.000	1.000	1.000
	仪器仪表制造业	1.000	1.000	1.000	1.000	1.000
	其他制造业	1.000	1.000	1.000	1.000	0.997
	废弃资源综合利用业	−1.000	−1.000	−1.000	−1.000	−1.000
缅甸	农业	−1.000	−1.000	−1.000	−1.000	−0.367
	农、林、牧、渔服务业	1.000	1.000	1.000	1.000	1.000
	非金属矿采选业	1.000	1.000	−1.000	−1.000	1.000
	食品制造业	1.000	1.000	1.000	1.000	1.000
	酒、饮料和精制茶制造业	1.000	1.000	1.000	1.000	1.000
	纺织业	1.000	1.000	1.000	1.000	1.000
	纺织服装、服饰业	1.000	1.000	1.000	−0.043	−0.404
	皮革、毛皮、羽毛及其制品和制鞋业	1.000	1.000	1.000	1.000	0.919
	木材加工和木、竹、藤、棕、草制品业	1.000	1.000	1.000	1.000	1.000
	家具制造业	1.000	1.000	1.000	1.000	1.000
	造纸和纸制品业	1.000	1.000	1.000	1.000	1.000
	印刷和记录媒介的复制	1.000	1.000	1.000	1.000	1.000
	文教、工美、体育和娱乐用品制造业	1.000	1.000	1.000	1.000	1.000
	石油、炼焦及核燃料加工业	1.000	1.000	1.000	1.000	1.000
	化学原料和化学制品制造业	1.000	1.000	1.000	1.000	1.000
	医药制造业	1.000	1.000	1.000	1.000	1.000
	化学纤维制造业	1.000	1.000	1.000	1.000	1.000
	橡胶和塑料制品业	1.000	1.000	1.000	1.000	1.000
	非金属矿物制品业	0.947	0.975	1.000	1.000	1.000
	黑色金属冶炼和压延加工业	1.000	1.000	1.000	1.000	1.000

	产业名称	2012 年	2013 年	2014 年	2015 年	2016 年
缅甸	有色金属冶炼和压延加工业	1.000	1.000	1.000	1.000	1.000
	金属制品业	1.000	1.000	1.000	1.000	1.000
	通用设备制造业	1.000	1.000	1.000	1.000	1.000
	专用设备制造业	1.000	1.000	1.000	1.000	1.000
	汽车制造业	1.000	1.000	1.000	1.000	1.000
	铁路、船舶、航空航天和其他运输设备制造业	1.000	1.000	1.000	1.000	1.000
	电气机械和器材制造业	1.000	1.000	1.000	1.000	1.000
	计算机、通信和其他电子设备制造业	1.000	1.000	0.972	0.349	0.595
	仪器仪表制造业	1.000	1.000	0.982	0.885	0.949
	其他制造业	1.000	1.000	1.000	1.000	1.000
印度	农业	−1.000	−0.997	−0.984	−0.956	−0.994
	林业	1.000	1.000	1.000	1.000	1.000
	畜牧业	1.000	1.000	1.000	1.000	1.000
	农、林、牧、渔服务业	1.000	1.000	1.000	1.000	1.000
	有色金属矿采选业	−0.983	−1.000	−1.000	−1.000	−1.000
	非金属矿采选业	−0.112	−0.822	−0.763	−0.979	−0.968
	农副食品加工业	0.525	0.765	0.836	0.821	−0.534
	食品制造业	1.000	1.000	1.000	1.000	1.000
	纺织业	0.678	0.548	0.342	0.356	0.576
	纺织服装、服饰业	0.984	0.967	0.911	0.973	0.995
	皮革、毛皮、羽毛及其制品和制鞋业	0.992	0.975	0.988	0.981	0.982
	木材加工和木、竹、藤、棕、草制品业	1.000	1.000	0.992	0.998	1.000
	家具制造业	0.996	1.000	0.893	0.847	0.925
	造纸和纸制品业	0.999	1.000	0.999	1.000	1.000
	印刷和记录媒介的复制	0.997	0.992	0.973	1.000	1.000
	文教、工美、体育和娱乐用品制造业	1.000	0.996	0.964	0.961	0.929
	石油、炼焦及核燃料加工业	1.000	1.000	1.000	−0.972	1.000
	化学原料和化学制品制造业	0.952	0.944	0.945	0.973	0.953
	医药制造业	0.990	0.981	0.989	0.960	0.990
	化学纤维制造业	−0.417	−0.940	−0.999	−0.943	−0.965
	橡胶和塑料制品业	0.873	0.726	0.740	0.605	0.631

	产业名称	2012 年	2013 年	2014 年	2015 年	2016 年
印度	非金属矿物制品业	0.992	0.994	0.994	0.979	0.979
	黑色金属冶炼和压延加工业	0.985	1.000	0.999	1.000	1.000
	有色金属冶炼和压延加工业	0.875	0.927	0.361	0.685	0.786
	金属制品业	0.809	0.907	0.844	0.909	0.950
	通用设备制造业	0.492	0.416	0.241	0.333	0.229
	专用设备制造业	0.854	0.982	0.963	0.877	0.994
	汽车制造业	0.944	0.958	0.771	0.830	0.431
	铁路、船舶、航空航天和其他运输设备制造业	1.000	1.000	1.000	1.000	1.000
	电气机械和器材制造业	0.970	0.967	0.964	0.946	0.801
	计算机、通信和其他电子设备制造业	0.956	0.963	0.977	0.998	0.998
	仪器仪表制造业	0.408	− 0.495	0.242	0.321	− 0.225
	其他制造业	0.951	0.989	1.000	1.000	0.992
	废弃资源综合利用业	− 0.969	− 0.268	1.000	1.000	1.000

附表 7　　湖南省对孟印缅经济体的产业贸易竞争优势指数

	产业名称	2012 年	2013 年	2014 年	2015 年	2016 年
孟加拉国	农业	− 0.719	0.347	1.000	1.000	1.000
	林业	1.000	1.000	1.000	1.000	1.000
	非金属矿采选业	1.000	1.000	1.000	1.000	1.000
	纺织业	0.436	0.104	0.741	0.768	0.901
	纺织服装、服饰业	1.000	1.000	0.999	0.993	0.964
	皮革、毛皮、羽毛及其制品和制鞋业	− 0.985	− 0.066	0.410	0.283	− 0.368
	木材加工和木、竹、藤、棕、草制品业	1.000	1.000	1.000	1.000	1.000
	家具制造业	1.000	1.000	1.000	1.000	0.989
	造纸和纸制品业	1.000	1.000	1.000	0.997	0.999
	印刷和记录媒介的复制	1.000	1.000	0.998	1.000	1.000
	文教、工美、体育和娱乐用品制造业	1.000	1.000	1.000	1.000	0.978
	化学原料和化学制品制造业	0.989	0.843	0.828	0.811	0.650
	医药制造业	1.000	1.000	1.000	1.000	1.000
	橡胶和塑料制品业	1.000	0.999	1.000	1.000	1.000
	非金属矿物制品业	0.976	0.998	1.000	0.946	1.000

续表

	产业名称	2012 年	2013 年	2014 年	2015 年	2016 年
孟加拉国	黑色金属冶炼和压延加工业	−0.703	0.180	0.099	0.482	−0.105
	有色金属冶炼和压延加工业	1.000	1.000	1.000	1.000	1.000
	金属制品业	1.000	1.000	1.000	0.999	1.000
	通用设备制造业	1.000	1.000	1.000	1.000	1.000
	专用设备制造业	1.000	1.000	1.000	1.000	1.000
	汽车制造业	1.000	1.000	1.000	1.000	1.000
	铁路、船舶、航空航天和其他运输设备制造业	1.000	1.000	1.000	1.000	1.000
	电气机械和器材制造业	1.000	1.000	1.000	1.000	1.000
	计算机、通信和其他电子设备制造业	1.000	1.000	1.000	1.000	1.000
	仪器仪表制造业	1.000	1.000	1.000	1.000	1.000
	其他制造业	1.000	1.000	1.000	1.000	1.000
	废弃资源综合利用业	−1.000	−0.957	−1.000	0.303	−1.000
缅甸	有色金属矿采选业	−1.000	−1.000	−1.000	−1.000	−1.000
	非金属矿采选业	1.000	1.000	−1.000	1.000	1.000
	酒、饮料和精制茶制造业	1.000	1.000	1.000	1.000	0.960
	烟草制品业	1.000	1.000	1.000	1.000	1.000
	纺织业	1.000	1.000	1.000	1.000	1.000
	纺织服装、服饰业	1.000	1.000	1.000	1.000	−1.000
	皮革、毛皮、羽毛及其制品和制鞋业	1.000	1.000	1.000	1.000	1.000
	木材加工和木、竹、藤、棕、草制品业	1.000	1.000	1.000	1.000	1.000
	家具制造业	1.000	1.000	1.000	1.000	1.000
	造纸和纸制品业	1.000	0.428	1.000	1.000	1.000
	印刷和记录媒介的复制	1.000	1.000	1.000	1.000	1.000
	文教、工美、体育和娱乐用品制造业	−0.983	−0.901	−0.992	−1.000	−1.000
	石油、炼焦及核燃料加工业	1.000	1.000	1.000	1.000	1.000
	化学原料和化学制品制造业	1.000	1.000	1.000	1.000	0.206
	医药制造业	1.000	1.000	1.000	1.000	1.000
	橡胶和塑料制品业	1.000	1.000	1.000	1.000	1.000
	非金属矿物制品业	1.000	1.000	1.000	1.000	1.000
	黑色金属冶炼和压延加工业	0.949	1.000	1.000	1.000	1.000
	有色金属冶炼和压延加工业	1.000	1.000	1.000	1.000	1.000

续表

	产业名称	2012 年	2013 年	2014 年	2015 年	2016 年
缅甸	金属制品业	1.000	1.000	1.000	1.000	1.000
	通用设备制造业	1.000	1.000	1.000	1.000	1.000
	专用设备制造业	1.000	1.000	1.000	1.000	1.000
	汽车制造业	1.000	1.000	1.000	1.000	1.000
	铁路、船舶、航空航天和其他运输设备制造业	1.000	1.000	1.000	1.000	1.000
	电气机械和器材制造业	1.000	1.000	1.000	1.000	1.000
	计算机、通信和其他电子设备制造业	1.000	1.000	1.000	1.000	1.000
	仪器仪表制造业	1.000	1.000	1.000	1.000	1.000
	其他制造业	1.000	1.000	1.000	1.000	1.000
印度	农业	−1.000	−0.999	−0.997	−0.950	−0.975
	林业	1.000	1.000	1.000	1.000	1.000
	畜牧业	1.000	1.000	1.000	1.000	1.000
	黑色金属矿采选业	−1.000	−1.000	−1.000	−1.000	−1.000
	有色金属矿采选业	−1.000	−1.000	−1.000	−1.000	−1.000
	非金属矿采选业	0.201	−0.375	−0.469	−0.475	−0.392
	农副食品加工业	1.000	1.000	1.000	1.000	−0.580
	酒、饮料和精制茶制造业	1.000	0.704	0.840	1.000	1.000
	纺织业	0.748	0.128	0.454	0.176	−0.378
	纺织服装、服饰业	0.832	1.000	0.998	0.998	0.985
	皮革、毛皮、羽毛及其制品和制鞋业	−0.223	−0.350	−0.765	−0.634	−0.380
	木材加工和木、竹、藤、棕、草制品业	1.000	1.000	1.000	1.000	0.659
	家具制造业	1.000	1.000	0.981	1.000	0.706
	造纸和纸制品业	1.000	1.000	1.000	1.000	1.000
	印刷和记录媒介的复制	1.000	0.955	1.000	1.000	1.000
	文教、工美、体育和娱乐用品制造业	1.000	0.993	0.934	1.000	0.793
	石油、炼焦及核燃料加工业	1.000	1.000	1.000	1.000	1.000
	化学原料和化学制品制造业	0.914	0.548	0.963	0.945	0.953
	医药制造业	0.999	0.997	0.996	0.998	1.000
	化学纤维制造业	1.000	1.000	1.000	1.000	1.000
	橡胶和塑料制品业	0.472	0.971	0.720	0.958	0.765
	非金属矿物制品业	0.998	0.967	0.981	0.935	0.962

续表

	产业名称	2012 年	2013 年	2014 年	2015 年	2016 年
印度	黑色金属冶炼和压延加工业	− 0.099	− 0.494	− 0.241	0.171	0.444
	有色金属冶炼和压延加工业	− 0.656	0.994	0.998	0.993	0.998
	金属制品业	1.000	1.000	0.998	0.998	0.998
	通用设备制造业	0.959	0.999	0.925	0.876	0.796
	专用设备制造业	0.928	0.924	0.922	0.889	0.936
	汽车制造业	0.054	− 0.470	− 0.068	0.772	0.816
	铁路、船舶、航空航天和其他运输设备制造业	1.000	0.998	0.870	0.997	0.997
	电气机械和器材制造业	0.951	0.960	0.949	0.924	0.783
	计算机、通信和其他电子设备制造业	1.000	0.944	0.955	0.989	0.999
	仪器仪表制造业	0.403	0.499	0.996	0.999	0.795
	其他制造业	1.000	0.562	0.811	1.000	0.999
	废弃资源综合利用业	0.070	0.917	1.000	1.000	1.000
	文化艺术业	− 1.000	− 1.000	− 0.997	1.000	− 1.000

附表 8　　江西省对孟印缅经济体的产业贸易竞争优势指数

	产业名称	2012 年	2013 年	2014 年	2015 年	2016 年
孟加拉国	非金属矿采选业	1.000	1.000	1.000	1.000	1.000
	食品制造业	1.000	1.000	1.000	1.000	1.000
	纺织业	0.991	0.995	1.000	1.000	1.000
	纺织服装、服饰业	1.000	1.000	1.000	1.000	0.999
	皮革、毛皮、羽毛及其制品和制鞋业	1.000	0.929	1.000	0.850	0.849
	家具制造业	1.000	1.000	1.000	1.000	1.000
	造纸和纸制品业	1.000	1.000	1.000	1.000	1.000
	印刷和记录媒介的复制	1.000	1.000	1.000	1.000	1.000
	文教、工美、体育和娱乐用品制造业	1.000	1.000	1.000	1.000	0.944
	化学原料和化学制品制造业	1.000	1.000	1.000	0.999	0.997
	医药制造业	1.000	1.000	1.000	1.000	1.000
	橡胶和塑料制品业	1.000	1.000	1.000	1.000	1.000
	非金属矿物制品业	1.000	1.000	0.994	0.991	1.000
	黑色金属冶炼和压延加工业	0.218	1.000	1.000	1.000	1.000
	有色金属冶炼和压延加工业	1.000	1.000	1.000	1.000	1.000

续表

	产业名称	2012 年	2013 年	2014 年	2015 年	2016 年
孟加拉国	金属制品业	1.000	1.000	1.000	1.000	1.000
	通用设备制造业	1.000	1.000	1.000	1.000	1.000
	专用设备制造业	1.000	1.000	1.000	0.991	1.000
	汽车制造业	1.000	1.000	1.000	1.000	1.000
	铁路、船舶、航空航天和其他运输设备制造业	1.000	1.000	1.000	1.000	1.000
	电气机械和器材制造业	1.000	1.000	1.000	1.000	1.000
	计算机、通信和其他电子设备制造业	1.000	1.000	1.000	1.000	1.000
	仪器仪表制造业	1.000	1.000	1.000	1.000	1.000
	其他制造业	1.000	1.000	1.000	1.000	1.000
	废弃资源综合利用业	-1.000	-0.987	-1.000	-1.000	-1.000
缅甸	酒、饮料和精制茶制造业	1.000	1.000	1.000	1.000	1.000
	纺织业	1.000	1.000	1.000	1.000	1.000
	纺织服装、服饰业	1.000	0.898	1.000	1.000	1.000
	皮革、毛皮、羽毛及其制品和制鞋业	1.000	1.000	1.000	1.000	1.000
	木材加工和木、竹、藤、棕、草制品业	1.000	1.000	1.000	1.000	1.000
	家具制造业	1.000	1.000	1.000	1.000	1.000
	造纸和纸制品业	1.000	1.000	1.000	1.000	1.000
	印刷和记录媒介的复制	1.000	1.000	1.000	1.000	1.000
	文教、工美、体育和娱乐用品制造业	1.000	1.000	1.000	1.000	1.000
	化学原料和化学制品制造业	1.000	1.000	0.880	0.958	1.000
	医药制造业	1.000	1.000	1.000	1.000	1.000
	橡胶和塑料制品业	1.000	1.000	1.000	1.000	1.000
	非金属矿物制品业	1.000	1.000	1.000	1.000	1.000
	黑色金属冶炼和压延加工业	1.000	1.000	1.000	1.000	1.000
	有色金属冶炼和压延加工业	1.000	1.000	1.000	1.000	1.000
	金属制品业	1.000	1.000	1.000	1.000	1.000
	通用设备制造业	1.000	1.000	1.000	1.000	1.000
	专用设备制造业	1.000	1.000	0.662	0.401	0.223
	汽车制造业	1.000	1.000	1.000	1.000	1.000
	铁路、船舶、航空航天和其他运输设备制造业	1.000	1.000	1.000	1.000	1.000
	电气机械和器材制造业	1.000	1.000	1.000	1.000	1.000

续表

	产业名称	2012 年	2013 年	2014 年	2015 年	2016 年
缅甸	计算机、通信和其他电子设备制造业	1.000	1.000	1.000	1.000	1.000
	仪器仪表制造业	1.000	1.000	1.000	1.000	1.000
	其他制造业	1.000	1.000	1.000	1.000	1.000
	废弃资源综合利用业	1.000	1.000	− 0.946	1.000	1.000
印度	农业	− 1.000	− 1.000	− 1.000	− 1.000	− 1.000
	非金属矿采选业	0.901	0.549	0.510	0.284	0.387
	农副食品加工业	− 0.314	1.000	1.000	0.548	0.867
	食品制造业	1.000	1.000	1.000	1.000	1.000
	酒、饮料和精制茶制造业	− 0.960	− 0.955	− 0.874	− 0.956	− 0.969
	纺织业	0.900	0.968	0.783	0.825	0.892
	纺织服装、服饰业	1.000	1.000	1.000	1.000	1.000
	皮革、毛皮、羽毛及其制品和制鞋业	− 0.034	0.203	0.006	0.326	0.557
	木材加工和木、竹、藤、棕、草制品业	1.000	1.000	1.000	1.000	1.000
	家具制造业	1.000	1.000	1.000	1.000	1.000
	造纸和纸制品业	1.000	1.000	1.000	1.000	1.000
	印刷和记录媒介的复制	1.000	1.000	1.000	0.971	1.000
	文教、工美、体育和娱乐用品制造业	1.000	1.000	1.000	1.000	1.000
	化学原料和化学制品制造业	0.994	0.981	0.996	0.960	0.955
	医药制造业	1.000	1.000	1.000	1.000	1.000
	橡胶和塑料制品业	0.997	0.999	0.998	0.981	0.981
	非金属矿物制品业	1.000	1.000	1.000	1.000	0.999
	黑色金属冶炼和压延加工业	0.778	0.203	0.726	1.000	1.000
	有色金属冶炼和压延加工业	0.033	0.487	− 0.938	1.000	1.000
	金属制品业	1.000	1.000	0.999	0.945	0.973
	通用设备制造业	0.958	0.973	0.977	0.963	0.579
	专用设备制造业	0.930	0.967	0.955	1.000	0.963
	汽车制造业	1.000	0.506	0.989	0.947	0.824
	铁路、船舶、航空航天和其他运输设备制造业	1.000	1.000	1.000	1.000	1.000
	电气机械和器材制造业	0.976	0.979	0.980	0.985	0.986
	计算机、通信和其他电子设备制造业	1.000	0.999	0.999	1.000	1.000
	仪器仪表制造业	1.000	0.991	0.993	0.993	1.000

	产业名称	2012 年	2013 年	2014 年	2015 年	2016 年
印度	其他制造业	− 0.234	0.691	0.222	0.998	0.994
	废弃资源综合利用业	− 0.016	0.320	− 0.236	− 0.177	− 0.910

附表 9　　上海市对孟印缅经济体的产业贸易竞争优势指数

	产业名称	2012 年	2013 年	2014 年	2015 年	2016 年
孟加拉国	农业	0.427	− 0.992	0.807	0.597	− 0.076
	渔业	− 1.000	− 1.000	− 1.000	− 1.000	− 1.000
	黑色金属矿采选业	1.000	1.000	1.000	1.000	1.000
	非金属矿采选业	1.000	1.000	1.000	1.000	1.000
	农副食品加工业	− 0.918	− 0.603	− 0.728	− 0.994	− 0.688
	食品制造业	1.000	1.000	0.860	1.000	0.982
	纺织业	0.865	0.829	0.784	0.668	0.840
	纺织服装、服饰业	− 0.999	− 0.999	− 0.996	− 0.998	− 0.996
	皮革、毛皮、羽毛及其制品和制鞋业	− 0.351	− 0.654	− 0.729	− 0.767	− 0.852
	木材加工和木、竹、藤、棕、草制品业	0.974	1.000	0.928	0.964	1.000
	家具制造业	0.996	1.000	1.000	1.000	0.998
	造纸和纸制品业	1.000	1.000	0.998	1.000	1.000
	印刷和记录媒介的复制	0.926	0.896	0.978	0.999	0.999
	文教、工美、体育和娱乐用品制造业	0.514	0.541	0.497	0.400	0.391
	石油、炼焦及核燃料加工业	1.000	1.000	1.000	1.000	1.000
	化学原料和化学制品制造业	0.998	1.000	0.617	1.000	0.828
	医药制造业	0.974	0.601	0.917	0.969	0.886
	化学纤维制造业	1.000	1.000	0.993	1.000	1.000
	橡胶和塑料制品业	0.962	0.980	0.994	0.999	0.999
	非金属矿物制品业	0.994	0.996	0.861	0.808	0.995
	黑色金属冶炼和压延加工业	0.891	1.000	1.000	1.000	1.000
	有色金属冶炼和压延加工业	1.000	1.000	1.000	1.000	1.000
	金属制品业	1.000	1.000	1.000	1.000	1.000
	通用设备制造业	0.819	0.875	0.901	0.924	0.859
	专用设备制造业	0.999	1.000	0.974	0.978	0.982
	汽车制造业	0.981	0.977	0.999	0.971	0.990

	产业名称	2012 年	2013 年	2014 年	2015 年	2016 年
孟加拉国	铁路、船舶、航空航天和其他运输设备制造业	1.000	0.999	1.000	1.000	1.000
	电气机械和器材制造业	1.000	0.882	0.909	0.880	0.926
	计算机、通信和其他电子设备制造业	1.000	0.987	1.000	1.000	1.000
	仪器仪表制造业	1.000	0.999	1.000	0.989	0.993
	其他制造业	0.999	0.999	0.999	1.000	1.000
	废弃资源综合利用业	−1.000	−0.983	−0.952	−1.000	−1.000
缅甸	农业	−1.000	−1.000	−1.000	−1.000	−1.000
	林业	−1.000	−1.000	−1.000	−1.000	−1.000
	渔业	−1.000	−1.000	−1.000	−1.000	−1.000
	农、林、牧、渔服务业	−1.000	−1.000	−1.000	−1.000	−1.000
	非金属矿采选业	−0.987	0.884	1.000	0.832	0.503
	农副食品加工业	−1.000	−0.959	−0.610	−0.686	−0.408
	食品制造业	1.000	1.000	1.000	1.000	1.000
	纺织业	0.999	0.999	0.999	0.998	0.995
	纺织服装、服饰业	−0.996	−0.985	−0.997	−0.990	−0.990
	皮革、毛皮、羽毛及其制品和制鞋业	0.997	0.969	0.822	−0.282	0.181
	木材加工和木、竹、藤、棕、草制品业	−0.799	−0.961	−0.984	−0.938	−0.815
	家具制造业	1.000	1.000	0.931	0.999	0.994
	造纸和纸制品业	1.000	1.000	1.000	0.999	1.000
	印刷和记录媒介的复制	0.999	1.000	1.000	1.000	1.000
	文教、工美、体育和娱乐用品制造业	0.999	1.000	0.997	0.996	0.990
	石油、炼焦及核燃料加工业	1.000	1.000	1.000	1.000	1.000
	化学原料和化学制品制造业	1.000	1.000	1.000	1.000	0.964
	医药制造业	1.000	1.000	1.000	1.000	1.000
	化学纤维制造业	1.000	1.000	1.000	1.000	1.000
	橡胶和塑料制品业	1.000	1.000	1.000	0.996	0.990
	非金属矿物制品业	0.980	0.998	1.000	1.000	0.998
	黑色金属冶炼和压延加工业	1.000	1.000	−0.057	1.000	1.000
	有色金属冶炼和压延加工业	1.000	−0.312	−0.322	−0.360	−0.904
	金属制品业	1.000	0.998	1.000	1.000	1.000
	通用设备制造业	1.000	1.000	1.000	1.000	1.000

	产业名称	2012 年	2013 年	2014 年	2015 年	2016 年
缅甸	专用设备制造业	1.000	1.000	1.000	1.000	1.000
	汽车制造业	1.000	1.000	1.000	1.000	1.000
	铁路、船舶、航空航天和其他运输设备制造业	1.000	1.000	1.000	1.000	1.000
	电气机械和器材制造业	1.000	1.000	1.000	0.985	0.923
	计算机、通信和其他电子设备制造业	0.999	0.999	0.994	0.989	0.968
	仪器仪表制造业	1.000	1.000	1.000	1.000	0.998
	其他制造业	1.000	1.000	1.000	1.000	0.999
	废弃资源综合利用业	1.000	1.000	1.000	-0.834	-0.995
印度	农业	-1.000	-1.000	-0.984	-0.821	-0.740
	林业	0.974	-0.997	-0.938	-1.000	-0.522
	畜牧业	1.000	1.000	1.000	0.079	1.000
	渔业	-1.000	-1.000	-1.000	-1.000	-1.000
	农、林、牧、渔服务业	-0.996	-1.000	-1.000	-1.000	0.493
	黑色金属矿采选业	-1.000	-1.000	-1.000	-1.000	-1.000
	有色金属矿采选业	0.752	0.995	1.000	-0.945	-0.920
	非金属矿采选业	-0.987	-0.983	-0.975	-0.972	-0.988
	农副食品加工业	-0.962	-0.983	-0.962	-0.978	-0.983
	食品制造业	-0.016	-0.058	-0.434	-0.695	0.598
	酒、饮料和精制茶制造业	-0.965	-0.996	-0.953	-1.000	-1.000
	烟草制品业	-1.000	-1.000	-1.000	-1.000	-1.000
	纺织业	-0.072	-0.329	-0.387	-0.280	-0.160
	纺织服装、服饰业	-0.904	-0.766	-0.576	-0.640	-0.660
	皮革、毛皮、羽毛及其制品和制鞋业	-0.158	-0.282	-0.442	-0.391	-0.510
	木材加工和木、竹、藤、棕、草制品业	0.884	0.895	0.192	0.755	0.712
	家具制造业	0.773	0.773	0.711	0.686	0.558
	造纸和纸制品业	0.724	0.777	0.789	0.827	0.902
	印刷和记录媒介的复制	0.429	0.931	0.838	0.601	0.904
	文教、工美、体育和娱乐用品制造业	0.448	0.476	0.346	0.233	0.230
	石油、炼焦及核燃料加工业	-0.407	0.921	-0.151	-0.642	-0.487
	化学原料和化学制品制造业	0.113	0.164	0.267	0.143	0.223
	医药制造业	0.876	0.845	0.868	0.895	0.911

续表

	产业名称	2012 年	2013 年	2014 年	2015 年	2016 年
印度	化学纤维制造业	− 0. 466	0. 925	0. 326	0. 651	0. 583
	橡胶和塑料制品业	0. 521	0. 472	0. 447	0. 469	0. 538
	非金属矿物制品业	0. 700	0. 692	0. 629	0. 673	0. 684
	黑色金属冶炼和压延加工业	0. 519	0. 661	0. 828	0. 914	0. 884
	有色金属冶炼和压延加工业	− 0. 821	− 0. 821	− 0. 643	− 0. 692	− 0. 666
	金属制品业	0. 856	0. 751	0. 705	0. 607	0. 750
	通用设备制造业	0. 874	0. 686	0. 578	0. 661	0. 759
	专用设备制造业	0. 874	0. 897	0. 878	0. 849	0. 841
	汽车制造业	0. 342	0. 208	0. 490	0. 663	0. 789
	铁路、船舶、航空航天和其他运输设备制造业	0. 999	0. 993	0. 945	0. 370	0. 854
	电气机械和器材制造业	0. 779	0. 667	0. 569	0. 529	0. 494
	计算机、通信和其他电子设备制造业	0. 952	0. 917	0. 964	0. 976	0. 963
	仪器仪表制造业	0. 625	0. 314	0. 459	0. 425	0. 314
	其他制造业	0. 623	0. 656	0. 636	0. 620	0. 427
	废弃资源综合利用业	− 0. 999	− 0. 596	− 0. 850	0. 852	1. 000
	广播、电视、电影和影视制作业	1. 000	1. 000	1. 000	0. 990	1. 000
	文化艺术业	− 0. 212	0. 396	0. 624	− 1. 000	− 1. 000

附表 10　　江苏省对孟印缅经济体的产业贸易竞争优势指数

	产业名称	2012 年	2013 年	2014 年	2015 年	2016 年
孟加拉国	农业	0. 121	− 0. 287	0. 696	0. 325	0. 683
	林业	1. 000	1. 000	1. 000	1. 000	1. 000
	畜牧业	1. 000	1. 000	1. 000	1. 000	1. 000
	非金属矿采选业	1. 000	0. 965	1. 000	1. 000	0. 999
	农副食品加工业	− 0. 352	− 0. 858	− 0. 830	0. 478	0. 166
	食品制造业	1. 000	1. 000	1. 000	1. 000	1. 000
	酒、饮料和精制茶制造业	1. 000	1. 000	1. 000	0. 569	0. 578
	纺织业	0. 993	0. 992	0. 993	0. 991	0. 989
	纺织服装、服饰业	− 0. 730	− 0. 931	− 0. 859	− 0. 952	− 0. 836
	皮革、毛皮、羽毛及其制品和制鞋业	− 0. 114	0. 598	0. 575	0. 595	0. 744
	木材加工和木、竹、藤、棕、草制品业	1. 000	1. 000	1. 000	0. 676	0. 948

续表

	产业名称	2012 年	2013 年	2014 年	2015 年	2016 年
孟加拉国	家具制造业	0.998	1.000	1.000	1.000	1.000
	造纸和纸制品业	1.000	1.000	0.999	0.993	1.000
	印刷和记录媒介的复制	0.980	0.990	0.979	0.995	0.999
	文教、工美、体育和娱乐用品制造业	1.000	1.000	1.000	1.000	1.000
	石油、炼焦及核燃料加工业	1.000	1.000	1.000	1.000	1.000
	化学原料和化学制品制造业	1.000	1.000	0.979	0.967	0.977
	医药制造业	1.000	1.000	1.000	1.000	1.000
	化学纤维制造业	0.995	1.000	0.972	0.958	1.000
	橡胶和塑料制品业	0.979	1.000	0.997	0.999	0.997
	非金属矿物制品业	0.837	0.752	0.872	0.877	0.762
	黑色金属冶炼和压延加工业	0.777	0.937	0.881	0.950	1.000
	有色金属冶炼和压延加工业	1.000	1.000	1.000	1.000	1.000
	金属制品业	1.000	1.000	1.000	1.000	1.000
	通用设备制造业	0.983	0.994	1.000	0.989	0.950
	专用设备制造业	1.000	1.000	1.000	1.000	1.000
	汽车制造业	1.000	1.000	1.000	1.000	1.000
	铁路、船舶、航空航天和其他运输设备制造业	1.000	1.000	1.000	1.000	1.000
	电气机械和器材制造业	1.000	1.000	0.999	1.000	1.000
	计算机、通信和其他电子设备制造业	0.998	0.997	0.995	0.997	0.998
	仪器仪表制造业	0.895	0.550	0.200	0.207	0.439
	其他制造业	1.000	0.998	1.000	1.000	1.000
	废弃资源综合利用业	−0.981	−0.985	−0.992	−0.991	−0.974
缅甸	林业	−1.000	−1.000	−1.000	−0.964	−0.990
	非金属矿采选业	1.000	1.000	1.000	1.000	0.813
	农副食品加工业	−0.939	0.055	1.000	1.000	1.000
	食品制造业	1.000	1.000	1.000	1.000	1.000
	纺织业	0.996	0.994	0.994	0.996	0.997
	纺织服装、服饰业	−0.799	−0.614	0.116	0.262	0.037
	皮革、毛皮、羽毛及其制品和制鞋业	1.000	1.000	0.696	0.796	0.466
	木材加工和木、竹、藤、棕、草制品业	0.608	0.780	0.801	0.836	0.983
	家具制造业	1.000	1.000	1.000	0.995	1.000

	产业名称	2012 年	2013 年	2014 年	2015 年	2016 年
缅甸	造纸和纸制品业	0.866	0.969	1.000	1.000	1.000
	印刷和记录媒介的复制	1.000	1.000	1.000	0.998	1.000
	文教、工美、体育和娱乐用品制造业	1.000	1.000	1.000	1.000	1.000
	石油、炼焦及核燃料加工业	1.000	1.000	1.000	1.000	1.000
	化学原料和化学制品制造业	0.999	0.995	0.985	0.964	0.966
	医药制造业	1.000	1.000	1.000	1.000	1.000
	化学纤维制造业	1.000	1.000	1.000	1.000	1.000
	橡胶和塑料制品业	1.000	1.000	1.000	1.000	1.000
	非金属矿物制品业	0.996	0.990	0.984	1.000	1.000
	黑色金属冶炼和压延加工业	1.000	1.000	1.000	1.000	1.000
	有色金属冶炼和压延加工业	1.000	0.317	0.301	1.000	1.000
	金属制品业	1.000	1.000	1.000	1.000	1.000
	通用设备制造业	1.000	1.000	1.000	1.000	1.000
	专用设备制造业	1.000	1.000	0.982	0.988	0.977
	汽车制造业	1.000	1.000	1.000	1.000	1.000
	铁路、船舶、航空航天和其他运输设备制造业	1.000	1.000	1.000	1.000	1.000
	电气机械和器材制造业	1.000	1.000	1.000	1.000	1.000
	计算机、通信和其他电子设备制造业	1.000	0.996	1.000	0.946	0.912
	仪器仪表制造业	−0.739	0.770	1.000	0.980	0.651
	其他制造业	0.999	1.000	1.000	1.000	1.000
	废弃资源综合利用业	−1.000	−1.000	−1.000	−1.000	−0.998
印度	农业	−1.000	−0.999	−1.000	−1.000	−0.998
	林业	−0.720	−0.330	0.654	−0.721	0.273
	畜牧业	1.000	1.000	1.000	1.000	1.000
	渔业	1.000	1.000	0.453	1.000	1.000
	农、林、牧、渔服务业	−0.991	−1.000	−0.998	−0.997	−0.988
	黑色金属矿采选业	−1.000	−1.000	−1.000	−1.000	−1.000
	有色金属矿采选业	−1.000	−1.000	−0.978	−0.972	−0.995
	非金属矿采选业	−0.966	−0.975	−0.974	−0.965	−0.966
	农副食品加工业	−0.786	−0.778	−0.323	−0.590	−0.806
	食品制造业	0.968	0.976	0.990	1.000	0.999

续表

	产业名称	2012 年	2013 年	2014 年	2015 年	2016 年
印度	酒、饮料和精制茶制造业	0.652	0.548	0.763	0.605	0.803
	烟草制品业	1.000	1.000	1.000	1.000	1.000
	纺织业	0.658	0.459	0.524	0.489	0.687
	纺织服装、服饰业	0.300	0.489	0.369	0.479	0.617
	皮革、毛皮、羽毛及其制品和制鞋业	−0.340	0.002	−0.055	−0.130	0.038
	木材加工和木、竹、藤、棕、草制品业	0.983	0.984	0.974	0.974	0.993
	家具制造业	0.981	0.980	0.975	0.976	0.941
	造纸和纸制品业	0.998	0.996	0.998	0.997	0.997
	印刷和记录媒介的复制	0.804	0.943	0.974	0.955	0.957
	文教、工美、体育和娱乐用品制造业	0.963	0.972	0.970	0.971	0.972
	石油、炼焦及核燃料加工业	0.751	0.173	0.652	−0.425	0.636
	化学原料和化学制品制造业	0.261	0.261	0.300	0.327	0.497
	医药制造业	0.467	0.638	0.721	0.696	0.798
	化学纤维制造业	−0.017	0.233	0.581	0.394	0.457
	橡胶和塑料制品业	0.824	0.877	0.873	0.843	0.881
	非金属矿物制品业	0.729	0.576	0.556	0.485	0.645
	黑色金属冶炼和压延加工业	0.683	0.450	0.841	0.905	0.740
	有色金属冶炼和压延加工业	−0.102	0.126	0.399	0.822	0.960
	金属制品业	0.917	0.914	0.913	0.914	0.932
	通用设备制造业	0.790	0.816	0.796	0.784	0.826
	专用设备制造业	0.875	0.876	0.873	0.908	0.943
	汽车制造业	0.769	0.581	0.584	0.675	0.781
	铁路、船舶、航空航天和其他运输设备制造业	0.999	0.998	0.995	0.994	0.990
	电气机械和器材制造业	0.866	0.851	0.810	0.810	0.814
	计算机、通信和其他电子设备制造业	0.947	0.963	0.940	0.978	0.969
	仪器仪表制造业	0.398	0.651	0.765	0.779	0.684
	其他制造业	0.988	0.990	0.992	0.976	0.996
	废弃资源综合利用业	−0.919	−0.830	−0.790	−0.821	−0.569
	广播、电视、电影和影视制作业	1.000	1.000	1.000	1.000	1.000
	文化艺术业	1.000	1.000	1.000	1.000	1.000

附表 11　　　浙江省对孟印缅经济体的产业贸易竞争优势指数

	产业名称	2012 年	2013 年	2014 年	2015 年	2016 年
孟加拉国	农业	− 1.000	− 1.000	− 1.000	− 1.000	− 1.000
	林业	1.000	− 1.000	1.000	1.000	1.000
	黑色金属矿采选业	1.000	1.000	1.000	1.000	1.000
	非金属矿采选业	1.000	1.000	1.000	0.993	1.000
	农副食品加工业	0.882	− 1.000	1.000	− 0.410	− 0.105
	食品制造业	1.000	1.000	1.000	0.085	1.000
	纺织业	0.992	0.990	0.981	0.975	0.977
	纺织服装、服饰业	0.368	0.576	0.897	0.714	0.516
	皮革、毛皮、羽毛及其制品和制鞋业	0.929	0.879	0.880	0.819	0.947
	木材加工和木、竹、藤、棕、草制品业	1.000	0.967	0.981	0.824	0.987
	家具制造业	0.366	0.289	0.261	0.087	0.361
	造纸和纸制品业	1.000	1.000	1.000	1.000	1.000
	印刷和记录媒介的复制	1.000	0.999	0.994	1.000	1.000
	文教、工美、体育和娱乐用品制造业	1.000	1.000	1.000	1.000	1.000
	石油、炼焦及核燃料加工业	1.000	1.000	1.000	1.000	1.000
	化学原料和化学制品制造业	1.000	1.000	1.000	1.000	1.000
	医药制造业	1.000	1.000	1.000	1.000	1.000
	化学纤维制造业	1.000	1.000	1.000	1.000	1.000
	橡胶和塑料制品业	1.000	1.000	1.000	1.000	1.000
	非金属矿物制品业	1.000	1.000	1.000	1.000	1.000
	黑色金属冶炼和压延加工业	1.000	1.000	1.000	1.000	1.000
	有色金属冶炼和压延加工业	1.000	1.000	1.000	1.000	1.000
	金属制品业	1.000	1.000	1.000	1.000	1.000
	通用设备制造业	1.000	0.995	0.996	0.997	0.999
	专用设备制造业	1.000	1.000	1.000	1.000	1.000
	汽车制造业	1.000	1.000	1.000	1.000	1.000
	铁路、船舶、航空航天和其他运输设备制造业	1.000	1.000	1.000	1.000	1.000
	电气机械和器材制造业	1.000	1.000	1.000	1.000	1.000
	计算机、通信和其他电子设备制造业	0.999	1.000	1.000	1.000	1.000
	仪器仪表制造业	1.000	1.000	1.000	1.000	1.000
	其他制造业	1.000	1.000	1.000	1.000	1.000

	产业名称	2012 年	2013 年	2014 年	2015 年	2016 年
孟加拉国	废弃资源综合利用业	− 0.880	− 1.000	− 0.978	− 0.863	− 0.963
	文化艺术业	1.000	1.000	1.000	1.000	1.000
缅甸	农业	− 1.000	− 1.000	− 1.000	− 1.000	− 1.000
	林业	− 1.000	− 1.000	− 1.000	− 1.000	− 1.000
	非金属矿采选业	− 1.000	− 1.000	− 1.000	− 1.000	− 1.000
	农副食品加工业	0.182	0.977	0.950	0.862	0.975
	食品制造业	1.000	0.156	1.000	1.000	1.000
	酒、饮料和精制茶制造业	1.000	1.000	1.000	1.000	0.988
	纺织业	0.999	1.000	1.000	0.999	1.000
	纺织服装、服饰业	− 0.088	0.227	0.565	0.262	0.951
	皮革、毛皮、羽毛及其制品和制鞋业	1.000	1.000	1.000	0.992	0.970
	木材加工和木、竹、藤、棕、草制品业	− 0.533	− 0.382	− 0.432	− 0.724	− 0.617
	家具制造业	1.000	1.000	1.000	1.000	1.000
	造纸和纸制品业	1.000	1.000	1.000	1.000	1.000
	印刷和记录媒介的复制	1.000	1.000	1.000	0.999	1.000
	文教、工美、体育和娱乐用品制造业	1.000	1.000	1.000	1.000	1.000
	石油、炼焦及核燃料加工业	1.000	1.000	1.000	1.000	1.000
	化学原料和化学制品制造业	1.000	1.000	0.945	0.902	0.993
	医药制造业	1.000	1.000	1.000	1.000	1.000
	化学纤维制造业	1.000	1.000	1.000	1.000	1.000
	橡胶和塑料制品业	1.000	1.000	1.000	1.000	1.000
	非金属矿物制品业	1.000	1.000	1.000	1.000	1.000
	黑色金属冶炼和压延加工业	1.000	0.958	1.000	1.000	1.000
	有色金属冶炼和压延加工业	1.000	1.000	1.000	0.868	1.000
	金属制品业	1.000	1.000	1.000	1.000	1.000
	通用设备制造业	1.000	1.000	1.000	1.000	1.000
	专用设备制造业	1.000	1.000	1.000	1.000	1.000
	汽车制造业	1.000	1.000	1.000	1.000	1.000
	铁路、船舶、航空航天和其他运输设备制造业	1.000	1.000	1.000	1.000	1.000
	电气机械和器材制造业	1.000	1.000	1.000	1.000	1.000
	计算机、通信和其他电子设备制造业	1.000	1.000	1.000	1.000	1.000

续表

	产业名称	2012 年	2013 年	2014 年	2015 年	2016 年
缅甸	仪器仪表制造业	0.999	1.000	1.000	1.000	1.000
	其他制造业	1.000	0.999	1.000	0.999	1.000
	废弃资源综合利用业	-0.996	-0.978	-0.988	-0.979	-1.000
	文化艺术业	-1.000	-1.000	-1.000	-1.000	-1.000
印度	农业	-0.996	-0.988	-0.982	-0.873	-0.817
	林业	0.378	-0.847	0.972	0.988	-0.812
	畜牧业	-1.000	-1.000	-1.000	-1.000	-1.000
	渔业	1.000	1.000	1.000	1.000	1.000
	农、林、牧、渔服务业	1.000	1.000	1.000	1.000	1.000
	黑色金属矿采选业	-1.000	-1.000	-1.000	-1.000	-1.000
	有色金属矿采选业	-1.000	-1.000	-1.000	-1.000	-1.000
	非金属矿采选业	-0.822	-0.909	-0.899	-0.935	-0.958
	农副食品加工业	-0.743	-0.665	-0.239	-0.282	-0.356
	食品制造业	1.000	1.000	1.000	0.972	0.971
	酒、饮料和精制茶制造业	0.197	0.558	0.608	0.309	-0.091
	烟草制品业	-1.000	-1.000	-1.000	-1.000	-1.000
	纺织业	0.662	0.509	0.659	0.658	0.804
	纺织服装、服饰业	0.942	0.977	0.979	0.984	0.979
	皮革、毛皮、羽毛及其制品和制鞋业	0.697	0.714	0.677	0.816	0.844
	木材加工和木、竹、藤、棕、草制品业	0.968	0.953	0.953	0.971	0.966
	家具制造业	0.992	0.986	0.984	0.984	0.983
	造纸和纸制品业	1.000	0.999	0.999	0.999	1.000
	印刷和记录媒介的复制	0.982	0.981	0.982	0.994	0.994
	文教、工美、体育和娱乐用品制造业	0.983	0.986	0.985	0.987	0.977
	石油、炼焦及核燃料加工业	-0.985	-0.609	0.278	0.936	0.760
	化学原料和化学制品制造业	0.073	0.278	0.396	0.334	0.495
	医药制造业	0.988	0.979	0.980	0.981	0.979
	化学纤维制造业	0.338	0.492	0.470	0.928	0.163
	橡胶和塑料制品业	0.935	0.938	0.954	0.964	0.956
	非金属矿物制品业	0.987	0.946	0.977	0.979	0.975
	黑色金属冶炼和压延加工业	0.385	0.247	0.775	0.775	0.753

续表

	产业名称	2012 年	2013 年	2014 年	2015 年	2016 年
印度	有色金属冶炼和压延加工业	−0.035	0.334	0.161	0.674	0.618
	金属制品业	0.990	0.970	0.983	0.991	0.994
	通用设备制造业	0.971	0.966	0.954	0.951	0.959
	专用设备制造业	0.987	0.993	0.990	0.991	0.993
	汽车制造业	0.984	0.983	0.981	0.984	0.994
	铁路、船舶、航空航天和其他运输设备制造业	1.000	1.000	0.986	0.976	0.995
	电气机械和器材制造业	0.997	0.988	0.989	0.983	0.992
	计算机、通信和其他电子设备制造业	0.986	0.992	0.996	0.985	0.998
	仪器仪表制造业	0.952	0.966	0.990	0.990	0.994
	其他制造业	0.987	0.988	0.992	0.995	0.993
	废弃资源综合利用业	−0.624	−0.370	0.357	0.558	0.281
	广播、电视、电影和影视制作业	1.000	1.000	1.000	1.000	1.000
	文化艺术业	0.690	1.000	0.999	0.988	0.486